麦浪

龙游早期革命斗争纪实

龙游县退役军人事务局
龙游县史志研究室 编

中国文史出版社

图书在版编目（CIP）数据

麦浪：龙游早期革命斗争纪实／龙游县退役军人事
务局，龙游县史志研究室编 . -- 北京：中国文史出版社，
2024.10. --ISBN 978-7-5205-4894-6

Ⅰ . K295.54

中国国家版本馆 CIP 数据核字第 2025KW9183 号

责任编辑：李晓薇

出版发行：中国文史出版社

社　　址：北京市海淀区西八里庄路 69 号　　邮编：100142

电　　话：010-81136606 81136602 81136603（发行部）

传　　真：010-81136677 81136655

印　　装：金华市三彩印业有限公司

经　　销：全国新华书店

开　　本：787mm×1092mm　1/16

印　　张：20.5

字　　数：303 千字

版　　次：2025 年 3 月北京第 1 版

印　　次：2025 年 3 月第 1 次印刷

定　　价：128.00 元

《麦浪》编纂委员会

《麦浪》编辑部

序　言

　　龙游是一座英雄的城市，是一方红色的热土。

　　自古以来，龙游以其"四省通衢汇龙游"独特的地理位置成为军事战略要地。近代以后，当中国共产党人把马列主义的强劲东风传入龙游，龙游迅即成为红色革命的热土，在这里，无数革命先辈用鲜血和生命谱写了一曲曲充满热泪和热血的英雄史诗，留下了许许多多可歌可泣的红色故事，铸就了一部艰苦卓绝的龙游革命斗争史。

　　中国红军第十三军第二师师长郑秾，就是在龙游大地上涌现出来的众多革命先烈之一。土地革命战争时期，红十三军在武装斗争攻打黄岩乌镇，惨遭失败，部队隐蔽，待机再起。其成员中共党员郑秾返回家乡，决心重举义旗上战场，后经青田老乡介绍，到兰溪与龙游交界一带开展革命活动，此后活动区域逐渐扩大到龙游、兰溪、汤溪、寿昌四县边境，凭借行医、教武术等作为掩护，向贫苦农民宣传革命道理，秘密发展红军队伍。在1931年春到1933年秋短短两年半的时间里，就组织发展了1599名红军，举起了中国工农红军第十三军第二师的旗帜。后在红二师队伍积极筹划武装暴动，准备攻打龙游县城，开辟革命根据地，配合中央红军的反"围剿"斗争之际，因叛徒的出卖，武装起义遭到重创，18位英雄烈士壮烈牺牲，百位壮士被捕被判刑。这支由郑秾领导的独立武装被国民党扼杀了，但郑秾和红二师不怕牺牲的革命斗争精神，在龙、兰、汤、寿等地留下了深远的影响，激励着人民前赴后继、英勇拼搏。

历史因铭记而永恒，精神因传承而不灭。感谢我们文史工作者的经年努力，搜集研阅诸多资料，寻找历访各方面相关人员，精心撰写，几易其稿，才有了这部《麦浪——龙游早期革命斗争纪实》的出版。本书以纪实文学的手法记录了革命烈士郑秾的一生，展现了他参加红军，在龙、兰、汤、寿等地发展革命力量，创建并带领红二师顽强斗争的革命故事，真实再现了红二师一众革命先烈坚贞不屈、前赴后继的英勇事迹，充分彰显了共产党人的坚定信念和高尚情操，是一部兼具思想性、教育性、故事性的文史读本，对进一步留存红色史料，弘扬革命精神，激励广大党员干部不忘初心、砥砺奋进，具有重要意义。

红色根脉是我们弥足珍贵的财富，它承载着历史、孕育着希望。希望我们广大文史工作者再接再厉，继续做好龙游红色史料的收集整理，更好地将这些正能量传递下去，让更多像郑秾这样革命先烈的光辉事迹为后人所铭记。也希望我们的干部群众，尤其是党员干部和青少年，能从此类红色书籍中汲取力量、坚定信仰，让红色基因融入血脉、代代相传，让这种红色力量更好地转化成加快高质量跨越式发展，建设具有"龙之游"发展活力、"人之居"幸福图景的区域明珠城市的强劲动力，以实际行动和成效继承先烈遗志、发扬优良传统，为实现中华民族伟大复兴的中国梦而不懈奋斗！

红色，如同我们内心的信仰，永远不会熄灭！

中共龙游县委书记 祝建东

目 录

苦难童年 KUNANTONGNIAN

郑袄出生在丽水市青田县仁庄镇罗溪村一户贫苦农家。为了改变家庭的命运，父母把出人头地、光宗耀祖的希望寄托在郑袄身上，郑袄成了兄弟姐妹中唯一被送去学堂读书的孩子，但不久就因生活所迫而辍学了。父母又想方设法把他送去学医、学武。郑袄慢慢长大了，也学会了多种本事，却依然找不到出路，只得到上海做了码头搬运工。在当码头搬运工期间，郑袄加入了工人组织，并成了工人兄弟们的武师。

一、苦难童年

1

丽水，古称"处州"，东南接壤温州市，西北毗邻衢州市，东北与台州市相连，北部与金华市交界，而西南则连接福建省宁德市、南平市。丽水市区域内丘陵起伏，群山连绵。

丽水市青田县有个村庄叫罗溪村。这是个郑氏族人集聚的村庄，一道山溪绕村而过。与丽水山区众多村庄相比，罗溪村拥有较多的田地，村民们的生活无疑有着更大的保障。按说，群山环抱之中的罗溪村俨然是个"桃花源"。然而，清朝末年，朝政愈加腐败，官吏层

丽水市青田县仁庄镇罗溪村（2023年摄）

层盘剥，更兼列强欺凌，国将不国。在此时局动荡的多事之秋，中国底层百姓生活在水深火热之中，地处深山的罗溪村也未能幸免。

1894年暮春的一天，罗溪村郑爱福家突然传出响亮的婴儿啼哭声。"生了！生了！快把你爸爸找回来！"接生婆兴奋地吩咐郑爱福的女儿银杏。郑爱福正在田里播撒稻种，得到女儿的报讯，他急忙上了田埂，连洗一洗脚的工夫也不耽搁，拔腿就往家跑，银杏在他身后追得气喘吁吁。

添丁加口，自古以来搁谁家都是喜事。郑爱福一到家，就连忙去看

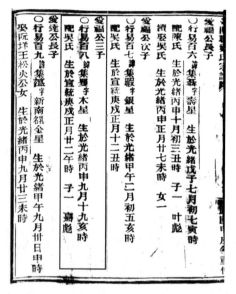

郑氏宗谱（家谱供）

刚出世的孩子。是个男孩，胖乎乎的，双眼清澈。"难怪做娘的那么瘦，那点肉都被你小子占了！"郑爱福心里笑骂，认定这刚出世的儿子是有"福气"的。

郑爱福和妻子林氏已生育了二子一女三个孩子，这个新生儿，郑爱福为他取了个乳名"木星"。

在贫寒人家，人丁兴旺也就意味着吃口重。木星的出世，给家里增加了一份负担。郑爱福勤劳，家里田地的产出总能比别的人家高出一成半成，在侍弄好自家的田地之后还能抽空帮别人一把，多赚几个铜钿或几斤稻米，农闲时节就外出打零工；妻子林氏贤惠，不但将家务操持得井井有条，用度开销安排得妥妥帖帖，还经常起早摸黑跟着丈夫上山下田耕种和料理庄稼。

清朝末年，郑爱福家的日子过得愈加艰难了：一则官府横征暴敛，苛捐杂税名目繁多，种田种地的产出大多被官府搜刮去了；二则战事频繁，社会动荡，郑爱福外出打工赚钱养家之路举步维艰乃至断绝。孩子一个个降生、一个个长大，郑爱福夫妻俩没日没夜地劳作，却仍然喂不饱孩子们。看着孩子们饿得面黄肌瘦，整日喊饿，夫妻俩很揪心，可能有什么办法呢？

得有人出人头地！在木星6岁那年，受苦受难大半生的郑爱福被逼得开了窍。他决定让一个孩子读书，学点文化知识，希望将来能求得一官半职，改变家庭的命运。他把目光投向木星：这娃从小机灵，让他读书没准将来能有出息！于是根据字辈排行，父亲为木星取了个学名：桂山。

得知自己能够去念书，小桂山高兴坏了，一天到晚蹦蹦跳跳，嘴里叽叽喳喳念叨个没完："我要上学啰！我要读书啰！"两个哥哥很羡慕弟弟，却没有抱怨父母。他们知道家境贫寒，不能供每个孩子读书，再说当哥哥的应当让着点弟弟。

"小弟，你要好好读书哦！"大哥慈爱地看着这个小弟弟。虽然大哥也才10多岁，但他早早就开始帮父母分担家里的生活重担了。

"哥哥，我把先生教我的都学会，回家来再教你们！"小桂山认真地说。

"好，我在家等着你来当我的'小先生'！"二哥桂南笑着打趣道。

"别高兴得太早，学堂里的先生可厉害了，到时候可别哭鼻子啊！"母亲泼冷水道。

"怎么可能？"小桂山挺起了胸膛，"别瞧不起人！"

"好好好，我们都等着你回家来当'小先生'。"母亲双手不停地在缝一个布袋，这是给小儿子的书包。

这天天还没亮，小桂山起了个大早，催促父亲带他去上学。父子俩"唏哩呼噜"地喝了碗稀饭，就出了门。上学的路不远，离家没几步，但需拐好多个弯。小桂山一路连蹦带跳地跟着父亲走着，虽是在寒气袭

青田县仁庄镇罗溪村郑秾故居（2000年摄）

青田县仁庄镇罗溪村郑氏宗祠（2023 年摄）

人的早春清晨，但他竟浑身发热。

终于到学堂了。这是村里的郑氏祠堂，分前后两进，后进供奉着郑氏列祖列宗的牌位，前进则摆着桌子、椅子，用作学堂。先生姓胡，村里无人知道他是哪里人，只听他自己说他是洋鬼子进京烧杀抢掠那会儿躲到罗溪村来的。有一年过年，这位胡先生一时兴起为乡亲们龙飞凤舞地写起了春联，大家这才知道他有文化，于是族长和村里长辈们一合计，决定请他来教村里的孩子，来念书的孩子拿吃食或其他日常用品抵作薪金，还划了半亩薄田给他耕种。

胡先生为人和善，再说逃难之人有个安身之处也感到心满意足了。一年到头无所事事也不是个事，能受聘担任村学堂的先生，胡先生自然是乐意的，因此他教书格外用心。郑氏族人给他的那半亩薄田，他也尽心侍弄，一畦畦蔬菜瓜果长得满目葱茏。

小桂山由他父亲领着来上学了。胡先生看着扑闪着黑溜溜眼睛的小桂山，喜爱之情油然而生，二话不说就收下了他。

就这样，小桂山开始了他的学生时光。学堂离家不很远，但小桂山坚持每天天不亮就穿衣起床，洗了脸后就开始温习头天学过的功课，然后吃过母亲煮好的红薯粥或菜糊糊，就赶紧小跑着去上学了。胡先生对迟到的学生丝毫不讲情面，会施以戒尺惩处。懂事守时的小桂山一次也没有迟到过，为此胡先生特地向其他孩子们提出要求：向郑桂山同学学习。

在讲课的时候，有的孩子不好好听，甚至还打起瞌睡，胡先生就拿着八尺长的木戒尺重重地敲击桌子，直至把孩子的瞌睡虫给赶跑了。胡先生还冷不丁叫学生背书，叫到谁谁就得站到他面前，只说课文的题目，就要学生背下来，背不下来的，手心就会挨几下戒尺。有一回，由于小桂山背书结结巴巴不熟练，挨了先生的戒尺。他忍着疼，不吭一声，暗下决心牢记教训，一定要好好读书，把书读熟。自那以后，小桂山对自己要求更加严格了，读书很勤奋、很认真，一丝不苟。他体恤父母，尽力为父母分忧，每天放学后就急匆匆赶回家，帮父母干些力所能及的家务，晚饭后还把学到的文化知识教给哥哥和姐姐，然后背课文、抄书、练字，直到把课文背得滚瓜烂熟才歇下来。

胡先生学识渊博，还关心国家大事，常常给学生们讲中国的历史以及时局。国家大事、风土人情、百姓生活……先生讲的知识一点点渗透到小桂山的心里，为他打开了眼界。

好学的小桂山在学堂汲取知识，他从一个个方块字认起，还在先生的严格监督下练就了一手清秀的毛笔字。

胡先生的教育让他不再像别的同龄孩子一样茫然懵懂，而是显得文雅而成熟。因长期吃不饱穿不暖，小桂山很是消瘦，可生活的磨难没有把他打倒，他对未来充满憧憬。

风雨无阻、从不缺课，而且好学好问勤于思考，胡先生对小桂山十分喜欢，常常为他"开小灶"传授更多的知识，师徒相契，其乐融融。可是好景不长，清王朝内忧外患愈加严重，时局愈加混乱，殃及普通百姓，郑爱福一家再勤俭，生活还是难以为继。在此窘迫境况之下，才上了两年学的小桂山被迫辍学了。

在与胡先生告别的时候，小桂山的心里满是不舍。胡先生也明白，随着时局日益不可收拾，他的学堂也很快就支撑不下去了：越来越多的人家饭都吃不饱，谁还能来读书呢？他仰天喟叹：这天下何时可得太平？贫苦的老百姓何时才会有出头之日？

2

小桂山辍学回家后，整天闷闷不乐。父亲看着心焦，思谋着为这个聪慧又肯学的儿子另寻门道学艺。他想起一位武术高人——村附近寺庙里的一个和尚。这个和尚可了不得，武艺高强，十七八个汉子都近不了他的身，四乡八邻有不少人家送孩子去跟他习武。郑爱福的想法很简单：练就一身好武艺，在乱世能保护自己。

郑爱福带着桂山来到寺庙，恳求和尚收下这个徒弟。和尚看了桂山一眼，默不作声：这孩子这么瘦弱，风一吹就会倒下的样子，能吃得起练武的苦？机灵的小桂山看出了和尚的心思，立刻跪倒连磕了几个响头，然后挺直身子一动不动地望着和尚。和尚顿时明白了，这是个要强的孩子。于是他答应收桂山为徒。

箱盖背面写有郑木星名字的契墨箱
（1993年青田华侨历史博物馆提供）

和尚法号空心。空心师父比胡先生更加严苛，每天的时间安排得很紧，一天中早上一个半时辰、下午一个半时辰共三个时辰练武，吃两顿，一顿一小碗菜糊糊，其余时间还得打坐、打扫寺庙。练武对小孩来说可谓苦差事，抻拉压翻、拽倒立站……从基本功练起，每一个动作都不含糊，何况总是饥肠辘辘的，有的孩子受不了这样的苦日子直掉眼泪，有的孩子还悄悄逃走了。但小桂山坚持了下来，日复一日勤学苦练，终于学有所成，渐渐地能够轻易做一字马、朝天蹬顶等动作，甚至站几个钟头的梅花桩也不在话下，几套拳法、刀法也被他耍得轻松自如。

练武改变了桂山，在他破旧的衣衫下，原本瘦弱的身躯鼓起了一块块肌肉，显得壮实了。空心师父越来越欣赏这个徒弟，他觉得这个能吃苦的孩子必成大器。逢年过节或是举办庙会、寺里做法事时，远近的善男信女便会来供香拜佛。这时候，桂山就又有了"用文之地"：提起毛笔在功德簿上用端正秀气的小楷记录下香客们所捐献的钱物。香客们很是喜欢桂山为他们做记录，也因此常会多供奉钱物。这样一来，寺里的收入就比往年多，空心法师也更看重桂山了。

郑桂山慢慢地习惯了寺里的生活，但这一天父亲来了，他是来带儿子回家的。税赋不断增加，家里的日子过得捉襟见肘，父亲只得要求桂山回去帮着干活。

回到家里，看到哥哥姐姐面黄肌瘦的模样，桂山很心痛，对父亲说他要去找活干。看着眼前这个半大的小伙子，郑爱福皱起了眉头：让他做点什么呢？

3

这天，孩子们的母亲林氏突然上吐下泻，直至虚脱。她恹恹地躺在床上，浑身乏力。

郑爱福和儿女们从田里干活回来，却不见林氏的身影，还闻到屋里有一股异样的酸臭味。郑爱福觉得不对劲，慌忙推开房门，只见妻子躺在床上，一只手无力地垂在床边。

"你怎么啦？"看到妻子这般模样，郑爱福十分焦急。

几个孩子闻声也纷纷来到房间，围在床前看着母亲。

"快去找大夫！"突然，桂山喊了一声。

"对，对，对！你们看着娘，我去！"郑爱福急忙转身冲出房门。

桂山端来一杯水："娘，你喝点水吧！"

儿女们守在母亲的床前，感觉时间是那么的漫长。也不知道过了多久，一阵急促的脚步声传来。

"大夫来了！"郑爱福拨开围在床边的孩子，小心翼翼地对郎中说，"麻烦您快看看我孩子的娘！"

桂山搬来一张椅子，放在郎中身后。

郎中把中指和食指搭在林氏的手腕上，过了一会儿又让她张开嘴看了看舌苔。

"今天吃了什么东西？"

"在那儿——"林氏低声说了两个字，再也没力气多说了。她的目光移向不远处砧板上摆着的一只菜碗。

桂山一步跨过去，把那碗菜端来给郎中看。

郎中仔细端详着碗里的东西。这是一碗腌菜，散发着刺鼻的味道。他端起碗闻了闻，皱起了眉头："吃坏了，得清肠去毒！"

"啊！"郑爱福吓得一怔，"要紧吗？"

"幸好吃得不多，又拉又吐的还排了不少。现在得多补充水分，多喝水，最好泡点盐开水喝喝。"

"这——"一家人面面相觑：盐可是稀缺物啊，贫穷人家哪有什么盐！

"我去！"郑爱福沉吟了一会，突然一拍大腿，"就算求爷爷告奶奶到处借，我也要借点盐来！"

郎中扫了一眼这个一贫如洗的家庭，宽慰道："不要太着急，我这里还有一个土方子，你们按方子找些药来煎了，服用几天也可能会好的。"说着，从随身带着的袋子里拿出毛笔和纸，噌噌噌写下了方子，交给郑爱福。

"谢谢大夫，那这诊金……"

"诊金的事不必太上心，看病要紧！"

郑爱福脸露羞涩："这怎么好意思呢？"

郎中摆摆手，头也不回地走了。

那郎中开的药，林氏服用了几天就感觉舒服多了，一家人非常感激。经过此事，郑爱福茅塞顿开，心想无论世道怎么变，学会医术，走到哪里都不会饿死。于是，他抱着家养的仅有的一只老母鸡，领着桂山来到郎中的家里。

"真是难为情啊！家里拿不出什么像样的东西，这只母鸡请您收下吧，就算是我一家报答您了！"郑爱福诚恳地说了一番答谢郎中为妻子看病的话，接着又恳求郎中收下桂山做学徒，"好好的一个娃，找不到出路啊！能跟你学医，一定能挣到饭吃。"

看着郑爱福这个忠厚的汉子，好心的郎中收留了桂山。

桂山上过私塾，能写会算。他跟着郎中学诊治和上山采药，把郎中的一举一动都看在眼里、默记在心里，遇到不明白的就讨教："师父，这药叫什么？有什么用？为什么要把这几样药搭配在一起？……"郎中见他头脑灵活，又勤学好问，就不厌其烦地教他。桂山学得很快，没过多久，就熟悉、掌握了多种草药的药性，渐渐地还能试着开几个"太平方"了。

郎中住着两间低矮的茅草房，家里到处摊着、堆着各种各样的药材，显得很是杂乱。乖巧的桂山把药材分门别类摆放得井然有序，还专门为各种药材制作了标签。这就让郎中感到十分便利，要用到什么药材一目了然，不用再在药材堆里翻找。郎中对这个学徒很满意。

这位郎中是土郎中，擅长医治跌打损伤、无名肿毒之类的疾病。有人说他是"神医"，有人说他是"庸医"，而他自己则说："治得了病，医不了命，看病救人讲究个缘分。"也许是有"缘分"吧，他治好了桂山母亲的病，还收了桂山这个学徒。桂山知道这个郎中师父是个好人，还知道师父有很多很灵验的偏方。他为穷人治病常用偏方，采摘、采挖一些奇奇怪怪的植物叶子、根茎，搭配起来就成了灵丹妙药，给人治病用不了多少钱。

"有人求医就必须马上给治疗，耽误不得！食物中毒、毒蛇咬伤、小孩溺水，就是和死神抢命；发烧、惊厥、中暑、荨麻疹这些病也是早治疗为好。"郎中常常叮嘱桂山，"我们做郎中的，就是救死扶伤，不要想着赚多少钱，要对得起自己，对得起祖师爷！"

郎中背着竹筐外出采药，每次都带着桂山，师徒二人穿梭在青山绿水、阡陌田舍之间。看病时，郎中负责搭脉开方，桂山则在一旁做配药抓药和协助师父的其他活。师徒俩配合默契，四邻八乡的患者都乐意找他们来诊治。

桂山虚心好学，除了跟着师父救治病人，就是钻研各种药材。有的草药看上去差不多，药性却相差十万八千里。他把所有常见的草药药性都摸得清楚透彻，师父一问他就能立刻答出来。对此，师父在心里赞叹不已，为有了这个徒弟感到高兴。

4

辛亥革命爆发了！那年，郑桂山18虚岁。

辛亥革命的消息传到丽水山区，引起了骚动和恐慌。"大清朝亡了！皇帝都被抓啦！"乡绅们如丧考妣，顿足痛哭，"乱匪要来剪辫子啦！要出人命啦！"

普通百姓对此茫然、漠然。过了些日子，果然有人在路上揪住过往行人的辫子二话不说就剪，人们这才切实感到真的"变天"了，天下真的要大乱了！

郑桂山不同于目不识丁、人云亦云的老百姓，对于"变天"，他心里充满渴望和期待：老百姓的日子已经苦得不能再苦了，改朝换代不一定就是坏事，也许能给百姓带来好一些的生活呢！那天，他跟师父去县城就诊，看到墙上贴着一张宣传单，宣传单上写着孙中山先生提出的主张："驱除鞑虏，恢复中华，创立民国，平均地权！"这让他感到无比振奋：把外来侵略者赶出中国，恢复国家主权，建立民主共和国，平均地权，这是多么美好的理想社会！他赞成孙先生的主张，厌恶清朝陋习。从县城返回乡里，郑桂山就动手剪了自己的辫子，而在这样一个偏僻的小山村，这其实是一个大胆而冒险的行为。

年轻时的郑秋（画像）

郑家向来谨小慎微。郑爱福见自己的儿子剪了辫子，心里就忐忑不安起来。为了不招惹祸端，他不让儿子们出门，更严禁没了辫子的桂山跨出家门一步。郑桂山不能再去郎中家，很不甘心，可他不敢违逆父命。

有一天，村里的保长挨家挨户通知：男人的辫子都要剪掉，清朝遗留的一切陈规陋习都要革除。郑爱福这才放下心来，桂山终于又能到郎中家去学医、诊治病人了。

到了郎中家，桂山看到师父也剪了辫子。

"师父，辫子是剪了，我们的日子会不会好起来啊？"桂山郑重地问郎中。

"唉——这难说啊！"饱经沧桑的郎中叹了一口气，转过身去，"走吧，走吧，我们老百姓哪能管得了以后的日子会怎样？"他摇了摇头，背起药箱出诊去了。

陷入沉思的桂山一时没反应过来，眼见佝偻着身子的师父走远了，他连忙紧跑几步跟了上去。

又过了些日子，传来建立中华民国、孙中山就任中华民国临时大总统的消息。"中华民国""大总统"，乡里人对此茫然无知，然而乡村依旧，小百姓生活贫困依旧，郑桂山对此迷惑不解。

住在同村的桂山的一个远房叔叔找来了。这个叔叔头脑活络，常年在外闯荡，人称"老鬼头"，比桂山大了十几岁。"老鬼头"劝说郑爱福：几个儿子也大了，我们青田这地方山多田少，土地又贫瘠，老待在村里侍弄那点薄田薄地能有什么出路？该让他们出门去闯一闯，也许能闯出一条新的活路呢！郑爱福想想也是，把孩子们留在身边，会耽误孩子前程的，该放手还是要放手，就由着孩子们吧。

"老鬼头"介绍了两条路：一条是去俄国，一条是去上海。去俄国可以学做皮鞋生意；上海是个大城市，容易找到活干。老二桂南有一回去县城，看到那些头发油光锃亮、穿着洋装的人脚上穿的就是皮鞋。他心想：那皮鞋一定很贵，学会了做皮鞋一定能赚到好多钱。"我去俄国学做皮鞋！"桂南说，"我学会了做皮鞋，回来后就给每个人做一双，还要开个皮鞋店！"

桂山沉默良久，对父亲说："那我去上海，闯出门路了，把全家人都接到大上海去生活！"

郑爱福愣住了，没想到桂山这小子也想离开家，他还只有18虚岁呢！做父亲的张了张嘴，最终还是没有说什么，只是默默地低下了头，浑浊的泪水溢出了眼眶。

父亲的脊梁更加弯曲了，一道道深深的皱纹如沟壑般嵌满了脸，白发覆盖了头顶而且日渐稀疏，一双手如同枯了的老树根……"爸爸老了！"桂山感到心酸，感到揪心的痛。他安慰父亲、母亲："爸爸、妈妈放心，我一定会闯出名堂来的！"母亲林氏在一旁呜咽着，不住地抹泪。

过了几天，"老鬼头"来带桂南、桂山他们了。父亲、母亲送了他们一程又一程，叮嘱道："在外头自己要当心啊！""记着经常寄信回来啊！"直至把他们送出村庄、送出大山。

桂山和二哥桂南跟着"老鬼头"叔叔搭乘上了前往上海的大货船。到了上海后，"老鬼头"就把桂南托付给一个朋友，让那朋友带着桂南转乘轮船去俄国。

桂山留在上海。对他来说，上海是个全新的世界，"老鬼头"叔叔带着他转了转。桂山发现，上海既有高楼大厦，闪着霓虹的七彩光，也有破旧的小屋和穿着破破烂烂的人们；既有熙熙攘攘的车水马龙，嘈杂喧嚣、热热闹闹，也有成群结队的挑夫汗涔涔地从身边走过，他们身上散发着浓浓的汗酸味儿……这里是大城市了，桂山心里涌动起"海阔凭鱼跃，天高任鸟飞"的豪情。

人生地不熟，举目无亲，要在上海立足得有份活干。"老鬼头"叔叔领着桂山来到十六铺码头找活干。他在这座码头已干了多年，从搬运工干起，凭着一股机灵劲一直干到监工。如今他已不在码头做事了，专为工厂、码头和其他用人单位招工，但十六铺码头管事的他还是熟悉的。"老鬼头"把桂山带到一个包工头面前，要求那包工头收下桂山做搬运工。

那包工头胖乎乎的，躺在椅子上，跷着二郎腿问桂山："做搬运工，你吃得消？"又转过头问"老鬼头"："规矩你跟他说清楚了吗？"

"老鬼头"连忙说："您行行好，就收下他吧，他刚到上海也没地方去。"

包工头点点头："只要他肯干守规矩，就留下吧！"桂山当即应道："我愿意干！"

"老鬼头"接着跟桂山说了搬运工干的是什么活和需要守哪些规矩：每天有大量货船把各种货物通过黄浦江运到码头，也有大量货船把各种货物通过黄浦江运送出去，搬运工就是把货物搬到船上去或把货物从船上搬下来；货船到码头了就开工，货物搬完结账付工钱，工钱按搬的货物多少计算，搬完一件货会领到一根记账用的竹签；搬运过程中受伤了甚至断胳膊断腿了，搬运工只能自认倒霉，包工头、老板是不管的！

桂山年轻气盛，对"老鬼头"叔叔说的那些规矩毫不在乎，但他想到了一个问题：住在哪里呀？

"能给个住的地方吗？"桂山试着问包工头。

"这个难！不过我跟你叔是老熟人，我可以帮你想办法，只是工钱要少付你三成。"包工头说。

"好的！"桂山答应了下来，钱少给点就少给点，没地方住那可不行。

包工头把桂山领到一个离码头不远的工棚。工棚搭建在一座仓库旁边，桂山站在门口往里面一探，只见用残砖石块垫着一排排木板，木板上面铺着乱糟糟脏兮兮的稻草，整个工棚里弥漫着臭烘烘的霉烂的气味，令人作呕。

"这跟猪窝有什么两样呀！"桂山在心里嘀咕。

包工头指了指靠窗边的位置："你就睡这里吧！"

"挺好的，有得住就不错了。你是来打工赚钱的，又不是来享福的，再说老板照顾你了，让你睡在窗口下面，通风，也亮堂点。""老鬼头"叔叔看出桂山为难，安慰他说。

"嗯！"桂山点点头。他把随身携带的包裹放在铺位上，就跟着包工头出工了。

十六铺码头非常的热闹，客运货运昼夜不歇，汽笛声不断。黄浦江岸上商号、店铺、仓库林立，码头上总是尘土飞扬，来来往往的人们步履匆匆，而搬运工、三轮车夫、小贩们紧紧地围绕着船只揽活抢生意。

靠岸的货船一开仓，桂山就和工友们一起冲了上去，用推车推，用肩膀挑，用赤裸着的后背扛……不同的货物有不同的搬运方法。码头工人装卸货物，如米、小麦、布匹、纸张等，扛一包，就能领到一根竹签。搬运工把竹签紧紧咬在嘴里，完工后凭竹签结算工钱。

穷孩子三三两两跟着搬运工，希望能捡到掉落的东西。在搬运煤炭时，这些孩子更是不要命，只要看见有掉下来的，哪怕只是一小块，他们的两只小手像耙子一样使劲地耙，然后快速塞进绑在身上的袋子里。他们的脸都是黑漆漆的，有的孩子衣不蔽体，在横冲直撞的车子之间穿梭，个个机灵得如同猴精，看得郑桂山的心都提到嗓子眼了。桂山为那些孩子的安危担心，为他们为了生活拼命感到痛心，可他自己又好到哪里去呢？日上三竿，豆大的汗珠一颗颗从头上爆出来，流到眼睛里又涩又疼，可他没办法去擦，只有使劲地眨眼睛把汗水从眼睛里挤出去。他不能停下来，动作稍有迟缓，监工就会大声呵斥："不要偷懒，麻利点！"

黄浦江水泛着浑浊的波浪，汽笛声震耳欲聋，嘈杂的人声、汽车的喇叭声……这一切搅得郑桂山一阵阵犯晕，肩上的麻袋似乎越来越重。头顶的太阳迟迟不肯落山，看着轮船在晃，桂山感觉自己也晃了起来，脚都像踩在了棉花上。他凭着一口气一趟又一趟地往返，咬牙坚持着。

傍晚的江风带着暑气，热乎乎地吹着。终于收工了，郑桂山冲到水龙头前"咕咚咕咚"地灌个够，随后将冰冷的水泼在身上，这才觉得舒服多了。结算工钱了，包工头数着每个搬运工的竹签，根据竹签数量支付工钱。领到的工钱少得可怜，但大家仍装出感恩戴德的模样，生怕惹怒了包工头丢了活。

一天的苦力活使得郑桂山累得几乎不能动弹，他全身如拆筋裂骨般疼痛，整个身子像散了架似的。晚上啃了几个馒头，简单地冲了个凉，郑桂山回到工棚，悄悄躺倒在铺位上。起早摸黑劳累了一天的工友们陆陆续续睡着了，工棚里鼾声此起彼伏。郑桂山也很累，但他辗转反侧，难以入眠。不知什么时候，月光从窗口洒进工棚里，郑桂山看见有老鼠"吱吱"叫着在工友们的身上窜过。他心里为老鼠感到悲哀："你们进穷窝了，我们自己都吃不饱，哪里还有你们吃的？"

熬过几天，郑桂山开始适应码头搬运工的生活。"老鬼头"叔叔记挂着侄儿，这天特地来到码头，从站的姿势、背货物的着力点、走路的技巧以及如何借力省力等对桂山进行了详细指点。郑桂山根据叔叔的指点，搬运起货物来感觉顺当多了。

上海有句话："好人不吃码头饭，要想吃码头饭，就得拜个老头子。"初来乍到的码头搬运工都要去拜会码头有头面的人物，以求得到照应。帮会是码头工人们联合起来寻求自我保护、抱团取暖的一种民间组织。郑桂山熟悉了码头和所做的搬运活后，也特地拜了帮会头子。这之后，他才算是在码头立足了。

1914年，正值第一次世界大战爆发，随后上海码头的工人联合举行了一场大罢工，要求提高工钱。此次罢工是由参与帮会的各大包工头组织发起的，几天的罢工就使得资本家们吃不消了，他们损失不起也赔不起，只得答应包工头们提出的要求。虽然工人们要将增加工资的一部分交给包工头，但自己的收入也确实得到了增加，生活得到了改善。这是郑桂山第一次感受到了团结的力量，意识到团结起来斗争的重要性。

郑桂山融入码头工人队伍之中不久，黝黑发亮的肤色、满手的老茧、厚实的肩膀……码头工人的体貌特征和形象已显露无遗。

在难得休息的日子，郑桂山换上整洁的衣裳上街逛逛。大上海果然是十里洋场、花花世界啊，虽然军阀们打得你死我活，各地烽烟四起，但上海依然歌舞升平。大街上，各家商店人头攒动，达官贵人们衣着鲜亮大摇大摆，电车叮叮作响，卖报的儿童清脆地喊着"号外，号外……"俨然一个太平世界。然而，郑桂山也看到成群的穿着破烂的小孩在沿街乞讨，他意识到即使是大上海，也有贫困、饥饿、不公平。大上海真的是个"朱门酒肉臭，路有冻死骨"的世界。

郑桂山曾好奇地注视那些婀娜多姿的阔太太与俏小姐，还有穿着绸缎长褂的阔佬和打着领带的公子哥；也曾听过那动人的悠扬音乐和看过那些见所未见、闻所未闻的食品……这一切的一切，让他内心颇不平静。

有一回，郑桂山在一家餐馆前歇脚，一个进餐馆用餐的阔太太拿着雪白的帕子捂住口鼻，娇滴滴地对着他骂开了："哪里来的瘪三，一身穷酸味！"餐馆里一个服务生听到了，立即跑出门外："走走走，别影响阿拉做生意！"大声吆喝着驱赶他。郑桂山很生气，但他忍住了没发作，看了那阔太太和服务生一眼离开了。他想，总有一天这个社会会改变的，也必须改变！

夜深人静，郑桂山有时会想起自己的二哥：二哥到俄国做皮鞋，不知道有没有学会？他的生活状况怎么样？

时日一长，工友们渐渐知道郑桂山练过武，且武功了得。有一天，突然有人找他，动员郑桂山加入一个码头工人组织。这是由工人自己成立起来的特殊组织，主要是对抗工贼、流氓等黑恶势力，维护工人兄弟劳动、生活秩序和自身利益。

郑桂山很谨慎，他仔细了解了这个码头工人组织的成员构成情况，发现其中大多数是自己的工友，也有失业者，担任队长的人就是一个信仰三民主义的失业者。郑桂山心动了，他觉得这个由难兄难弟组成的组织值得信任、可以依靠，于是就加入了。

自从加入工人组织后，郑桂山更忙碌了。除了做搬运工赚钱维持生计，他还积极参加工人组织的训练和其他活动，后来还担任了工人组织的武师。郑桂山当武师，教得很认真、很用心，很快得到所有队友的尊敬。不久后，一个工友在搬运中受了伤，小工头不仅不给饭吃，还扣他的工钱。郑桂山知道后十分气愤，就带着队友与小工头进行针锋相对的斗争，要求为这位受伤的工友医治，饭和工钱不能少，否则就罢工。如果激怒工人事态扩大，那就不只是得不偿失了，后果可能还会很严重。小工头看到工人们抱起了团，明白惹不起，就只好乖乖地答应了工人们的要求。

这个码头工人组织积极传播三民主义思想，培养、发展进步力量。郑桂山受到了三民主义等进步思想的教育，但他内心的困惑与迷茫仍然无法化解：孙中山先生领导人民推翻了腐败无能的清政府，建立起中华民国，倡导三民主义，但贫苦百姓并没有摆脱忍饥挨饿的困境。更令他愤懑的是，时隔不久，袁世凯居然复辟称帝，引起了军阀混战，社会时局更加动荡，人民生活更加水深火热。如何改变社会现状呢？老百姓的出路到底在哪里？有一点郑桂山是确信无疑的，因为那是用事实验证了的：团结起来就有力量，组织起来才有可能维护自己及工友的利益，保护自己及工友的人身安全。因此，郑桂山对工人组织抱有殷切的希望，并满腔热情积极参加工人组织的各项活动。

追求进步 ZHUIQIUJINBU

郑秋在上海码头当搬运工，累死累活还赚不了什么钱，想通过卖苦力提高生活水平接济家人的愿望成了泡影。第一次世界大战爆发，法国作为参战国急需劳动力。在帮办的花言巧语蒙骗下，郑秋和一些工友去了法国，成了挖战壕的华工。在法国，华工们受尽欺凌和压迫，这让郑秋深感奇耻大辱，也使他深深意识到弱国的百姓是没有尊严的，郑秋为祖国的前途和命运而忧虑。"一战"结束，华工被遣返回国，郑秋毅然去了苏联帮二哥做皮鞋生意。在苏联，郑秋结识了共产党员和进步人士，接触了马克思主义，接受了革命思想，还成为保卫克里姆林宫的一名苏联红军，走上了革命的道路。

二、追求进步

1

　　第一次世界大战爆发后，法国政府开出包吃、包住、包穿，工钱比中国国内翻倍等诱人条件到上海招募华工，帮办们鼓吹："带着五年的合同去法兰西吧！你的年收入将达到2000法郎，回来时你将成为大富翁！"渴望改变命运的郑桂山相信了洋办的宣传，对工友们说："到法国去，能看看外面世界，还能多挣钱，这是一个多好的机会啊！"他毅然决然报名应征了。帮办看郑桂山身材魁梧，体格健壮，当即拿出劳工合同与郑桂山签约。劳工合同全是法文，郑桂山看不懂，听了帮办如簧巧舌的鼓动与哄骗，怀着对改变命运的渴望，他毫不迟疑就在劳工合同上签上了自己的名字，还画了押。

　　"呜——呜——"几声长长的汽笛声响起，一艘轮船缓缓驶离十六铺码头，郑桂山和近百名怀着改变穷苦生活梦想的青年，离开祖国，漂洋过海分赴遥远的不同国度：郑桂山和一批工友到达欧洲的法国。他们到了各自的目的地，有的做苦工，有的经商做生意……然而，郑桂山他们到了法国后，发现受骗上当了！法国人根本不把招募来的华工当人看，派他们去挖战壕，并实行军事化管理。华工们过着奴隶般的生活，白天在法国士兵的严密监管下不停地挖战壕，每天至少要干12小时，而且动辄得咎，经常受到拳打脚踢，被皮鞭抽、枪托砸，还会被扣工钱、受罚不准吃饭；夜晚住的是破烂漏水的帐篷，十几、二十来个华工关在一个帐篷里，吃喝拉撒都在里面，臭气熏天。据更早被招募来的华工说，夏天帐篷里热得像蒸笼，蚊蝇飞舞；冬天寒风灌进工棚，一个个冻得浑身发抖。华工因劳累和恶劣的生活条件致残、致病，法国人不闻不问，有的华工为此还丢了性命……郑桂山等新来的华工得知这一切，不由得心里打战，懊悔不已。

郑桂山年轻力壮，头脑又灵活，挖战壕这力气活对他来说算不得什么，他都能按时保质保量完成，监管的法国官兵对此很满意，经常对他竖起大拇指："Bien（好）！"但干活的时间长，休息的时间少，又吃不饱饿得慌，郑桂山觉得度日如年。他想：这样下去，迟早会把命留在法国，得想办法应对才是。于是，他尽量与监管的官兵套近乎，对他们装笑脸，装作亲热地跟他们打招呼、行礼；挖战壕时，经常比画着手势，询问法国佬：为什么战壕要挖在高的地方？为什么主战壕要挖得又宽又深、支战壕挖得窄一些浅一些？为什么壁面都要挖得陡直些？为什么掩体有的挖得大些，有的只要能容下一个人就可以了？为什么要在战壕外

郑秾在法国挖战壕

挖些掩体……郑桂山的"十万个为什么"使得法国官兵很受用，他们成了"师父"，受到了"尊重"，对郑桂山的态度明显好了很多，而郑桂山也学到了不少军事知识，懂得了占领高处就能居高临下，就占有了战斗的有利地形，这是取得战斗胜利的重要因素；战斗还要根据实际情况，实行阵地战、运动战、伏击战、攻击战……

监管的法国官兵对郑桂山相当友好，得知他吃不饱，就叫分餐的人多给他打一点食物，冬天还把破棉衣、旧军鞋送给他，有的还教他学简单的法语对话。每当得到法国佬给的衣物时，郑桂山就会分给更需要的华工。每当看到华工被罚不给饭吃时，他就半开玩笑地对法国佬说："不给他吃，他就更没有力气干活、更干不好了。"他还试探着给华工添饭。郑桂山经常安慰别的华工："悲伤、流泪有什么用呢？大家得想办法保护好自己，熬到合同期满就能回国了。"他跟大伙讲历史讲故事："穷人总有一天会有出头之日的，我们中国不是有很多这样的事吗？既然来了，有事大家相互帮助，熬过这段苦难的日子。"华工们听了他的话，纷纷点头说："你说得也是，苦难的日子总会过去的。"

欧洲的冬天特别漫长，冰天雪地的，挖战壕的事只得搁下。工友们不用出工了，都躲在被窝里不起床，郑桂山却想：应当多赚点钱，争取有点积蓄，这样才对得起父母。他悄悄叫醒两个会石雕的华工，带着他们来到帐篷外，说："法国贵族很喜欢石雕，你俩做石雕，我来卖，赚到钱你们分七成我三成。"两个工友高兴地说："好！你为人好，头脑又灵活，我们相信你。"说干就干，郑桂山挑选石块，工友雕刻，没过几天就加工成了几件石雕作品。夜晚，郑桂山用麻袋装上这几块石雕，扛在肩上溜出门去。

战争好像对法国贵族的生活并无影响，街道上那些达官贵人、富豪士绅穿着皮袍，坐着小车和黄包车，到那富丽堂皇的酒店、餐馆去用餐饮酒，过着奢华的夜生活。郑桂山大着胆子推开一家酒店的玻璃门走了进去。

酒店里温暖如春，贵族围着餐桌谈笑风生，桌上碗盆里的美味佳肴热气腾腾，香气扑鼻。他们一见突然闯进来一个叫花子般的华工，有的发出尖叫声，有的掩着鼻子作呕吐状。酒店的服务生忙赶过来，向郑桂山挥挥手，示意他快出去。郑桂山还想碰碰运气，凑近一个法国佬问："先生，你要买点货吗？"那法国佬不理会，脸上露出鄙夷的神色。

酒店老板见郑桂山还不走，勃然大怒，上前一步抓住他的衣领，骂道："猪猡！滚！"边骂边把郑桂山推出门外，还重重地踢了他一脚，关上了门。

郑桂山受到了侮辱，这位倔强的年轻汉子伤心得流下了眼泪。他冒着漫天大雪回到工棚，将麻袋重重丢到屋角，蹲在地上抽泣起来。两位工友问他怎么回事，他满腔悲愤地诉说刚刚经历的一切，痛心地说："现在我真正尝到被'皮鞋踢'的滋味了！弱国之民，什么样的欺凌都会遭遇到。他们敢踢美国人吗？敢踢英国人吗？……要生存，要不受欺侮，国家必须得强大起来！"

第一次世界大战终于要结束了，在法国的华工终于熬到头了。经过长达近4年的战争洗劫，法国生产力严重倒退，到处是失业者，因而法国人将华工视为累赘，急于甩掉这个"包袱"。法国政府下令遣返华工，而且只发给华工一半薪水。中国驻法使馆不敢出面调解，华工只能任人宰割。在法国有十几万华工，这十几万人遣返回中国，需要一笔巨款，钱从何来？法国政府要求中国驻法使馆自行筹钱。中国驻法使馆无奈，只得用向旅法华人推销"临时赈灾旅法失业华侨奖券"、发起水灾募捐等办法筹钱，同时联系欧洲开往中国的运兵船捎带部分华工到越南西贡，再让他们自行转道回国。在筹集遣返经费期间，法国政府放任华工流浪街头风餐露宿，不管不顾。华工们回到家乡，早已囊中空空，许多华工还落下疾病甚至残疾。华工赴法国赚钱之旅竟然成了受苦受难之旅，郑桂山感同身受、恨在心里。在法国挖战壕的苦难日子，磨炼了他的意志，回到家乡后不久，他又重新回到上海打工谋生。

1917年，俄国十月革命一声炮响，俄国工人阶级在布尔什维克党领导下联合贫农建立了苏维埃政府，成为世界上第一个社会主义国家。苏联还主导成立共产国际，大力支持弱小国家的解放斗争，开创了世界历史的新纪元。俄国十月革命的胜利，给被压迫的国家、民族和人民带来了希望，让穷苦人民看到翻身求解放的曙光。

列宁在从事革命活动过程中，与中国的革命先行者孙中山先生结下了深厚的友谊，因此对中国的情况比较了解。他关心中国人民的疾苦，为中国旅居苏联的侨民提供尽可能的方便与帮助。郑桂山的二哥郑桂南在苏联算是交上好运了：他先是鞋革工人，后来逐步积累了资金，自己开了鞋革工场，招募了工人。桂南非常关心自己的同胞弟弟桂山和乡亲们，当得知桂山遭受"皮鞋踢"时，十分愤怒。他写信向亲朋介绍自己在苏联创业的经过，介绍亲眼看到的苏联社会和人民的生活状况，告诉亲朋好友苏联现在是一片崭新的天地，劝导他们到苏联谋发展。

郑桂山读了二哥的信，高兴得跳了起来："穷人翻身有希望了！穷人翻身有希望了！"他将这一大快人心的喜讯告诉亲人、工友，大伙听后个个欣喜若狂，有的还去小饭馆欢聚一餐，满怀希望地畅谈着："俄国穷人翻身解放了，中国穷人也会翻身的！"他们要到苏联去走一走、看一看，感受一下那里的穷人翻身做主人的幸福。

1922年，郑桂山和几个乡亲在族叔郑连美的带领下，与去苏联留学的彭南贤、杨介莊等人结伴去了苏联。

他们到达苏联，到了郑桂南的工场，恍如到了另一个世界。桂山与桂南两兄弟相见，相拥而泣。桂南抚摸着小弟的脸庞，心疼地说："阿弟啊，你怎么这么瘦呀！"郑稛流着泪说："二哥啊，我在法国做了多年的'皮鞋踢'，回国后又做苦力，怎么能不瘦呢？看到二哥的工场这么有气派，看到你穿着西装、皮鞋，到苏联真是交上好运了，我好羡慕啊！"桂山又说："什么时候我们的国家也这样，大家日子都过得好好的，那该有多好呀！"

当天晚上，郑桂山等人不顾旅途的劳累，要到莫斯科街上去溜达溜达。桂南看大家心情这么迫切，欣然允诺："好吧，走！让大家开开眼界，感受感受莫斯科美丽祥和的夜景。"十几个人漫步街头，见苏联虽然革命成功不久，街面还不怎么繁荣，但是很整洁，街上的行人脸上都洋溢着幸福的笑容。他们在内心赞叹：在这样的社会，人人平等，没有剥削压迫，个个扬眉吐气，简直是生活在天堂里！

走着走着，忽然看见前面一片红光照射，把整个城市中心照耀得辉煌灿烂。郑稛忙问："这是什么东西发出的光？"

"我们已经离克里姆林宫不远，就要进入红场了。"郑桂南笑着指指前面一幢大楼说："这是苏共和苏联政府最高领导机关的所在地,列宁同志就在这里指挥全国的革命斗争。那大门上头的那颗大红星,昼夜放出闪闪的红光,照亮世界的革命道路。"郑桂南又说："红星代表苏联共产党的领导,红光、红旗代表无产阶级革命!"郑桂山紧紧握着双拳,坚定地说:"二哥,请你帮助我寻找共产党组织,我要参加共产党,学习革命道理,将来回国闹革命。中国人民要不再受剥削压迫,中国要富强起来,非走俄国的革命道路不可!"大家都竖起大拇指,说:"桂山这小子有理想,有抱负,了不起!"

"小弟,你有这样的觉悟,我很高兴!"郑桂南左手搭在弟弟的肩上,右手指着大红星说:"现在我们中国也成立了中国共产党,有代表团驻在莫斯科,有好多进步青年来苏联留学。那些年轻的共产党员经常上街演说,向群众宣传社会主义,宣传无产阶级革命。你以后多和这些人交往,向他们表明自己的志向与要求,他们会帮助你找到党组织,会帮

郑秾在苏联

助你实现入党的愿望的。"听二哥提起进步青年到苏联留学的事，桂山想起了与自己结伴到苏联的彭南贤、杨介莊等人，说："二哥，和我们一起来苏联的就有好几个留学生。""好啊！这些中国留苏学生，大部分是组织派来留学的，他们中间就有中国共产党党员。"郑桂南高兴地说。桂山将二哥的话牢牢记在心里，下决心一定要找到党组织。

郑桂山和乡亲们留在桂南的工场做工。一天，工场下班了，郑桂山和几个同事一起回宿舍，路过十字路口时，突然耳边传来响亮的声音："马克思主义是全世界无产阶级和全人类彻底解放的学说，是无产阶级政党的指导思想，是无产阶级革命的真理……"循声望去，只见一个穿着朴素、长得清秀文雅的青年手持话筒，站在台阶上向群众宣讲马克思主义和列宁的革命理论。郑桂山被深深地吸引住了，身不由己地向正在演讲的青年走去，挤进人群中认真聆听起来。他越听越入神，直到那位青年演讲完。他走上前紧紧握住那位演讲青年的手，十分激动地说："你讲得真好，讲到我的心坎里去了！我是中国到苏联来打工的，心中有很多话想对你诉说，有好多问题想请教你。"那青年仔细打量了面前这位跟自己年龄不相上下的年轻人，连声说："好的，好的。你也还没有吃晚饭吧？我请你到我们学校食堂吃个晚饭，我们边吃边谈，如何？"郑桂山求之不得，满口答应："太好了！谢谢你！"

"听你口音，好像是浙江青田那边的人吧？"那青年问。

"对，对！我是青田县仁庄镇罗溪村人。我们家乡太穷苦了，一年到头累死累活，还吃不饱、穿不暖。我二哥在苏联做皮鞋生意，我就投奔二哥来了。"郑桂山说。

"好呀，我是永嘉人，叫谢文锦。永嘉与青田相邻，我俩是同乡呢。"那青年自我介绍道。

在一起吃晚饭时，郑桂山了解到：中国共产党是工人阶级的先锋队，是带领劳苦大众反帝反封建、为劳苦大众求解放谋利益的政党。一番交谈，郑桂山的心里亮堂了。晚饭后两人又畅谈了一会，然后激动地拥抱告别。

此后，郑桂山常常挤时间与谢文锦交往谈心。谢文锦这位老乡是1921年由广东革命政府派遣到苏联留学的，1922年在苏联由社会主义青年团员转为中国共产党党员，随后担任中国共产党留苏学生第一支部的宣传委员。谢文锦通过与郑桂山的交往，了解到郑桂山家境贫穷，不满20岁就外出打工谋生，到法国挖过战壕，吃过不少苦，受过不少欺凌；他憎恨剥削者、压迫者，渴望改造不公平、黑暗的世界。谢文锦随即向郑桂山宣传中国共产党的主张、方针和政策。随着交往的增多，谢文锦与郑桂山建立了深厚的友谊，在这过程中郑桂山对中国共产党也有了更深入的了解，加入中国共产党的愿望愈发强烈。终于，郑桂山向谢文锦提出入党要求："你是中国共产党留苏学生的宣传委员，我算是找到党组织了吧？我要求加入中国共产党，学习革命道理，将来回国闹革命。你看我可以吗？"谢文锦十分认真地说："你的要求很好，看来你是个很有抱负也很勇敢的革命青年，

谢文锦

中国共产党欢迎你这样的青年加入。但是，加入中国共产党是有一定程序的，我一个人说了不算。你要把你自己的基本情况真实地向党组织说清楚，把自己为什么要加入中国共产党向党组织说明白。我愿做你的入党介绍人，把你的情况向党组织汇报。"说着，谢文锦送给郑桂山一本《中国共产党章程》和一份志愿入党申请书，叮嘱说："你要自觉学透《党章》。填写好了志愿入党申请书就交给我，我替你上报给党总支。党组织会对你进行教育、调查、考验的，还会派人跟你谈话。批准你入党了就会通知你，那时还要为你举行入党宣誓仪式。明白了吗？希望你不断努力，不断进步！"郑桂山激动地拍着胸脯表示："我一定认真按照你的要求去做，经受党组织的考验，争取早日加入党组织！"

回到工场，郑桂山兴奋地直奔二哥的办公室，对着二哥举起手中的《中国共产党章程》和志愿入党申请书，说："二哥，我找到党组织了！我申请加入中国共产党了！"郑桂南显得很高兴，认真地说："小弟，恭喜你！你要明白，开弓是没有回头箭的！""为了中国穷苦百姓能过上像苏联人民一样不受剥削压迫的生活，为了中国能强大起来，哪怕上刀山下火海，我也决不回头，永不退缩！"郑桂山掷地有声地表示。

　　自此，郑桂山在工余时间就找个安静的地方认真学习《中国共产党章程》，深刻领会中国共产党的性质、党的组织、党的纪律、党员的权利与义务等，学通学透之后郑重地填写起志愿入党申请书，填好后的入党申请书："尊敬的中国共产党留苏党组织：中国共产党是像苏联共产党一样的马克思列宁主义政党，是团结劳苦大众打倒土豪劣绅，带领穷人翻身做主人、过幸福生活的党。我要求加入中国共产党……"他把志愿入党申请书交给了谢文锦。

　　郑桂山与谢文锦、彭南贤、杨介莊等留苏学生及进步人士交往更密切了。

　　他跟着谢文锦、彭南贤等到街头演讲，宣传马克思列宁主义；他到彭南贤、杨介莊他们留学的学校参加讨论会，畅谈革命理想、革命途径、革命策略等；他参加革命歌曲演唱会，学唱《国际歌》："起来！饥寒交迫的奴隶，起来！全世界受苦的人。满腔的热血已经沸腾，要为真理而斗争！……这是最后的斗争，团结起来到明天，英特纳雄耐尔就一定要实现！"雄壮、激昂的旋律让他热血沸腾。他向谢文锦请教："'英特纳雄耐尔'是什么意思？""'英特纳雄耐尔'用中国话说就是'共产主义'。"谢文锦解释道。"'共产主义'是指什么呢？"郑桂山又问。谢文锦耐心地解释："共产主义社会是人类社会发展的最高级阶段，在这个阶段社会产品极大丰富，人们具有高度的思想觉悟，劳动成为生活的第一需要，工农、城乡、脑力劳动和体力劳动三大差别已经消灭，采取'各尽所能，按需分配'的分配原则。"听了谢文锦的解释，郑桂山热血沸腾："那比现在的苏联还要好啊，真是人类的天堂！"他激动地表示："我要为实现共产主义奋斗终生！"

　　他与共产党员、进步人士到各地去调查研究，了解苏联十月革命胜利后穷苦人民翻身做主人后的生活，了解苏联人民积极投身建设国家大业的情况。在此过程中，郑桂山坚定了团结闹革命、让中国穷苦百姓像苏联人民一样翻身做主人的信念和信心。

　　他每次参加活动后，回到工场都把听到的、看到的讲给工友们听，鼓励大家投身革命……

　　经过约半年时间的考察、考验，中共留苏党组织批准了郑桂山加入中国共产党的申请，郑桂山成为一名中国共产党预备党员。从此郑桂山更努力学习了，更积极努力地参加革命活动，并且认真负责地完成党组织交给的各项任务，他在党组织的教育培养下不断成长起来。一年后，郑桂山成为中国共产党正式党员，并在莫斯科工人文化宫举行庄严的入党宣誓仪式。他在党旗下郑重地举起右手："牺牲个人，严守秘密，阶级斗争，努力革命，服从党纪，永不叛党。宣誓人：郑桂山。"

　　成为中共正式党员，是郑桂山走上革命道路的新起点。桂山幼时上过几年村校，大约是小学文化水平，后又经过自己勤学苦练，文化已有提高。他端详着党员表格中的第一栏"姓名"，想："木星、桂山这名字都显得有点俗气，不够气派响亮，得想办法改一改。"他又想：我家世代种地，是地道的农民，那我就叫"郑农"。但这个"农"字他又觉得普通了一点，还得把它改一改。"农民就是种庄稼，我要终身不忘种地，就改成'秾'字吧。"于是他郑重地在上面写

参加红军时的郑秾

道：姓名：郑秾，别名：桂山，谱名：木星，籍贯：中国浙江青田罗溪村……表格填好，连同写好的入党志愿书附在里面，交给谢文锦。对此，他解释说："我是一个种稻谷的农夫，我要为贫苦农民得到土地而奋斗！""好！"谢文锦竖起大姆指称赞，两人匆匆握手告别。郑秾兴冲冲地跑回到郑银星房间，高声地说："二哥，我正式加入中国共产党了！"

　　1924年，苏联在留苏的外国人员中招募红军，郑秾获悉后高兴地对二哥说："我已经加入中国共产党，为了学到更多的革命道理和革命本领，我要参加苏联红军，在苏联红军队伍里不断锻炼自己。"郑桂南拍了拍小弟的肩膀，说："你有远大的抱负，应该到各种环境里去锻炼锻炼。苏联红军队伍是革命的熔炉，是锻炼人的好地方。"郑秾把自己的想法向中共留苏党组织作了汇报，中共留苏党组织批准了他参加苏联红军的要求，希望他在苏联红军队伍里遵守纪律，好好学习，好好锻炼。

　　郑秾兴高采烈地到苏联红军报名处报了名。红军首长看到郑秾显得

高大英武，十分欣赏，用生硬的中文说："我们欢迎你这位同志报名参加苏联红军！"报名后，通过审查，郑秾获准参加苏联红军。从此，郑秾脱下工人服装，换上苏联红军的军装，戴上嵌有红五星的军帽，成为一名苏联红军战士。

在苏联红军新兵连，郑秾刻苦练习各项军事项目。由于训练强度大，十分劳累，别的新兵在晚饭后就休息了，但郑秾却自我加压，反复练习所学科目，结果无论是站姿、列队、持枪、奔跑，还是负重、枪法、投弹，他样样都最优秀。特别是刺杀、赤手格斗，他把扎实的武功基础融入其中，成了新兵连中的"新秀"，声名鹊起，轰动军营。

一天，苏联红军首长来到新兵连观看新兵的刺杀与赤手格斗演练，发现无论是单打独斗，还是三对一、五对一的"群虎斗龙"，郑秾都独占鳌头。演练结束，首长走到郑秾跟前，把他上下打量一番，竖起大拇指，笑容满面地说："威武勇猛，好样的！"郑秾一个立正，向首长行了一个标准的军礼，大声道："首长好！谢谢首长夸奖！"声音洪亮，中气十足。首长还了一个军礼，走上一步，用拳头重重地捶了捶郑秾的胸脯，说："郑秾同志，克里姆林宫需要你这样的战士来保卫，你愿意吗？"

郑秾又行了一个标准的军礼，大声回答："非常愿意！谢谢首长的厚爱！"那位首长很高兴，说："很好！郑秾同志明天到克里姆林宫近卫军报到！"新兵演练场上响起了一片热烈的掌声。

要到克里姆林宫做警卫工作了，郑秾将喜讯告诉二哥："我明天就成为克里姆林宫近卫军战士了！""小弟为我们家争光了，真有出息，好好干！"郑桂南由衷地夸赞道。

郑秾向中共留苏党组织汇报了成为克里姆林宫近卫军战士的经过，留苏党组织领导对此表示祝贺，并严肃告诫："克里姆林宫是苏共中央领导办公的地方，是领导苏联人民革命、建设的神经中枢，你肩上的担子很重呀！你一定要勤于思考，严守纪律，不折不扣地做好每一件事，每一个细微的环节都不能出现差错！"郑秾神情庄重，当即表示："请党组织放心，我一定全力以赴守护好克里姆林宫，保护好苏联领导，为中国共产党争光！"

这之后，在克里姆林宫门前多了一位身材魁梧、英俊威武的中国籍红军站岗放哨。他忠于职守，一丝不苟地盘查进出人员。他就是克里姆林宫近卫军战士——郑秾。郑秾觉得，自己作为一名克里姆林宫近卫军战士，既是在保卫一位世界革命领袖，也是在保卫自己心里最亲最爱最敬重的一位亲人。为了更出色地做好保卫工作，郑秾严格要求自己，自觉向苏联战友们学习俄语和军事知识，终于成为克里姆林宫近卫军一名战士。

2

1924年列宁逝世，次年孙中山先生也逝世了。斯大林成为苏联的最高领导人，而中国革命领导权逐步落入蒋介石之手。

郑秾在苏联工作、生活期间，了解了苏联解放劳苦大众的革命道理，也学到了许多的军事知识，还学了一些简单的俄语。他的革命思想得到了升华，革命斗志更坚强了。

男大当婚、女大当嫁。1926年郑秾已经32岁，还未成亲，这成了他父母的一块心病。这年年初，郑秾寄了一笔钱回家，让父母把房子整修整修。房屋修好了，郑秾父母请媒婆为他介绍对象。此时，吴岸乡应庄墙村一个远房亲戚办事路过罗溪村，就顺便到郑爱福家歇歇脚。郑爱福和林氏热情地招待了这位亲戚，聊起了各自情况、家长里短，聊着聊着就聊到郑秾的婚事。"别人家的儿子30多岁，儿女都膝下承欢了，我家的桂山还光着，让人说闲话呢，真是急死人！"林氏无奈地叹了口气。亲戚问："怎么，桂山30多岁了还没有成家？""是呀，你那里有没有合适的姑娘，给桂山介绍一个呗！"林氏央求道。亲戚说："桂山这孩子在哪里做事呀？我好几年没见到他了。"郑爱福接过话茬说："桂山他去过法国挖战壕，在那待了好几年，后来又到俄国，帮他桂南哥做皮鞋，听说后来参加了苏联红军。他一直在外面，把婚事给耽搁了。"亲戚想了想，说："这孩子出过洋，还当了兵，肯定是见多识广有本事啊！我们村有一个姑娘姓吴，名字叫柳钗，二十几岁了，也没嫁人，她的舅舅也在俄国做皮鞋生意。姑娘长得蛮漂亮的，还很贤惠，与桂山挺般配。我回去给撮合撮合。"郑爱福和林氏满心欢喜，说："那就拜托了！"郑爱福想了想，又说："只能说桂山在俄国跟二哥做皮鞋生意啊，他当红军的事可不能说出去。""好！我知道了。"亲戚答应道。于是林氏忙碌起来，煮饭、烧菜、温酒款待这位亲戚，在他离去时还买了礼品相送。

那远房亲戚回到家后，果然为郑秾说亲事去了。吴柳钗父亲特地写信给在苏联的妻舅，询问郑秾的情况。得知郑秾长得帅气，头脑灵活，又勤劳能干，心里就有八分欢喜，再说女儿已二十出头，也得找婆家了。在桂南的授意下，吴柳钗的舅舅也隐瞒了郑秾是苏联红军的事。在郑爱福那远房亲戚再次上门来催问时，吴柳钗父母便同意去罗溪郑家"看人家"。"看人家"是当地风俗，选个黄道吉日，女方长辈去男方家里探访了解情况，如果中意，亲事就定下来了。

那天，郑爱福那亲戚领着吴柳钗和她的父母来到罗溪村"看人家"。客人到了，郑秾父母尽其所有热情招待，把郑秾上过私塾、练过武术、学过中医、两次去上海做工、去法国挖过战壕，后来又去俄国帮桂南做皮鞋等情况一五一十地向客人细细讲了一遍，说："桂山是多年在外奔波，才把婚事给耽搁了。"吴柳钗的父母在罗溪村到处转了转，觉得郑爱福一家人在地方上的人缘好、口碑不错，就同意了这门婚事："桂山这孩子还不错，就是年龄大了点。如果成亲了，他得好好待我家柳钗。"郑爱福、林氏听了，满口应承："桂山从小就体贴人，懂得心疼人，他娶了柳钗这么俊俏的姑娘，还不当宝贝一样？柳钗嫁到我们家，就是我们家的人了，桂山敢不好好疼着，我们做爹娘的也不答应。"柳钗姑娘满脸羞红，躲到父母身后去了。

郑秾的亲事有了着落，郑爱福和林氏一桩心事算是了了。郑爱福请学堂教书的胡先生写信给郑秾，要他赶紧回来完婚："爹妈给你定下了一门亲事，姑娘是吴岸乡应庄墙村的，姓吴芳名柳钗。柳钗姑娘贤惠又漂亮，爹娘很喜欢。你接到信后，抓紧回来把婚事办了。"

郑秾接到信后，感到很是意外。他跟桂南说："二哥，爹娘要我回去结婚呢，怎么办？回去结婚，那就要退伍了，我真不愿意呀！""你都三十出头了，是该结婚了。这是大事，可不能让爹娘不能安心。"桂南劝道。

郑秾迟迟不肯提交退伍报告，两个月过去了，父母又来信催促。郑秾是个孝子，他只得向中共留苏党组织汇报了父母催他回乡结婚的事，并向近卫军部队提交了要求退伍的报告。1926年5月，郑秾返回家乡和吴柳钗完婚。

新婚宴尔，郑秾却不甘于过平庸的生活。婚后第二年春节刚过，他就对妻子提出要重返苏联："苦日子哪年哪月才能熬到头呀！为了以后能过上好日子，我想再去苏联经商。"出于保密需要，当时在苏联学习、工作的中国同志都说是在苏联经商或做工。吴柳钗了解丈夫，他不安于过种田种地、老婆孩子热炕头的生活，心里装着贫苦百姓，有志于建立一个人人平等、自由民主、幸福美好的社会。她知道丈夫决定了的事是不会改变的，于是流着泪对郑秾说："出门在外，你要多多小心。不管怎样，你不要把我和爹娘忘了。家里的事我会跟爹娘商量着做好的，你尽管放心。"

这年3月，郑秾告别妻子，告别父母、岳父母、亲朋好友和乡亲们，踏上重返苏联之路。

到达苏联后的当天晚上，郑秾就到中共留苏党组织报到，之后回到二哥的工场，仍然帮二哥做皮鞋。

不久，郑秾从中共党组织、中国留苏学生和其他进步人士那里获得了中文版的《共产党宣言》及《新青年》《列宁》等进步书刊。他如获至宝，白天干活，夜晚在煤油灯下如饥似渴地学习，有不懂、不理解的问题就做上记号或抄录下来，抽时间向他人请教。

突然有一天，从国内传来消息：蒋介石公然背叛革命，悍然发动"四一二"反革命政变，疯狂反共、清共，大批共产党员、进步人士和革命群众惨遭杀害。郑秾义愤填膺，对背信弃义的国民党反动派恨得咬牙切齿。他陷入深思：中国的革命道路到底应该怎么走？

这年的8月7日，中共中央召开紧急会议，纠正了陈独秀的右倾机会主义错误，确定了"实行土地革命和武装反抗国民党反动派"的总方针，中国共产党走上了独立领导中国革命的道路。中共留苏党组织传达了八七会议精神，郑秾感到精神振奋，发自内心地欢呼："中国革命有希望了！"

参加红军 CANJIAHONGJUN

　　风云突变，根据革命需要，郑秾从苏联返回家乡，暗地发动、组织贫苦百姓与土豪劣绅、反动政权进行斗争，参加、组建"兄弟会"等民间组织，并在斗争中取得一个又一个胜利。红军第十三军组建后，郑秾率领"兄弟会"参加了红军，被委任为军组织干部。根据中共中央"赤化浙江"的指示，红十三军不断发起暴动，频繁攻打县城、农村集镇和国民党武装。但由于敌我力量悬殊，加之指挥失当，红十三军最终被打散，郑秾潜回青田老家继续开展地下革命活动。

三、参加红军

1

八七会议后，中国共产党领导的武装斗争在全国各地蓬勃兴起。

1927年冬、1928年春，中共浙江省委派李吉平（化名）、郑馨分赴台州、温州等地巡视，传达八七会议精神，恢复、整顿各县党组织，领导农民开展武装斗争。

1928年5月，宁海县亭旁区（今属三门县）农民暴动；6月，中共浙江省委特派员林平海在平阳县鲸头山庵基堂组织召开永嘉、瑞安、平阳三县联席会议，决定在娄桥之上的茅坑（今属瓯海）成立"浙南联合起义总指挥部"，领导三县农民联合暴动；10月，永康、武义两县农民联合暴动。浙南地区频繁、声势浩大的农民暴动，引起了党中央的关注。

1928年7月，中国共产党在莫斯科召开了第六次代表大会。根据共产国际的指示，中共中央作出决定：为了加强国内的革命力量，凡浙江、山东及东北籍贯的莫斯科的中共党员一律回国闹革命。根据中共中央的指示精神，郑秾准备启程回国，中共留苏党组织负责人对他说："近来，浙南地区农民运动十分活跃，需要共产党人再去宣传、发动和引导。你回国后，要隐藏共产党员身份，一边务农，一边见机秘密宣传党的六大精神，宣传苏联十月革命胜利的成果，配合党组织发动穷苦民众起来斗争，同时发展党的组织，壮大革命力量。""党组织的嘱托，我会铭记在心。为了党的事业、为了劳苦大众的解放，我赴汤蹈火也在所不辞！"郑秾的话铿锵有力。

郑秾和温州、丽水籍的10多名留苏中共党员一起回国，按照党组织的安排积极开展秘密革命活动。中国处于白色恐怖笼罩之下，共产党员的家属因被称为"匪属"而遭到残酷迫害，苏联回国人员会受到国民党当局的严格审查。为不连累家中老少，郑秾没有直接回家，他托人带了一笔钱给妻子吴柳钗和父母作生活费，告诉妻子：他到东北做工去了，必要时会写信给她的。

过了一段时间，严峻形势稍有缓解，郑秾回到青田老家。他一边务农，一边以行医或传授武术为掩护，在穷苦百姓中秘密宣传党的六大精神，宣传苏联十月革命，鼓动贫穷百姓要像苏联劳苦大众那样团结起来，反抗那些腐败官员和地主恶霸的剥削和压迫，过上不愁吃、不愁穿、平等自由的幸福生活。他告诉贫苦百姓："我在苏联做生意四五年，看到苏联十月革命胜利后，地主的土地被没收，分给了农民；资本家的工厂也被没收，由为穷苦人做主的政府管理。百姓各尽所能做事，享受着劳动成果。家庭生活有困难，政府还会给予补助救济。政府的官员是劳动群众选出来的，哪个官员欺负百姓就会受到处罚。苏联百姓挺直腰杆做人，扬眉吐气生活，舒心、快乐！"在宣传、发动的过程中，郑秾因势利导建立起"兄弟会"组织。

郑秾坚持不懈地在家乡开展革命活动的同时，想起了他的入党介绍人谢文锦。他千方百计寻找谢文锦，想与他取得联系，以便更好地开展革命活动。后来，郑秾得知谢文锦已不在人世了！原来，谢文锦于1924年就回国了，曾担任中共上海地委组织部主任，是年8月下旬回温州筹建党团组织。1927年蒋介石发动"四一二"反革命政变，时任中共南京地委书记的谢文锦在南京被国民党反动派逮捕杀害。郑秾获知这个噩耗后怒不可遏，他颤抖着握紧拳头发誓："我一定要为你报仇雪恨！一定要让国民党反动派血债血还！"

1929年，浙南发生历史上罕见的大灾荒，大片田地颗粒无收。国民党政府不管百姓的死活，不但不赈灾济民，反而加税增捐，搞得民不聊生：农民家里杀一只鸡或一只羊，除了交各种苛捐杂税就只剩下一只腿了；农户交不出粮食，就被逼迫用别的物品折价抵扣……以致出现"村村饿殍相枕藉，十村九室无炊烟"的惨状。官逼民反，不得不反，永嘉西楠溪一带终于暴发了大规模的农民武装斗争。

是年11月初，仙居一个和尚到茗岙、平坑等地以造桥的名义"募化"了500银圆。此事被茗岙农民协会发现后，悉数没收了那500银圆。那和尚跑到四里郑庄，与民团头子徐敏臣密谋夺回银圆。徐敏臣随即派团丁到茗岙抓捕了4名农民协会会员，把银圆夺走了。茗岙农民协会负责人陈明善派人四处联络，要求邻近各地农民相助，与徐敏臣做斗争。郑秾闻讯，动员"兄弟会"的弟兄们："永嘉西溪一带农民被土豪劣绅剥削压迫得活不下去了，准备起来反抗，我们应该去支援。大家团结起来，力量就更大了，你们说是不是？""兄弟会"弟兄们异口同声："是！我们必须去支援！"20余条汉子拿起刀枪棍棒，在郑秾的带领下向永嘉县茗岙村进发。"兄弟会"是郑秾在自己家乡以民间帮会形式成立的，成员们亲如手足，互帮互助，一人有难大伙两肋插刀全力救援。

11月13日，在共产党组织的策动、引导下，由茗岙农民协会出面联络，钟山区下徐、前村、坦头垟、龙头、章家矸、罗徐、西溪下、廿四垄、蒲瓜墩、黄坑、茶坑、阮山，西内区昆阳、赤岭、林山、郑山、梅坑、荆州、邵园、白泉、岭下、梧岙、碧莲、澄田等，共有84个村庄4000多人组成30余支揭竿而起的农民武装，在胡秀、陈明善、杨岩斌、陈奇泉等人的带领下集中在茗岙陈宅祠堂召开动员大会，会后大家背着火药枪、棒头刀、马刀等武器，臂缠红布，向郑庄进发。郑秾带领"兄弟会"的弟兄们积极参加暴动。看到浩大的暴动队伍，郑秾感慨道："穷人团结起来的力量大无边，何愁打不倒土豪劣绅和国民党反动派！"徐敏臣得知农民暴动，闻风丧胆，立即释放了4名农民协会会员，带着家眷出逃。农民武装到了郑庄，没收了徐敏臣的财产，打开粮仓把粮食分给贫苦农民。

楠溪、大源地区暴动负责人胡协和带领800多人的农民武装击溃仙居十八都民团，在进军溪下时遭到溪下潘坑底豪绅金玉昌的反扑。农民武装顽强抵抗，最终获得胜利，缴获长枪5支、套筒1支，杀了潘坑底地主金阿者，活捉三重坑地主金玉泉。胡协和得知西内农民暴动，便率领得胜之师与西内农民武装在界坑会合，并于14日同八保里八地民团决战，结果战胜了民团，打死团丁7人，打伤多人。

11月16日，碧莲"赤卫局"徐宗挑、刘日品等人责令富户缴枪，共收缴勃朗宁手枪1支、快枪1支、毛瑟手枪1支、土枪20余支。当晚，昆阳（今平阳县昆阳镇）农民协会负责人潘仲南、潘良方、潘太开等人率领农民武装乘势收缴国民党驻永嘉第五公安分局的枪支。由于警察事先察觉，早已逃往桥下街，暴动队伍未能缴到枪支，便将行动改为捣毁国民党永嘉县第五公安分局。中共永嘉中心县委因势利导，在溪下村组织起第一支近400人的红军游击队。

国民党反动派调动大批军警对农民武装实行疯狂镇压，郑秾带领"兄弟会"人员悄悄返回青田隐蔽下来。参加永嘉西溪一带农民武装暴动的经历，让郑秾及其"兄弟会"成员积压在心头多年的怨气得以发泄，也得到了一次历练。郑秾和"兄弟会"充分认识到：劳苦大众团结起来，就能干成大事！

2

中国共产党领导的革命军队被正式称为红军，始于1928年5月25日。之所以称为红军，一个重要原因是借鉴苏联红军的称谓。当日，中共中央颁发的《军事工作大纲》（以下简称《大纲》）指出："为保障暴动的胜利与扩大，建立红军已为目前的要务。"《大纲》明确规定："割据区域所建立之军队，可正式定名为红军，取消以前工农革命军的名义。"

浙南农民暴动风起云涌，引起党中央的高度重视。1930年1月，中共中央派遣永嘉籍的金贯真巡视浙南，担负建立红军和组织地方暴动的使命。他辗转温、台等地，积极发动武装斗争，并于1930年2月28日向党中央递交了长达15000余字的报告，汇报了有关浙南武装暴动、党和群众组织等详细情况。

金贯真

中共中央军委根据金贯真的报告，为加强浙南农民武装斗争的领导，于同年3月初派永嘉籍的军事干部胡公冕回家乡组建红军队伍，成立浙南红军游击总指挥部。同时派宁波籍陈文杰从上海启程到永嘉组织农民开展武装斗争。陈文杰到莲花心村时，桐岭脚、上河一带已组织起农民赤卫队。在莲花心村南面有一个叫"新桥"的地方，国民党设有一个警察所，驻扎着20多名警察，其中有个叫朱岩柳的警察曾任农会会长，熟识共产党党内活动情况。他经常带着警察掠夺群众财产，抓捕革命同志，给党组织和农民武装构成严重威胁。3月4日晚上，陈文杰率领200多人的农民武装，手拿长矛、土枪奔袭新桥警察所，令全部警察缴械。警长负隅顽抗，被陈文杰一枪毙命。接着，陈文杰率领农民武装人员快速赶到旸岙朱岩柳家，处决了正在床上酣睡的叛徒朱岩柳。

3月31日，中共中央发出《致浙南的信》，决定组建中共浙南特委和浙南红军游击总指挥部。浙南红军游击总指挥部在仙居、永嘉两县交界的永嘉县溪下乡黄皮村黄皮寺成立，胡公冕任总指挥，陈文杰任政治委员。

胡公冕

郑秾得知浙南红军游击总指挥部成立，马上在青田阜山召集罗溪一带的"兄弟会"成员70多人，动员道："浙南红军游击总指挥部成立了，总指挥胡公冕是永嘉人，他参加过北伐战争，是军事专家。红军是为穷苦人打天下的，这支部队官兵平等，有福同享、有难同当。我们是男子汉大丈夫，跪着生不如站着死，应当参加红军游击队，跟着红军轰轰烈烈干一场，争取有个出头之日！""参加红军游击队，轰轰烈烈干一场！""兄弟会"成员们喊起响亮的口号。郑秾率领大伙带上火药枪、棒头刀、马刀等武器投奔了浙南红军游击队，并被编为一个独立实战中队，郑秾担任中队长。当夜总指挥部接到报告：国民党有一个连的部队驻扎在南岸。于是，红军游击队连夜奔袭南岸攻打这支国民党军，缴获了一批枪支。

4月9日，胡公冕率领部队攻打枫林（今永嘉县枫林镇），郑秾则率领独立实战中队灵活机动

陈文杰

地配合作战。独立实战中队战士们都跟郑秾练过武，动作矫健，身手不凡，为顺利攻占枫林镇立下了汗马功劳。由于兵力悬殊，武器落后，又缺乏实战经验，浙南红军游击队在攻打瑞安县城时失利，但郑秾率领的独立实战中队则几乎没有人员伤亡，还掩护了红军游击队大部队撤离。

浙南特委认真总结经验教训，向党中央请示：以浙南红军游击队为基础扩大红军队伍，为便于统一指挥，须进行统一编制。4月3日，党中央发来《致浙南的信》和第103号通知，批准了浙南特委的报告，把浙南红军游击队统一改编为中国工农红军正规编制序列，番号为中国工农红军第十三军（简称"红十三军"），并派两位军事干部来到浙南协助组建红十三军。红十三军是中共中央军委编入正式序列的全国14支正规红军部队之一，也是浙江境内唯一的正式序列红军正规部队。根据中央第103号通知指示，5月初浙南各地红军游击队相继集中到永嘉县枫林整训，随后红十三军在永嘉枫林勉园成立，下辖第一、二、三大队和教导团，军长胡公冕，政委金贯真，政治部主任陈文杰，参谋刘蜇雄，下设政治、参谋、经济三个处。军部设在永嘉县楠溪江畔的五㲋村。与此同时，还组建了红十三军第一团，该团以永嘉西楠、溪原30支红军游击

红十三军军部旧址是一座建于清雍正六年（1728年）的古祠堂，位于永嘉县岩头镇红星社区（原五㲋村），现为全国重点文物保护单位

（红十三军纪念馆提供）

队为基础，会合瑞安、黄岩、仙居、青田、缙云等地部分游击队，共约3200人，团长雷高升，政委金国祥，下辖3个支队、3个直属队、1个补充营。5月，红十三军第三团在永康方山口祠堂成立，该团由永康、缙云、仙居三县的红军游击队组成，约1500人，团长程仁谟（后叛变），政委楼其团，下辖2个营、3个大队、1个直属中队。7月，红十三军第二团在温岭坞根成立，该团以温岭坞根游击队为基础，共300多人，由赵胜、柳苦民等5人组成团领导班子，下辖3个大队、1个直属特务队、1个直属游击队，后来发展到700余人。是年8月，全军各团改为师编制。

在一次次武装战斗中，军长胡公冕常会看到一位身材魁梧、英俊威武的红军指战员身先士卒冲锋陷阵，而且战术机动灵活，在他脑海里留下了深刻的印象。一天，胡公冕让警卫员把那名指战员叫到办公室，亲切地问："你叫郑秾是吗？你作战机智又勇敢，是个很有潜力的军人。""谢谢军长鼓励！"郑秾立正，向胡公冕行了个标准的军礼。胡公冕招呼郑秾坐下，笑着说："别紧张，来来，坐下慢慢说。"郑秾端坐到了胡军长对面。胡公冕细细询问了郑秾的出身、家庭情况、经历，郑秾一一作了认真的回答。当胡公冕得知郑秾在苏联加入了中国共产党，

位于永嘉县岩头镇红星社区（原五㴩村）的红十三军纪念广场

（永嘉县岩头镇红星社区提供）

并参加过苏联红军近卫军部队的事，十分高兴，说："红十三军发展壮大，非常需要你这样有文化知识又懂军事、作战机智勇敢的中共党员。把你调到军部来工作，你愿意吗？"郑稣立即站起来行军礼，响亮地回答："愿意！谢谢军长信任！"

第二天，郑稣到了军部，担任军组织干部，并参加第一团领导工作。

3

红十三军根据中共中央"赤化浙江"的指示精神，把攻打中心城镇作为主要军事行动目标。为了扩大游击区，补充武器和给养，策应闽北农民暴动，红十三军军部决定红一团向南出击，攻打瑞安和平阳县城。

1930年5月13日，胡公冕、雷高升、郑稣率领900多名红军战士从永嘉表山出发。在途经青田平桥口时击溃国民党省保安队两个连，随后进入瑞安县境内。

当晚，雷高升、郑稣等7人秘密到了瑞安县城外，与瑞安中共地下党负责人郑贤唐接头，商讨组织发动群众配合红军攻城事宜。郑贤唐佯装篾工进城后，摸清城内国民党部队兵力布防情况，派两个人将情报送出城，并与城内地下党组织60多人准备了30多张梯子和100多条绳子，接应红军攻城。不料，送情报的两个人在途中遇上大雨，在道路边亭子避雨时被抓走。胡公冕没有按时收到情报，以为情况有变，就临时改变作战计划，放弃攻打瑞安县城，改为袭击瑞安陶山警察所，击毙警察所所长，缴获警察所武器，镇压了乡长和青帮头子，接着部队驻扎桐田村休整。

桐田村与青田罗溪村比较近，郑稣想回家看看，于是向军部写了请假条："本人已近两个月没得到家人的消息，估计孩子已出生，但还没见上一面，挺挂念的，故请二天探亲假，并借此机会向亲朋好友和民众开展宣传工作，动员亲友和乡亲参加红军。"军部批准了他回家探亲的请求。

郑稣接到批复，打点行装拔腿就走，饿了啃干粮，渴了喝山涧水，傍晚时分就赶到了罗溪村。到了家，他推开妻子的房门。吴柳钗一惊，揉了揉眼睛，看清楚是丈夫，立即下床，与丈夫相拥而泣，双手不停地敲打着丈夫的脊背，说："你还记得这个家！"郑秾捧起妻子的脸，说："对不起，辛苦你了！"他掀开被子看到襁褓中的孩子，心情十分激动，说："我当爸爸了！"又问妻子："孩子什么时候出生的？"柳钗告诉丈夫："再过几天就满月了。"面对妻子，郑秾无言以对，抱起襁褓中的孩子亲了又亲。"我们提前给儿子办满月酒吧。"郑秾对妻子说。"你这么急着办满月酒，是不是又要走了？参加红军是要打仗的，很危险，你还是别去了，在家里种种田，一家人守在一块多好哇！"柳钗接过孩子，恳求道。"走是肯定要走的，红军做的事是为了让所有穷苦人都能过上幸福生活。"郑秾坚定地说，"我去看看爹娘。"

郑爱福和林氏看到日思夜想的儿子回来了，喜出望外，不由得数落起来："你现在也当爹了，就该懂得做爹娘的心，该收收你的野性子了！""看看这孩子多讨人喜欢！你安安分分在家里种田，再帮人看看病，我们一家人的日子是不会比别人苦的。"吴柳钗看着丈夫，也劝道："是呀！这个家需要你！"郑秾没有搭话，只是说："爹，您给孩子起个名字，明天我们办满月酒吧。""办满月酒这么急干吗？"父亲不解地问。"满月酒早办晚办一样的，还是明天就办了好。"郑秾坚持道。

一家人吃过晚饭后，郑秾就开始安排办孩子满月酒的事。次日中午时分，客人们高高兴兴分五桌坐下等着开席。"噼噼啪啪"的鞭炮声响起来了，郑秾大声喊道："老爹，您这就给小儿起个名吧！"郑爱福笑容满面，说："希望小孙儿长大后不饿肚子，稻谷满仓，身体健康，脑子、身手都敏捷，取名'谷敏'！"客人们听了鼓起掌来："好！'谷敏'这名字好！""打倒土豪劣绅，推翻反动官僚，才能稻谷满仓不饿肚子，才能过上幸福生活，大家说是不是？"郑秾乘机进行宣传，客人们听了纷纷点头，围在桌旁你一言我一语议论纷纷。有人说："这世道天灾人祸，穷苦百姓真的活不下去了，听说有的地方都饿死人了。"有人问："听说永嘉、平阳有红军带着穷人造反，是真的吗？"有人说："穷人起来造反，都是给逼的。"有的说："参加红军，攻县城，杀恶霸，劫富济贫，真解气！"有的表示："参加红军去，打仗死了，十八年后又是一条好汉！"……

不料郑秾这次回家探亲被国民党当局发现了，乡自卫团立即出动来抓捕。"乡自卫团就要进村了，赶快跑！"有乡亲看到气势汹汹赶来的乡自卫团，飞快地赶到郑秾家报信。郑秾二话没说，拎起一把柴刀就向后山跑去。乡自卫团到郑秾家没看到郑秾，喝问道："郑桂山跑哪里去了？"有客人"回敬"："腿长在他身上，我们怎么知道他跑哪里去了！"乡自卫团团丁气急败坏地掀翻了酒桌。有个胆大的客人责问道："你们抓你们的人，我们吃我们的饭！掀桌子是怎么回事？"乡自卫团团丁瞪了瞪眼，说不出话来。

乡自卫团领头的回过神来，下令："一定是往后山跑了，追！"团丁们掉头冲出门，向后

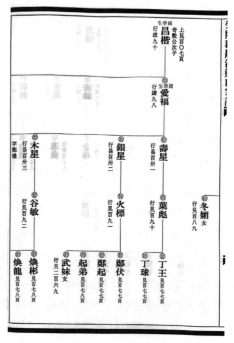

郑氏宗谱（家谱供）

山追去。郑秾站在山顶，看到追上山来的团丁，手举柴刀高声喝道："你们都是出来混饭吃的，谁敢上来我就砍死谁！你们家里都有老小，谁敢动我家人，我就把谁的家人杀了！"那些团丁知道郑秾有武功，而且是个说到做到的汉子，都吓得心里发毛，眼巴巴看着他扬长而去。

乡自卫团团丁们没抓到郑秾，就又回到郑秾家，指着他的妻子和父母气势汹汹地说："郑桂山是赤匪，你们叫他回来自首，争取宽大处理，否则连你们也没有好日子过！"接着翻箱倒柜搜查一番，拿走了一些生产生活用品，说："你们想办法去劝劝他，迷途知返回来自首，东西就还给你们，大家乡里乡亲的，相安无事；他不回来自首，我们也没法交差，会天天来的！"

乡自卫团果然每天都来郑秾家搜查，把郑秾家搅得鸡犬不宁，还搜走了所有粮食。吴柳钗几天没吃的，奶水没了，儿子饿得整天哭闹。吴柳钗看着可怜的儿子以泪洗面，无奈之下只得抱着孩子回到娘家避难。

4

郑稌逃离罗溪村，连夜赶到永嘉县桐田村红十三军军部。

5月15日后，郑稌跟随着胡公冕、雷高升率领红一团取得青田平桥口大捷后，再经船寮、仁宫、阜山，沿途宣传革命，惩处恶霸，然后翻过齐云山，进入瑞安县境内。红军队伍向瑞安县城进发。但事先胡公冕与雷高升约好的情报有变，只好临时改变计划，放弃瑞安县城，先袭击了陶山警察所，击毙警察所所长，缴获警察所武器，还镇压了一个伪乡长和一个青帮分子，沿途宣传共产党和红军的政治主张，发动群众惩办土豪劣绅，将没收的粮食、浮财分给贫苦农民。广大农民群众纷纷加入红军队伍。

5月20日，红十三军政委金贯真提前到平阳联络，想利用各种关系策反驻平阳县城的国民党军队，为占领平阳做准备。他在返回部队途经温州城时被特务跟踪而被捕，当晚惨遭杀害。金贯真牺牲，红十三军军部毫不知情。

23日晚，大雨滂沱，道路泥泞，红一团和瑞安农民赤卫队1600多人渡过飞云江向平阳进发。部队经过湖岭时，受到民团阻击。由于天黑，不清楚敌情，胡公冕下令部队四面散开准备战斗。郑稌带领一队红军战士和农民赤卫队员一边展开正面攻击，一边派出小分队迂回到敌人的左右两侧，实施三面夹攻。民团不堪一击，很快溃逃。这场遭遇战耽误了两个多小时，部队到达平阳时已是24日早上7点多了。这时，交通员送来一个不幸的消息：政委金贯真在温州城牺牲了！箭在弦上，胡公冕等紧急商议后仍决定攻占平阳县城，而中共平阳县委负责人吴信直、叶廷鹏也分别率江南、万全等地农民赤卫队600多人前来接应。上午8时许，胡公冕、雷高升、郑稌等研究决定：赤卫队兵分三路配合红军，部队分别从南门、西门、北门攻打县城。

胡公冕率红一团一部及郑稌等人，和瑞安北区、平阳农民赤卫队一部攻打南门。国民党平阳县长叶燕荪听到激烈的枪声和红军、赤卫队员的呐喊声，吓得浑身发抖，越墙逃跑。郑稌指挥一队红军战士和赤卫队员迅速控制制高点，用土炮、土枪、弓箭等正面猛烈攻击敌人，做火力掩护，他自己手握短枪、身背大刀，带领部分手持大刀、长剑、长枪、鱼叉等武器的红军战士和赤卫队员猫着腰，机智地通过街巷悄悄迂回穿插到敌守军侧翼，接近敌军后发起突袭，"冲啊！杀啊！缴枪不杀！"喊声如雷，打得敌军措手不及。国民党军警得知县长叶燕荪越墙逃跑了，又看到红军和赤卫队英勇顽强，纷纷掉头向北门、西门方向逃窜，来不及逃跑的索性缴械投降。突然，郑秾的左脚被一颗流弹击中，顿时鲜血直流。郑秾撕下一块内衣布，包扎了一下，就继续带领部队冲锋陷阵了。攻打南门的部队迅速进城占领了县政府，夺了县政府大印，并缴获了国民党警察、自卫队等守敌的枪支，接着打开监狱释放了被关押的40多名共产党员、农民协会骨干和百姓，随后打开粮仓和银行，把粮食与现钞等分给贫苦农民和手工业工人。

攻打北门、西门的红军部队原定攻打目标是驻守在城隍庙的国民党军，由于人地生疏，错把五显庙认作城隍庙，结果扑了空，待回头攻打城隍庙时，国民党军已有了准备。国民党军调集兵力，占领城垣，筑起工事，占据制高点，凭借有利地形以猛烈火力抵抗红军，驻在城南东岳观的国民党平阳县巡缉队也乘机进城支援国民党军。红军战士、赤卫队员与国民党守军浴血奋战，打得异常艰苦、惨烈。

南门已经攻破，胡公冕命令郑秾带领攻打西门的一部分红军战士、赤卫队员支援北门。郑秾受了伤，但他全然不顾，指挥战士们扛起从敌人那里缴获来的枪支弹药，沿小巷迂回到敌人的侧面，发起突然袭击。敌人猝不及防，丢失了多个阵地。接着，敌人整合部队疯狂反扑，还不断从邻近的县、区、乡调集驻军、警察、自卫团赶来支援。敌人数量越来越多，火力越来越猛，红军和赤卫队伤亡惨重。战斗形势严峻，胡公冕下令：部队撤出平阳县城，返回永嘉县五㴩村。

敌人发起全线反攻，很多红军战士和赤卫队员在战斗中被冲散，没有接到撤退命令，有的负伤战士躲藏在百姓家中也没有撤离。郑秾带领的部队经过多次拉锯式的争夺战，到后来弹尽粮绝，红军战士、赤卫队员伤亡大半，剩余的战士在敌人强大的反攻下也被打散了，也没有接到撤退的命令。郑秾只身一人，一手握短枪，一手握大刀，左打右砍，向西门方向杀出一条血路，突出了重围。他不知部队去向，隐藏在山林一户百姓家中。几天后，郑秾没能打听到红军部队的消息，便潜回青田罗溪村，继续打听部队下落。

5

国民党军守住了平阳县城，便关闭城门，挨家挨户搜查红军战士，很多受伤的红军战士、赤卫队员被捕，惨遭杀害。在这次战斗中，牺牲的红军和赤卫队指战员达192人。胡公冕带领部队撤出平阳城后，平阳、瑞安的赤卫队各自回到原来驻地，而红一团仅剩100多人，驻扎在城外一个村子里整顿。随后，红一团绕道瑞安西区，在当地游击队配合下袭击了黄坦等地土豪，缴获了部分枪支，并成立了瑞安西区革命委员会，然后回师永嘉楠溪。胡公冕将部队交给陈文杰和雷高升指挥，自己到上海向中共中央、中央军委汇报请示。攻打平阳城虽然失利了，但产生的影响很大，苏联《真理报》刊登了这一消息，《上海报》也作了相应的报道。

郑秾回到家，正值青黄不接时节。父母年事已高，干不了重活，田地荒芜，收成大减，除去缴纳各种苛捐杂税，家中的粮食所剩无几，而国民党当局则以郑秾参加红军为由，经常来威逼掠夺，老两口只能喝稀粥、吃野菜度日。年迈的父亲终于撑不住了，得了重病，瘦得皮包骨头。此情此景，郑秾看了心酸，不由得潸然泪下。父母看到儿子回来了，埋怨起来："你把脑袋绑在腰带上东奔西跑，对家里不管不顾，一家人日子怎么过呀？""我们生了你，保不了你一世。你整天在外面打打杀杀，多危险啊！你不管爹娘也就算了，你自己的老婆、孩子总要管吧！"郑秾觉得对父母、妻儿心中有愧，但革命的意志坚强如钢。他对父母说："没有把地主老财打倒，他们就会剥削压迫穷人。我们一定会胜利的，生活一定会好起来的！"

父母忍饥挨饿，郑秾心中不忍，他想了想，说："我去木清家借点粮食来。"木清是郑秾的一个堂兄。父亲叹气说："你还是不要去触这个霉头吧！木清横行霸道惯了，又不要脸，哪还顾着三亲六眷？我们祖上留下的土地、房屋一直被他占着，连说好的红利都一直赖着不给呢。他是不会借粮食给你的！""唉……我看还是算了吧，木清的家丁都横着呢，你去了会碰一鼻子灰的！"母亲也长长叹了一口气，劝说道。郑稌皱了皱眉，说："我们是堂兄弟，打断骨头还连着筋。我就不信，去试试看。"

郑稌来到郑木清家门口，只见朱红的大门开着，郑木清头戴紫红色绸缎西瓜帽，身穿紫红色对襟绸缎褂子，正坐在中堂太师椅上悠闲地喝茶。郑稌跨进门，喊道："哥，好久不见！"郑木清闻声，抬起眼皮看了郑稌一眼，说："你来干什么？""这年景不好，我家没米下锅了，求哥借点粮食度荒救急。"郑稌说明了来意。

郑木清"哼"了一声："借给你？你什么时候还？拿什么还我？"又说："这年景差，大家不都一样吗？我家的粮食不是天上掉下来的，而是辛辛苦苦种出来的。你不干活种地，哪来的粮食吃？"郑稌听了，心里明白郑木清十有八九是不肯借了，他忍住怒气哀求道："哥，看在同祖同宗的份上，你借一点粮食给我，帮我一家人渡过难关，我一定会想办法还给你的，也一定会牢记你的大恩大德。"

这时，郑木清一个家丁跑进来，指着郑稌大声说："老爷，不要受他骗，不能借给他！这人好吃懒做，还参加了红军，哪天抛尸在哪块荒山上都不知道，你把粮食借给他就是打水漂！"听了家丁的话，郑稌一口闷气涌上心头，肺都气炸了，他举起拳头吼道："你这狗仗人势的东西，你敢诅咒我，我今天就打你！"说着就向家丁冲过去，吓得那家丁连忙躲到郑木清身后去了。郑木清站起来，瞪大眼睛，指着郑稌喝道："你这穷鬼，还敢在我家里打人，给我滚出去！跟你这穷鬼同祖宗，真是倒了八辈子的霉！快滚！不然我就叫警察来了！"郑稌气得七孔冒烟，挥着拳头说："你霸占祖上的遗产，这么多年没有给过我家一点红利。你算一下，这么多年我家应得多少红利，把红利还给我家！"这话戳到了郑木清的痛处，他暴跳如雷，恼羞成怒地指着郑稌狂叫："穷鬼，滚！快滚！"郑稌火冒三丈，愤怒地指着郑木清的鼻子说："你把欠了这么多年的红利还给我们！你赖着不给，有你好看的！"说完气冲冲地转身就走。

郑稌怒气冲冲地回到家里，对父亲说："等着吧，我们一定把这些恶霸打倒！"

心头的恶气难以咽下，晚上郑秾又来到郑木清家，想把红利的事讲讲清楚，讨个说法，却没见到郑木清，只看到白天那个家丁一个人在院子里晃悠。那家丁一见到郑秾就骂："你这懒汉，又到这里做什么？田里不想做，一日到夜，还'闹革命、闹革命'的，其实就是闹事！还想杀富济贫，做梦，你困困醒（睡睡醒）……"郑秾冷不丁被骂了一通，"这家伙狗仗人势，欺人太甚！"怒火"噌"地在他心头燃起，"今个儿我就为地方上的穷人教训教训你！"他一个箭步冲上前去，迅速锁住那家丁的喉咙，老鹰抓小鸡似的把家丁拖到僻静处，抡起拳头猛砸他的脑壳，低声吼道："我叫你狗仗人势！我叫你欺负穷人！我要教训你！教训你！……"那家丁被卡住喉咙，没有招架还手之力，被狠狠击了几拳就断了气。郑秾一见家丁不耐打，气没了，干脆一不做二不休，趁着夜深人静，将家丁的尸体挂到门楼上，心里咒骂道："郑木清，你这个恶霸，今天便宜了你！日后革命就是革你的命，你的下场也是这个样！"郑秾连夜赶往永嘉，去寻找红军部队了。

第二天天刚蒙蒙亮，郑木清家一个用人起来打扫庭院，看到门楼上挂着一团黑乎乎的东西，用棍子一捅，看清是个死人。用人吓得魂飞魄散，惊叫起来："老爷，出人命了！出人命了！"郑木清一家大大小小听到呼叫，都慌慌张张地跑了出来。一看是家丁的尸体，郑木清当下就明白是郑秾杀的，心里极为恐慌，惊呼："反了！反了！郑桂山真是胆大包天，杀了人还敢悬尸在我门楼上！"他一面派人将郑秾的家人控制起来，一面派人到乡里请求自卫团抓捕郑秾，并派人到县政府报告。

青田县县长接到报告，瞪着眼睛惊叫："社会动荡，刁民猖獗，杀人还敢悬尸，真是狂妄至极！捉拿郑秾，以儆效尤！"乡自卫团接到县长指令，迅速赶到罗溪村，但未能抓到郑秾。

"跑得了和尚跑不了庙！"乡自卫团团丁们闯进郑秾家翻箱倒柜，把坛坛罐罐、桌子板凳什么的都砸坏了，还把郑秾的父母捆了起来。郑木清气势汹汹，指着两位老人的鼻子骂："你们养的好儿子！你那儿子逃到哪里去了？说出来！不然叫你们给我的家丁陪葬！"郑爱福回应说："我们又没杀人，捆我们干什么？你凭什么说我家桂山杀人了？我劝你做事不要做得太绝，做人留一线，日后好相见！"郑木清听了，气得脸皮一阵白一阵红。

这时，郑木清的老婆跑过来劝道："死人又不能活过来了，就算了吧！"郑木清拿不出直接证据证明郑秾杀人，听了老婆的话，就借坡下驴，对郑爱福说："看在祖宗的份上，不跟你们计较，但死人的埋葬费你们是要出的。""凭什么要我出钱埋葬？这是什么道理？"郑爱福反问。郑木清无计可施，死了家丁的事只得不了了之。

红十三军的大规模军事行动，使得国民党当局十分恐惧，国民党军加强了防守，在各路口增设了岗哨。郑秾杀了郑木清的一个家丁后，装扮成一个行医郎中，连夜向永嘉进发。他一路上见有人生病，就主动帮着诊治，还热情地教山民辨认草药，暗地里打探红军队伍的消息。就这样，郑秾绕过了敌人的一道道岗哨，躲过了敌人的一次次搜查，终于找到了红军部队。

6

红十三军的成立，标志着浙江地区的武装斗争进入了一个新的阶段。

红一团攻打平阳失利后，人员锐减，士气低落，但中共浙南特委积极发动贫困群众参加红军，很快红一团又发展到3000余人。在浙南特委及各地党组织的推动、配合下，红一团在温州、台州、处州（今丽水）以及金华地区的20多个县开展了革命斗争。

1930年7月起，红十三军根据上级指示，分别在各地连续举行武装暴动。

为扩大红军声势，8月下旬，红一团决定向西攻打缙云县城。这是个山城，要攻入县城，必须通过横跨一道叫"好溪"的溪流上的铁索桥。为迷惑缙云的国民党守军，红军佯装再攻处州城。30日，陈文杰、雷高升、郑秾等率900余人从永嘉与缙云交界的上董出发，第二天拂晓到达缙云县城南郊，在当地赤卫队的配合下突然发起进攻，敌人急忙用机枪封锁铁索桥拦阻红军。为了打开进城通道，20多名红军战士组成敢死队，由雷高升指挥，在红军火力掩护下冲过铁索桥，击毙敌机枪手，然后绕到铁索桥守敌背后，前后夹攻，击溃守敌省保安队机枪连，缴获机枪2挺，长短枪70余支，子弹9担。红军队伍迅速冲进县城，国民党县长弃城而逃。红军占领县城后，烧毁了国民党县政府的档案，打开监狱释放了200多名中共地下党员、红军战士和百姓，在城内四处张贴标语，开展宣传活动，将没收的盐、布匹、铜圆分给穷人，并开始筹建苏维埃政权。由于周边大批敌人多路逼近，4天后红军撤离缙云县城。

同时，红二团也在温岭、玉环、乐清、天台等县边境进行了大小30多次战斗。9月5日，红十三军三团1600多人从永康新楼出发，胜利攻克缙云壶镇。

9月9日，陈文杰、雷高升、郑秾率领红一团乘胜袭击永嘉瓯渠。瓯渠距温州城30公里，驻有国民党省保安部队一个连和地主武装，并筑有碉堡。西溪的土豪劣绅认为此地安全有保障，带着细软家财前来寻求保护。不料，国民党守军慑于红军攻克缙云的声威，不战而逃。红军兵不血刃占领瓯渠，没收了地主豪绅的大量浮财，然后回到永嘉表山。红一团连克缙云、瓯渠，声势大振。温州城内国民党当局实行全城戒严，无论日夜禁止演剧、燃放爆竹。对浙南红军这两次大捷，中共中央机关报《红旗日报》都及时作了报道。

9月，红十三军根据上级要求在永嘉举行武装暴动，攻打永嘉县城取得了胜利。至此，红十三军经历了大大小小战斗百余次，取得了一个又一个的胜利。中共中央《红旗日报》及《上海报》等纷纷报道了浙南红军攻打处州及平阳、缙云等县城的消息。

红十三军和浙南党组织不断发展壮大，领导民众进行了大规模的武装斗争，有力地打击了反动势力，威震浙南地区。1930年夏秋季，浙南十几个县的国民党政府接连向省乃至中央发出"共匪猖獗""情势严重""城防空虚""县城危急""速派大军围剿"等告急电文。

红十三军的崛起严重威胁国民党的统治，国民党当局惊恐万分。1930年6月底，蒋介石任命淞沪警备司令熊式辉兼任苏浙皖三省"剿匪"总指挥，朱世明为浙江省"剿匪"指挥官，同时派教导师一营到温州"督剿"；9月，调集一三五旅和浙保三、四、五、七团，会同温、台、处地方民团共万余人，对红十三军、共产党组织、赤卫队实行"清剿"。国民党"剿匪"部队步步紧逼，红军回旋余地日益缩小，处境渐趋困难，而红十三军、浙南特委在"左"倾错误思想的指导下，不顾红军部队缺乏武器装备和必要的军事训练、实战经验不足等情况，以及浙南处于国民党统治心腹地带、反动势力较强、敌人又调集重兵"清剿"等敌强我弱的客观实际，连续攻打县城和集镇，导致红军战士和赤卫队员大批被杀，仅乐清、温岭交界的隘门岭事件，红一团的损失就十分惨重。

红一团与黄岩农民武装600多人在中队长徐定魁率领下，准备夺取海门国民党驻军的枪械，但在塘岭附近遭遇国民党军拦截，战斗不利，于是决定返回永嘉。部队在途经大荆隘门岭时，遭到反动民团的伏击。红军和农民武装浴血奋战，然而敌众我寡，惨遭失败，只有少数战士突围，大部在战斗中牺牲或被俘。连续三天，民团头目蒋叔南在大荆小山头设立"公堂"，对被捕的红军指战员和穷苦农民逐一进行审问，然后拉往大荆炭场（今大荆小学操场），采用剖腹、剜心、砍头、剁脚等手段虐杀，并把所有尸体抬往百岗岭船山掩埋，人称"千人坑"。隘门岭一战，仅红一团牺牲的战士即达471人。在胜少败多的情况下，红十三军仍然连续作战，至9月下旬已大伤元气，而此时国民党当局已在浙南地区调集军警、民团数万人。

为了扩大红军在台州地区的影响和解决部队的给养，红十三军军部按照上级指示，决定攻打黄岩县乌岩镇和县城。9月20日，胡公冕、雷高升、郑秾等率700余人从表山出发，次日抵达黄岩宁溪与戴元谱部会合，设指挥部于宁川小学。抵达宁溪当晚，胡公冕召开军事会议，决定：第二天凌晨部队分三路进攻，第一、二路直接攻打黄岩县城，第三路先攻打乌岩镇，得胜后再支援攻打县城。21日，红军部队按计划分头出发，不料第三路在李进士桥附近遭遇从县城出来的敌增援部队，双方投入激战。到达蜈蚣山制高点的红军见李进士桥方向已发生战斗，立即朝山下小沸头敌军发起猛攻。敌军突遭红军进攻，仓皇撤回县城，红军顺利占领乌岩镇。敌军退回县城后进行严密防守，同时向"剿匪"部队呼救，邻近黄岩县城的国民党驻军、警察、民团纷纷聚集。红十三军军部鉴于局势剧变，决定放弃进攻县城的计划，打算撤回永嘉根据地。

红十三军一团攻占乌镇后，敌人迅速调集部队数千人对红一团进行围追堵截。胡公冕、雷高升、郑秾分别率领红军部队仓促撤退，但敌人越来越多，包围圈越缩越小，红军队伍被冲散。敌军对红军实施分割围攻，结果只有胡公冕等少数人突出重围。红军被冲散后，郑秾身边只跟着十几位战士，他们被压制在一堵矮墙下。"我们被敌人三面合围了！""我只剩两颗子弹了！"战士们纷纷向郑秾汇报情况。郑秾侧头观察了一下，说："同志们！不要怕，革命总会有人流血牺牲的。子弹打光了，我们就跟敌人肉搏，争取突围出去，继续斗争！"敌军围攻上来了，"哒哒哒！"密集的枪弹扫射过来，土墙上顿时出现了一个个窟窿。郑秾坚定地对战士们说："同志们！我们身后是长满荆棘的悬崖，右边是民团，敌人的力量比较薄弱。我们把手榴弹向右边投去，一起向右边突围！""轰！轰轰……"手榴弹爆炸声响起。"冲啊！杀！"郑秾一手握着短枪，一手举着大刀冲在最前面。战士们端着装上刺刀的枪或举着大刀，高喊着紧跟郑秾英勇出击，奋力突围。红军战士突如其来如猛虎一样的反击使民团惊慌失措，纷纷退却。一个民团头子举着枪，威逼团丁追赶。郑秾飞速奔跑，抓住机会回头扣动扳机，民团头子的脑袋顿时开了花。敌人愈加混乱，一个个蜷缩着趴在地上不敢抬头。郑秾眨眼间就冲出去二三十米，插枪、举刀、下劈，把拦阻的一名团丁的脑袋砍了下来，鲜血直喷，紧接着飞起一脚将一名团丁踹了出去。看到一个团丁正瞄准自己准备开火，郑秾在地上一个翻滚，躲开了子弹，顺势滚到那团丁脚下，挥动大刀砍了过去，那团丁发出了凄厉的惨叫声。郑秾一弹而起，一个箭步冲到另一名团丁跟前，把大刀迅猛地刺进对方的胸膛！看到郑秾砍瓜切菜般杀了一个又一个团丁，其他团丁目瞪口呆，魂飞魄散，纷纷退缩。郑秾终于冲出了敌人的包围圈，躲藏在一棵大树后，接应其他红军战士突围，直至打完最后一粒子弹。民团用机枪封锁了其他红军战士的退路，一阵疯狂扫射，十几个红军战士一个接一个倒下了。郑秾长叹一声，提着刀孤身向深山密林中撤退。

红十三军和浙南特委受"左"倾盲动错误思想的指导，为了"赤化浙江"连续攻打县城和集镇，遭受了巨大的牺牲，浙南地区1700多名共产党员和红军战士献出了宝贵的生命，红十三军营以上指挥员和浙南特委主要领导成员金贯真（军政委）、陈文杰（军政治部主任）、潘心元（金贯真牺牲后继任军政委）、王国桢（特委书记）、朱绍玉（特委委员）、曹珍（特委委员、王国桢牺牲后代理书记）、杨德芝（特委委员）、金缄三（特委委员兼秘书）、王金姆（特委委员、中共永嘉中心县委书记）等先后阵亡或被捕牺牲。红十三军在频繁的武装斗争中没有开展土地革命，也没有建立巩固的革命根据地，致使军事活动失去了广大群众的有力支持。

红一团是红十三军的主力部队，在攻打黄岩县乌岩镇的战斗中严重受挫，伤亡惨重，红二团（师）、红三团（师）同样损兵折将，大伤元气。红十三军领导痛定思痛，研究决定采取三条措施：一是以部分精干力量继续分散游击，坚持战斗。二是大多数战士藏好武器，分散转移到兰溪、桐庐等地，潜伏下来进行秘密活动，待机再起。三是组织部分红军战士携带差劣简陋武器，去国民党省防军部队投诚，准备里应外合，发动兵变。郑秾脱离了部队，没有接到任何命令，只能再度潜回老家相机行事。

红十三军的革命斗争虽然失败了，但沉重打击了国民党的反动统治和农村封建势力，一定程度上牵制了国民党"围剿"中央苏区的兵力，在浙南乃至浙江全省广大农村宣传了党和红军的主张，播下了革命的种子，为浙江游击根据地建设打下了基础。红十三军建立了不可磨灭的历史功绩。

点燃星火 DIANRANXINGHUO

　　回到青田老家后，郑秾一方面积极联系红十三军失散和转入地下的红军战士，一方面积极在群众中散播革命种子。在偶遇迁居兰溪回故乡探亲的两位老乡后，郑秾详细了解兰溪各方面情况，决定到兰溪发展革命力量。在兰溪，郑秾得到中共包塘殿支部的大力帮助，以开设"拳堂"等形式，为革命培养积蓄力量，同时走村串户以行医为名宣传、动员群众参加革命。郑秾在兰溪的活动取得良好成效，众多群众踊跃加入红军组织，其中还涌现了一批骨干成员。

四、点燃星火

1

红十三军在浙南地区惨遭挫折后，中共中央多次派人到浙江进行部队重建工作，意图帮助恢复红十三军的活动，但由于国民党当局采取"移民""并村""连保""封山"及"宁可错杀一千，不可放过一个"等残酷打击手段，恢复红十三军的行动未获成功。

郑祄突围潜回青田老家，打听到了红十三军的战况和军部作出的决定。他没有被失败和白色恐怖吓倒，在老家一带山村积极地秘密开展革命活动。有的潜伏下来的同志忧心忡忡，提出"中国工农红军第十三军能恢复起来吗？""红十三军什么时候才能恢复起来呢？"等疑问。郑祄给同志们鼓劲打气，铿锵有力地说："失败是暂时的，只要把穷苦民众组织起来，不断进行斗争，革命一定会胜利！苏联革命也遭遇多次失败，苏联革命领袖列宁还被拘捕流放过，最后仍然取得了十月革命的伟大胜利。朱德、毛泽东领导红军在井冈山建立了革命根据地，方志敏领导的中国工农红军第十军创建了赣东北、闽浙赣革命根据地，革命的火种一定会燃烧成熊熊大火！只要我们不泄气，积极开展革命活动，坚持不懈进行斗争，红十三军的旗帜一定会再次高高飘扬！"

郑祄有时头戴礼帽，身穿粗布长衫，手提藤篮，打扮成专治跌打损伤、无名毒肿的"江湖郎中"；有时装扮成武师，教练武术，广泛接触穷苦百姓，宣传党和红军的政治主张，宣传俄国十月革命，宣传国内革命形势。

20世纪30年代，金衢盆地广大农村天灾肆虐，而苛捐杂税又多如牛毛，贫苦农民生活在水深火热之中，以致哀鸿遍野。1931年初，兰溪县孟湖乡林云熙、郑炳根按照农村习俗，结伴挑着花生、番薯片、玉米花、芝麻糖和几只公鸡等年货回青田老家探亲。他们是在清朝同治年间分别从青田县八源村（今仁庄镇八源村）、罗溪村（今仁庄镇罗溪村）迁居至兰溪的，郑秾与林云熙还有姑表亲关系，年龄只相差一两岁。有一天下午，郑秾与林云熙、郑炳根在路上相遇，便热情地打招呼："云熙、炳根，什么风把你们吹回来了？"林云熙说："桂山，你在家呀？我平时要忙农活，好长时间没回来看望长辈了。就要过年了，我俩结伴回来探望长辈，顺便带点土货给长辈尝尝。"

郑秾听了高兴地说："真有孝心！来，来，到我家喝口水，歇一歇。我也好长时间没有见到你们了，一起聊聊。"郑炳根摆摆手，说："我就不歇了，云熙你到桂山家跟他聊聊天吧。"郑秾看了一眼郑炳根，笑着对他说："我们难得见面，等下来我家吃晚饭。"郑炳根知道郑秾热情好客，也好久没有会面了，就答应了。郑秾转过头，拉着林云熙的手说："表哥，你就不要客气了，就在我家吃晚饭，等会儿炳根也一定会来的。"林云熙推辞不得，就和郑秾一起来到郑秾家。

郑秾推开家门就喊："娘，看谁来了！"林氏走过来一看是林云熙，高兴地说："是云熙侄子！稀客、稀客，快进屋坐。"郑秾又对母亲说："娘，兰溪的炳根跟云熙表哥一起回来的，我们几个好长时间没有会面了，我叫他一起来家里吃晚饭。"林氏连忙说："应该的，应该的，我这就去做饭。"

林云熙坐下后，就直截了当地问郑秾："兄弟，你参加红军了，是吗？现在到处抓红军，你怎么还敢待在家里呢？"

郑秾坐在林云熙对面，把自己的经历细说了一遍，也讲了自己参加红军的事："我们红军攻占过县政府、乡政府，还开仓放粮分给穷苦百姓，很解气呢！"林云熙点头："那是真的解气！"

郑秾接着说："不起来反抗，得苦死，起来闹革命就有希望。我参加的红军失败了，回到家里，但我不怕被抓，想要抓住我也难，再说就是被抓住了最多也只是个死，18年后还是一个后生！"

郑秾和林云熙聊着聊着，不觉就到吃晚饭的时候了。正当这时，郑炳根拎着从兰溪带来的几包年货过来了，郑爱福也拎着一篮野果、野菜回到家。林氏把饭菜端上桌，心怀歉意地说："云熙、炳根，你们难得到我家来，也没有好东西招待，只有粗菜淡饭了。""已经很好了，谢谢！"云熙、炳根异口同声地说。

郑爱福、林氏各盛了半碗米饭坐在桌旁陪着客人，不一会儿两位老人都称有事离开了饭桌。郑称问云熙、炳根："你们在兰溪那边过得好吗？"林云熙回答说："天下哪有穷人过好日子的地方？"郑炳根插话说："兰溪那里苛捐杂税多如牛毛，我们都过着'家住茅草房，稀粥照月亮'的日子。青田、永嘉迁居兰溪、汤溪、龙游一带的人很多，有些人迁居后还形成村落。为了少受欺负，从青田、永嘉迁居到兰溪、汤溪、龙游一带的移民还建立起了'青田帮''永嘉帮'，有的还练武强身保身。"

郑称听了，又问："受到欺负了，有没有人起来闹革命？"林云熙马上回答："有啊！兰溪有个村庄叫'后屋'，在与汤溪交界那地方，4年前就有共产党在那里成立党支部，叫包塘殿党支部。这个包塘殿党支部就是鼓动穷苦人闹革命的。"原来，兰溪特支书记姜寿庭（又名姜挺、后改任县委书记）受省委特派员兼中共浙西特委书记，后改任中共浙江省委书记卓兰芳委派，到兰溪县贯彻中央八七会议精神，组织开展土地

1931年初，郑称在后屋村包塘殿设拳堂，以传授武术为掩护，发展红军组织，该房屋于2011年重建

革命和武装反抗国民党反动派的总方针，实行'二五'减租①，并在兰溪西乡的水亭区范围内先后建立了5个中共党支部，其中就包括后屋村的包塘殿党支部。各党支部明里是农民协会，组织农民起来革命，主张"一切权力归农会"，与土豪劣绅、地主、族长进行斗争。

郑秾听了十分兴奋。他想，龙游、兰溪、汤溪居住着很多青田、永嘉移民，他们团结讲情义，利于开展思想工作，三县交界又山广林密比较隐蔽，国民党当局难以管理到位，利于开展活动，而且已有党组织在秘密开展活动，有基础，适宜发展红军队伍。

夜已深，郑秾、林云熙、郑炳根仍在推心置腹地交谈。郑秾深思熟虑后诚恳地对林云熙、郑炳根说："我也不瞒两位好兄弟，红十三军暂时失败了，我潜伏在老家一带活动，一直想重新拉起一支红军队伍。国民党在这一带防范很严，想尽办法要缉捕我，我想跟你们到兰溪去发展红军，你们能不能帮帮我？"林云熙、郑炳根满口答应："兄弟的事就是我们的事，我们一定出力！"

送走了林云熙、郑炳根，郑秾到隐藏在后山的小茅棚里休息，这一夜他想了很多，一个发展红军队伍的计划在他脑海里形成了。

2

第二天，郑秾告别父母妻儿，与林云熙、郑炳根结伴去找兰溪那个叫"后屋"的村庄。一路上，郑秾详细了解后屋地理位置、周边环境、人情世故等各方面情况，郑炳根把自己知道的情况一一告诉郑秾：后屋有个陈荣发，是青田迁居过去的。他一家住在偏僻的地方，独门独户，屋后是山，门前是溪，离村子约有半里路。郑炳根建议郑秾："陈荣发这个人为人热情厚道、讲义气。兄弟，我看你到了后屋，就先在陈荣发家落脚，再作打算。"郑秾想了想，表示可以先落脚在陈荣发家。"包塘殿党支部书记叫什么名字？也是青田迁居过去的吗？怎样才能跟他联系

---

① "二五"减租：1926年10月，国民党在广州召开有大量左派参加的中央和各省区代表联席会议，通过《本党最近纲政决议案》，规定减轻佃农田租25%，减轻农民负担，简称"二五"减租。

上？"郑秾问。林云熙介绍了中共包塘殿党支部书记的情况，并答应设法帮郑秾联系。郑秾很高兴，又问了兰溪、汤溪、龙游的风土人情，以及"青田帮""永嘉帮"等情况，林云熙、郑炳根知无不言，一一相告。

三人紧赶慢赶走了四天，这天下午终于到了兰溪县后屋村。郑秾环顾了一下村庄环境，很是满意地说："这里有山有水，山广林密，各家各户居住也比较分散，确实是开展革命工作的好地方。"林云熙、郑炳根带着郑秾来到村西小山脚下，指着一座小茅棚说："那就是陈荣发家。"

到了陈荣发家门口，林云熙用青田方言喊道："荣发兄弟在家吗？""谁呀？"陈荣发一边用青田方言回应，一边走了出来。看到门口站着三个人，陈荣发满脸笑容，说："是云熙、炳根兄弟呀，快进屋，快进屋！"又问林云熙："这位客人是谁呀？""是青田罗溪村的郑桂山，现在改名叫郑秾了，是干大事的，你大概也听说过。"林云熙拍了一下郑秾的肩膀。

陈荣发把郑秾打量一番，若有所思地说："听说过，听说过！郑秾参加红军闹革命，还是带兵的，打仗很厉害，官府都怕他。"陈荣发对林云熙、郑炳根说，又心怀崇敬之情面对郑秾赞叹说："原来郑秾就是我们青田的桂山兄弟呀！你能到我家来，我真是觉得脸上有光！"郑炳根看陈荣发是言出肺腑的，心里有了底，说："桂山兄弟还想在你家借住几天，方便不方便？""说什么方便不方便！桂山兄弟，你要不嫌弃，想在我家住几天就住几天。"陈荣发乐呵呵地答应了。郑秾心里感到暖暖的，伸出双臂把林云熙他们三人拥在一起，说："谢谢三位兄弟！今后我们就是一家人，有福同享、有难同当！"

在陈荣发家，四个人畅谈了近两个时辰，林云熙、郑炳根、陈荣发听到了俄国十月革命的情况，渐渐明白穷苦人只有起来革命才能翻身做主人的道理。眼见太阳就要落山了，林云熙、郑炳根起身告辞。"吃了晚饭再走吧！"陈荣发挽留道。"我们在你家吃了晚饭，你自己明天的饭食就要成难事了。等到革命成功了，我们再来你家大酒大肉吃个够。"郑炳根笑着说。陈荣发听了，顿时脸微微泛红了。

林云熙、郑炳根告别时对郑秾说："兄弟，我俩参加红军，可以吗？"郑秾当即答应："当然可以，红军本来就是穷人的队伍。"并嘱咐他们要注意保密，发展红军队伍还需秘密进行。

送走林云熙、郑炳根后，陈荣发向郑秾提出："桂山哥，我也要参加红军！"郑秾很高兴，拉着他的双手说："欢迎你加入红军！"陈荣发的妻子徐春娣听到了郑秾和丈夫的对话，也走到郑秾跟前，问："大哥，女人可以参加红军组织吗？"郑秾告诉她："红军是共产党领导的队伍，共产党提倡男女平等。江西井冈山的红军队伍里不仅有红军女战士，还有红军女干部呢！"徐春娣听郑秾这么一说，当即表示："那我也要参加红军！"郑秾呵呵笑了："妹子这是'巾帼不让须眉'啊！我批准你参加红军。"

从此，郑秾就在陈荣发家落脚了。郑秾很忙，经常外出活动，有时两三个月才来陈荣发家住个一两天，有时深更半夜就出门去。

中共包塘殿党支部书记叫王招进，出于工作需要，他有多个化名，比如王叶钊、叶樵。林云熙本就是支部委员，只是出于保密需要未向郑秾、郑炳根、陈荣发他们透露。离开后屋陈荣发家，林云熙连夜找到王招进，向他汇报了回青田老家探亲期间偶遇郑秾的事，并介绍了郑秾是中国工农红军第十三军组织干部并且会武功、懂医术等情况，说明郑秾到兰溪后屋村来，是要在龙游、兰溪、汤溪一带重树中国工农红军旗帜。

王招进对郑秾满怀敬意，对林云熙说："郑秾百折不挠、革命到底的精神值得我们学习，我们党支部要竭尽全力支持他开展工作。我们开个会，商量研究如何帮助郑秾开展革命工作、发展红军力量。你去通知一下其他几位委员。"

中共包塘殿党支部委员金宝奶、留培彩、许起尧等接到林云熙的通知，立即赶到选定的秘密地点开会。会上，林云熙介绍了郑秾的基本情况和他来兰溪的意图，接着王招进说："我们包塘殿党支部必须全力支持郑秾发展红军的工作。郑秾只身来到兰溪，需要一个合法的身份做掩护，一个能够公开的合法活动场所，还需要配备一套合法的工作班子，我们党支部应当帮他解决好这些问题。"

林云熙站起来说："兰溪、龙游、汤溪从外地迁来的移民很多，比如从青田迁来的、从永嘉迁来的。众多移民为了生计背井离乡来这里开荒种地，但常常受到本地人的欺负，就练武保护自己。这产生了连锁反应，兰溪本地人也开始习武了，习武在这些地区已形成了风气。郑秾有过硬的武功，我们包塘殿党支部每位成员也都会武功。我建议，请郑秾以武术教练身份做掩护，我们党支部成员就以协助郑秾教武术为名跟他一起开展革命工作。"他接着又说："后屋村南面的包塘殿能容纳一二百人。这座殿坐落在小山上，有利于观察山下动静，而且殿的周边没有人家居住，有利于保密。我认为在包塘殿设拳堂，作为活动场所，很合适。"

林云熙接着说："郑秾既会武功，又懂医术，晚上他可以在拳堂教武术时进行宣传活动，发动群众参加红军；白天他可以利用行医为掩护，接触劳苦百姓，宣传共产党的主张，动员穷苦民众参加红军。至于如何组建郑秾的工作班子，请大家谈谈想法。"金宝奶说："我们支部成员可以临时加入郑秾的工作班子，但时间长了会暴露我们的真实身份。我想，还是让郑秾自己去组建班子。"留培彩和许起尧都赞同金宝奶的想法："对，我们支部成员暗地里支持、协助他。"

郑秾和中共包郎殿村支部书记王招进、林云熙等人创办拳堂，以传授武术为掩护，扩大红军队伍（《血沃龙丘》连环画）

党支部书记王招进对委员们的建议、意见作了总结："请郑秾同志以武术教练、郎中为公开身份做掩护，开展革命活动；在包塘殿设拳堂，作为郑秾同志开展活动的公开场所；郑秾同志的工作班子由他自己组建。请林云熙同志把党支部的意见反馈给郑秾同志。我们支部成员以什么身份参与到郑秾开展的革命活动中去、参与到什么程度，还须向上级党组织请示。"

第二天清晨，林云熙就敲开了陈荣发家的门，将中共包塘殿党支部研究的意见转告给郑秾。郑秾拍了拍林云熙的肩膀，说："谢谢包塘殿党支部！有党支部的支持和帮助，中国工农红军第十三军的旗帜一定会重新树立起来！"

陈荣发夫妇听了林云熙转告的设想，很是高兴，连忙问："我们能做些什么？"郑秾说："你们要做的事多着呢，眼下就需要人手把包塘殿整修整修、清理清理，就请你夫妻俩办这件事。"然后对林云熙说："表弟，你帮忙置办武术器械吧。招学员的事大家分头去做。"

"来了个武功高强的拳师，要在包塘殿设拳堂教练武术了！"消息在四邻八乡很快传开了。

后屋的村民群众更是兴高采烈。有的说，听说那个郑秾从小就跟高僧习武，武功高强；有的说，他两次去过苏联，见过大世面；有的说，郑秾参加过红军，还是个大官呢；有的说，郑秾学过医，精通医术；还有的说，郑秾打仗很有本领，国民党的官兵都怕他……郑秾在后屋被传得神乎其神，青壮年纷纷来拳堂报名学武，五六十岁的汉子则参加了贫民团。

为了不引起敌人的注意，一切都在秘密状态下进行。郑秾决定依照民间习俗吸收群众参加红军。一天，他对陈荣发夫妻说："参加红军的要结拜为兄弟姐妹。荣发兄弟去把云熙、炳根两个兄弟请来，妹子你去买一只公鸡、两斤肉和酒、香纸回来，大伙拜天地结为兄弟。"

晚上，云熙、炳根到了。郑秾神情庄重地说："大家愿意参加红军，就必须一起拜天地发誓表诚意。"陈荣发在门前空地摆了香案，摆上肉、点蜡烛、焚香、燃起黄表纸，郑秾和大家跪地对天盟誓："一拜天，二拜地，三拜兄弟要同心。我参加红军，要一心一意，保守红军秘密，遵守组织纪律，永不反悔，决不叛变！如有叛变，天打雷劈，断子绝孙，肉烂东，骨烂西，不得好死！"盟誓之后，徐春娣拿出五只碗倒满酒，陈荣发操刀杀了公鸡，给每个碗的酒里淋上鸡血。郑秾在一张白纸上写下郑秾、林云熙、郑炳根、陈荣发、徐春娣五个名字，卷起来用火烧掉，大伙端起鸡血酒跪地再次盟誓："一杯敬天，二杯敬地，三杯喝下，保证履行誓言，永不反悔！"接着，五人将碗里的鸡血酒一饮而尽。郑秾与大家一一握手，严肃地说："从现在起，你们就是红军队伍里的人了。大家团结一心闹革命，有福同享、有难同当！"随即分派任务：发动穷苦百姓参加红军。

几天后，离后屋不远的石骨山背（今属兰溪永昌街道东山边村）的郑阿奶、郑树明跑到后屋来找郑秾，得知郑秾在包塘殿，就连忙向包塘殿赶去，老远就喊："郑秾兄弟！郑秾兄弟！"郑秾听到喊声，从殿里走出来。郑阿奶拉着郑秾的手，说："我们都姓郑，是一家人，都是从青田迁移过来的。听说你很有本事，在包塘殿设拳堂教练武术，就特地过来看看。"郑秾说："为了混口饭吃。"又问："你俩住在哪个村子？"郑树明指了指家住的方向："我们就住石骨山背，离开这里不远。我们村里住的都是青田人，大多数人姓郑。今天晚上有空吗？想请你到我们村跟大家见见面。""好的！我晚上一定去石骨山背拜访各位叔叔伯伯和兄弟。"郑秾爽快地答应了。

傍晚，郑秾兴冲冲地来到石骨山背郑阿奶家，郑阿奶夫妻已经做好晚饭等着他了，还杀了一只公鸡招待他。郑树明也在郑阿奶家等候郑秾。郑秾与郑阿奶、郑树明他们一起吃过晚饭后，周樟春、郑禄苟、郑树发、郑来法等10多个人就陆续到郑阿奶家来了。郑秾与每个人握了手，询问了姓名，说："各位兄弟、各位老乡，跟大家相聚一起，我很高兴！我在兰溪这边，很多事需要得到大家的帮助啊！""需要我们做什么，你招呼一声就是了！"大伙争先恐后地表态。

郑秾听了很高兴，接着说："我先谢谢各位同乡、各位兄弟。一家人不说两家话，大家是不是听说了毛泽东、朱德领导红军在江西井冈山建立革命根据地、建立苏维埃工农政府的事？还有方志敏在浙江、福建、江西交界地带组织、领导穷苦百姓团结起来，打土豪分田地，开辟革命根据地，建立苏维埃政府，这事也听说过吗？一根筷子轻轻一折就断，十根筷子捆在一起就难折断了，一百根筷子捆在一起就更折不断了。只要我们穷苦百姓团结起来，地主恶霸还有那些当官的就不敢随便欺凌我们。不团结起来、不进行反抗斗争，穷苦人就永无出头之日，就只能任凭他们摆布！"听了郑秾的一番话，大家纷纷表示赞同，有人还大声喊道："现在我们的生活连猪狗都不如，要是能过上富足、幸福的生活，死了都值！"

郑秾告诉大家："我参加的红十三军是中国共产党领导的，是广大贫苦百姓组织起来的队伍。这支队伍打倒土豪劣绅，帮助穷人夺回属于穷人自己的财物，让穷人过上自己想要的生活。现在有很多人在各地秘密开展活动，发动穷苦百姓参加红军。我来后屋，就是为了发动穷苦老乡参加红军，团结起来进行斗争，夺回属于自己的土地、房屋、粮食。我们还要推翻国民党政府，建立穷人的政府，保护穷人不再受欺负，让穷苦人有出头之日、过上幸福生活。"大伙听了郑秾的话，热血沸腾，一个个激动地站起来表态："郑秾兄弟，我跟着你干！""郑秾兄弟，参加红军算我一个！""郑秾兄弟，我要参加红军，你要我们干什么我就干什么！"……郑秾满怀喜悦，宣布："谢谢大家相信我。各位要求参加红军，我都接受！"

"好！那我们就亲上加亲了！"石骨山背的乡亲们感到有了依靠，都很高兴。于是大家跪地对天盟誓，喝香灰鸡血酒。仪式举行完毕，郑秾与大家一一握手，严肃地对大家说："从现在起，你们就是红军队伍里的人了！大家要通过老乡介绍老乡、亲戚介绍亲戚、朋友介绍朋友的方式，分头进行宣传、发动，把年龄在18岁以上40岁以下的男女青壮年吸收到贫农团、赤卫队中来，发展壮大红军队伍。贫农团、赤卫队就是红军组织，你们发展了谁参加红军，你就是谁的上一级，要注意保密，单线联系。时机成熟，再进行统一整编，根据吸收红军人数多少任命职务。拜托兄弟们了！"说完向大家抱拳行礼。当晚，郑秾返回包塘殿拳堂。

第二天，石骨山背符合年龄的乡亲们在郑阿奶、郑树明、周樟春、郑禄苟、郑树发、郑来法等人的秘密宣传、动员下，都报名参加了贫农团、赤卫队。他们如同星星之火，到邻近各村庄去宣传、发动，一批又一批村民群众参加了贫农团、赤卫队。郑家村居住的村民也大部分姓郑，是青田移民，与石骨山背的郑姓居民同宗同族。在石骨山背老乡的宣传、动员下，郑家村郑炳宁、郑美宁、郑樟奶、郑彩源、郑彩根、郑宝根等人也很快加入贫农团、赤卫队组织。

3

1931年农历正月十五日上午，包塘殿拳堂举行开堂仪式，人们从四面八方向包塘殿汇聚而来。

身材魁梧的郑秾一身拳师装束，一个虎跃跳上平台，抱拳行礼。顿时，台下响起热烈的掌声。郑秾亮起洪钟般的声音宣布："包塘殿拳堂，在今天这个黄道吉日，开堂了！"台下响起一片欢呼声。郑秾接着说："在家靠父母，在外靠朋友，感谢父老乡亲前来捧场！我叫郑秾，来自青田县，自幼随高僧习武，今来包塘殿开设拳堂，收徒教武功！"台下又响起热烈的掌声和欢呼声。

郑秾停了一下，接着说："我们老百姓为什么会穷，是好吃懒做吗？不是的！老百姓起早贪黑、累死累活地干活，收获的粮食少吗？不是的，可以说很多！但是，我们老百姓为什么还吃不饱穿不暖？种出来的粮食、瓜果、蔬菜，养出来的鸡鸭鹅、猪牛羊都到哪里去了？大家都清楚，是被恶人拿去了！那些整天游手好闲、手指不沾泥的人，住的是高楼大厦，穿的是绫罗绸缎，吃的是山珍海味，他们的财富是从哪里来的？就是靠剥削我们老百姓得到的！"

郑秾继续说："这世道太黑暗、太不公平了！恶人总是拣软柿子捏，我真诚地欢迎各位父老乡亲，特别是青壮年来包塘殿拳堂学武。有一身功夫，就会少受一些欺负。"台下民众听得群情激奋，都认为郑秾武师说得在理。

"功夫好不好，亲眼见分晓！"郑秾拿起两条九节鞭甩了起来。那九节鞭时而如两条飞龙，时而像两团盘蛇，收放自如，快捷如电，劲道十足，"好功夫！好身手！"台下喝彩声不断。

练完九节鞭，郑秾执长剑在手，突然喊一声："万紫千红！""嗤"

的一声，长剑向前直刺过去，剑尖刺出去时不住颤动，令人难料攻向何处。又喊一声："大绅倒悬！"剑锋回转，自下而上倒刺，令人防不胜防。"恶犬拦路！"剑身横切，晃了几晃，白光闪动，令人莫测剑锋所指，使的竟是"打狗棒法"中的一招。"小园艺菊！"长剑轻扬，飘飘若仙，剑锋向下盘连点数点，看似脱俗娴雅，实则凌厉非常。"四通八达！"剑招突变，东趋西走，连削数剑……郑秾使出的一套剑术让人看得惊心动魄。

郑秾再次向乡亲们抱拳行礼，说："我再练一套拳术。"话音刚落，郑秾跨前一步："双贯耳"，上身左转，双拳虎口相对，划成弧形，交相撞击；"黄莺落架"，左掌圈花扬起，屈肘当胸，虎口朝上，看似平淡无奇，实是威力无穷；"丹凤朝阳"，双手大开大合，宽打高举，劲力到处，"嚯嚯"起风；"偏花七星"，双掌划弧如电；"苦海回头"，左手一扬，右手伸出，如同左手按住敌人头顶，右手托住敌手下颚，将敌手头颈一扭扭断；"挟山超海"，斜身踏步，左手横过身前，一翻手，双手一提又轻轻一送，恰如扣住敌手右肩，又闪电般伸手到敌手颈后，将敌手身子提起横抛出去……俗话说："外行看热闹，内行看门道"，台下有不少练家子，他们看了不由得惊叹："功夫了得！功夫了得！"

从此，郑秾在包塘殿传授武术，有时也走乡串村为百姓治疗跌打损伤、无名肿毒。郑秾的名声迅即传开了。

中共包塘殿党支部委员许起尧，乳名奶美，小时候跟随父亲学道，练就一套绝

后胡村祗恭堂。当年每到晚上，"新聚会十响班"在祗恭堂进行坐唱，开展秘密活动

（2012年摄）

技——"翻九楼",即把九张八仙桌一层层往上叠,四角用杉木固定,然后通过"后跪翻"的形式从下至上往上翻,翻到最高第九张八仙桌后,又在桌面上翻36个筋斗,再翻筋斗下来。许起尧七八岁时就到一个戏班子学演戏,由于天赋好又勤奋,几年后这个戏班子就没有什么招式可教他了。于是他投师名声响亮的龙游周春聚婺剧班,学习婺剧表演和婺剧导演,到十五六岁时就样样精通,既能演前台,又能坐后台当乐器主角。他还会琴棋书画,被人称为"土才子"。许起尧先后到金华铁木山、白龙桥、长山,建德大雁山,龙游的新王、灵山、溪口等地教过婺剧。得知郑秾在后屋办拳堂发展红军,他就报名参加了赤卫队,成为骨干成员。许起尧利用自己会演婺剧的特长,在后胡村(今属兰溪永昌街道)发展了10多名红军,组建"新聚会十响班",自任导演兼演唱主角。新聚会十响班以演唱婺剧为名,行走于各个村庄,宣传共产党和红军的政策,积极发展红军。他在《百寿图》《火烧红梅寺》《卢俊义上梁山》《牛头山》《张松献图》《薛刚反唐》《王小二磨豆腐》《雪里梅》《十八姥姥背娇娇》等剧目中巧妙地加入鼓动革命的唱词,比如"水能载舟亦能覆舟,欺压百姓,百姓就会起来造反,将你覆灭!""你不要轻视穷苦百姓,穷苦百姓一旦团结起来,力量胜过洪水猛兽,势不可当!""官逼民反,民不得不反"等,以此来动员穷苦百姓参加红军。很快,仅后胡村就有约20人参加了红军组织。

包塘殿明面是拳堂,暗地里是发展红军的据点,到处散播革命的火种,成为红十三军第二师的发源地。

暗潮涌动 ANCHAOYONGDONG

　　随着地下红军组织的不断发展壮大，郑秾开展革命活动的思路愈发清晰，他决定把革命的火种播撒向兰溪周边地区，龙游东乡湖镇一带成为革命重心，并形成以隔塘为中心的活动据点。在中共党组织的领导下，'二五'减租等斗争不断取得胜利，红军在群众中的影响不断扩大。这期间，张自强等加入革命队伍，但也混进了青帮分子江天吉投机革命。

五、暗潮涌动

1

包塘殿拳堂开堂，不断宣传、鼓动革命，周边穷苦农民、小手工业者等纷纷参加贫农团、赤卫队、兄弟会、姐妹会，革命的星星之火渐成燎原之势。在此形势下，郑秾开始秘密吸收红军成员中的青田籍贫苦农民和宗亲，并通过考察，以革命意志、忠诚度是否高，革命热情是否强，工作组织能力，在地方上的影响力为依据，吸收中共包塘殿党支部书记王招进、林云熙、留彩培、许起尧为委员，后屋村陈荣发等为红军骨干成员。

一天，郑秾把红军骨干成员召集到一起开会，说："今后有重要事情需大家研究探讨，集思广益，减少失误。如今发展红军的工作已经广泛开展起来了，接下来如何更好、更快、范围更广地壮大红军力量呢？请大家谈谈想法。"王招进提出："我们这些人分头去调查了解，让忠诚于组织既有影响力又能保守秘密的红军人员到游埠、赤溪、杨塘等地开展宣传革命、发展红军工作。"郑秾听了表示赞同："这个建议很好！"林云熙补充说："我们先在招进提到的这些地方宣传、发动起来，然后继续选派人员向外拓展，逐步推开。"郑秾用力点了点头，说："就按这个计划执行。大家马上分头行动！"接着进行集体宣誓。

会后第二天，林云熙找到郑秾，说："我亲弟弟林来均居住在离后屋十来里路远的汤溪县北源乡郑家村。他读过几年书，后来跟随青田一位中医师学医，擅长治疗无名肿毒等病，有些名气。他还会砌灶头、选良辰吉日，平时常给人砌灶、挑选婚嫁丧葬吉日。我这弟弟疾恶如仇，参加过胡公冕领导的红军游击队，还是'青田帮'的一个帮主，在当地有一定的威望。据说，金华、兰溪、汤溪一带订立契约，有他的印章才有效呢！"郑秾听了，说："我们发展红军正需要这样的人才。走，去见一见来均兄弟！"郑秾拉着林云熙就走。

大约一个钟头，郑秾、林云熙就到了汤溪北源的郑家村。郑家和山塘沿两个村庄之间有一排依山傍水而建的土墙瓦房和茅草屋，林云熙指着那里告诉郑秾："那就是我弟弟的家。"两人加快脚步走去。林来均的房屋坐北朝南，用土墙围成院子，院前流水潺潺，一座小木桥架在小溪上；屋后靠山，修竹掩映，林木苍翠，显得十分幽静。林云熙敲了敲院门，用方言喊道："来均，在家吗？""在！哥，你来啦！"一个身材中等、穿着朴素的汉子边答应边快步走来开门。

进了院门，林云熙对弟弟说："你看，我带谁来了？这位是在包塘殿开拳堂的青田拳师郑秾！"林来均看着郑秾，连忙抱拳行礼，道："桂山兄弟就是郑秾啊？郑秾大名如雷贯耳，只碍于杂务缠身，还没能登门拜访。今天拳师屈驾光临，真令寒舍生辉啊！"郑秾急忙还礼，道："过奖了，过奖了！老兄是一方能人，小弟能得见尊颜，实感荣幸之至！"

林来均

三人进了屋，林来均的妻子端上茶。林云熙将自己回青田老家探亲遇到郑秾的事跟林来均说了一遍，并介绍了郑秾的经历。林来均听后，敬佩之情油然而生："郑秾老弟舍生取义，志向远大，我是不胜仰慕！郑秾老弟的事，我早已听说过的，今天亲眼见到你，实在是三生有幸啊！"

郑秾笑笑说："云熙兄告诉我，来均兄参加过胡军长领导的浙南红军游击队，真的很了不起啊！我是胡军长在永嘉组建'浙南红军游击队总指挥部'时参加革命的，在'浙南红军游击队总指挥部'基础上建立红十三军时，胡军长委任我为军组织干部，你参加革命比我早呀。你来汤溪后团结青田移民反抗剥削和压迫，竭力维护穷人的利益，我很佩服。我设拳堂发展红军，正缺你这样的人才，我想请你出山呢！"林来均拉起郑秾的手，激动地说："你看得起我，我愿意跟你一起干大事！"

林云熙看两人一拍即合，就趁热打铁，提议："既然志同道合，就拜香堂吧！"

郑秾、林来均听了，异口同声："好！拜了香堂，有福同享、有难同当！"林云熙马上张罗着点蜡烛、点香，拿来两只碗倒满酒，在酒里撒了香灰。郑秾、林来均各端起一只碗，跪地盟誓："天地为鉴，今后郑秾（林来均）与林来均（郑秾），有福同享、有难同当，不求同年同月同日生，愿求同年同月同日死，绝不反悔！如有背逆，天打雷劈！"盟誓后，两人仰头将酒一饮而尽，站起来紧紧拥抱在一起。郑秾说："在今后的革命道路上，我俩并肩前行！"在旁的林云熙说："你俩刚才拜香堂，也就是来均加入红军的宣誓仪式了。"经过商议，为秘密开展工作安全起见，林来均起了个化名"林来斋"。

吃过晚饭，林云熙回兰溪后屋去了，郑秾留在林来均家商量工作。

夜晚，郑秾与林来均促膝谈心，探讨如何更好更快发展红军组织。郑秾说："我们不仅要全面宣传发动广大穷苦百姓参加红军组织，也要把反封建、反抗国民党反动统治、意志坚强、有文化、头脑灵活并且活动能力强的人吸收到红军中来。"郑秾的话让林来均想到了邻近揭山金村（今属兰溪游埠镇）的徐岳成。徐岳成，青田籍人，具有较高的文化程度，为人厚道，常年跟父亲做道场，活动范围广，也懂医术，给穷苦人看病经常不收钱，在百姓中有良好口碑。林来均平时为写诉状或其他文书，都要与徐岳成商讨；两人还经常在一起诊断疑难病情，为患者解除痛苦。林来均向郑秾介绍了自己跟徐岳成交往的情况。郑秾听了，觉得徐岳成是个人才，就急着要见到徐岳成。

徐岳成

次日一大早，郑秾、林来均就徒步来到徐岳成家。徐岳成的门开着，林来均远远看到徐岳成正在堂屋饭桌旁俯身忙着写些什么。林来均喊："老弟呀，你看我带谁来看你了？"徐岳成连忙起身迎了上来。林来均指了指郑秾，说："他就是大名鼎鼎的郑秾拳师！""啊？欢迎欢迎！

郑秾拳师之名如雷贯耳！"徐岳成连忙让座。

三人坐定后，林来均就单刀直入说明了来意。郑秾补充说："我从青田到兰溪设拳堂当拳师，为的是组织红军，重举红十三军旗帜。来均兄弟说你有文化，活动能力强，又同情穷苦人，看病不收钱，深受民众的拥戴。组织红军队伍很需要你这样的人才，你愿意加入红军队伍中来吗？"徐岳成紧紧握着郑秾的手，激动地说："兄弟，你疾恶如仇，胸怀大志。既然你这么信任我，我能说'不'字吗？"徐岳成同意加入红军，郑秾当即为他举行了宣誓仪式，并根据保密需要为徐岳成起了个化名：徐马福。

林来均、徐岳成参加红军组织后，与郑秾称兄道弟，成了郑秾的得力助手。

2

林来均利用给人看病、替人砌灶和选定婚嫁丧葬黄道吉日的各种机会接触民众，宣传共产党和红军的政策，宣传苏联十月革命胜利道路，同时也利用自己"青田帮"帮主身份发展红军。

一天，林来均为青田籍人李林汝砌灶。李林汝有一定文化程度，做事认真，思维缜密，点子多。林来均借机向他宣传朱、毛红军和方志敏率领的红军打土豪分田地、建立革命根据地的情况，以及浙南红十三军领导农民武装暴动，攻打县城集镇，打土豪分粮食种种事迹。李林汝听了十分向往："穷人是应该团结起来，反抗剥削压迫，否则就只能等着被饿死、折磨死！"林来均感觉到李林汝憎恨黑暗社会，有反抗剥削压迫的思想，就进一步问："如果有人来领头，团结穷苦人反抗地主恶霸、反动政府剥削压迫，你会参加吗？""我会参加！我愿意轰轰烈烈干一场！"李林汝坚定地回答。林来均见时机成熟，就告诉说："'青田佬'郑秾是红十三军的组织部长，他到我们这一带来秘密发展红军了，你听说了吗？""我听说了，只是无缘结识他。怎样才能找到他呀？"李林汝急切地问。"我认识郑秾！"林来均相告，并介绍了自己参加红军组织的经过，"你要参加红军，我愿意做你的接收人。"听了这话，李林汝当即表态："我愿意参加红军！"于是，林来均就在李林汝家为他主

持加入红军组织的宣誓仪式。告辞时，林来均对李林汝说："我要把你参加红军的事向郑秾汇报。有你这样的人才参加红军组织，他一定很高兴。"

徐岳成借以道士身份做道场和给人看病的机会，广泛宣传群众，配合郑秾扩大红军组织。

一天深夜，孙家坪村孙马祥因为两岁的儿子突发重病，急忙去堨山金村请郎中徐岳成。徐岳成一家已经熄灯就寝，孙马祥用力敲大门，焦急地喊："徐医生！我是孙家坪村孙马祥，我儿子病得很厉害，请您行行好，救救我儿子！"徐岳成听到喊声，一骨碌起床，穿好衣服，提起药篮，说："快走！"

李林汝

徐岳成在孙马祥带领下，步履匆匆赶到孙家，等不及歇口气喝口茶就给孩子把脉察看病情。"孩子病得不轻，再迟点就有危险了！"孙马祥苦着脸，告诉徐岳成："我这娃这几天一直不舒服，只是家里穷没钱，就拖着没请医生。"徐岳成见孙马祥家徒四壁，叹了口气，愤恨地说："唉！穷苦百姓的日子真难过呀！这不公平的世道不打破，穷人就没有出头之日！"边说边给孩子配药，然后教夫妇俩怎么熬药，怎么给孩子服药。"孩子服下药，就应该不会有什么大碍。我明天再来看一下。"徐岳成也不提诊金的事，只吩咐了孙马祥夫妇如何照料患儿的事，就摸黑回去了。

第二天晚饭后，徐岳成又来到孙家给孩子复诊。他一边查看孩子的病情，一边问孙马祥夫妇俩："你们俩是不是好吃懒做？""哪会呀！我们夫妻俩一年到头下雨落雪都起早贪黑在田地侍弄干活，还养了鸡鸭猪，可交了这租那税就剩不下什么了，甚至还亏本。哎！不知道为什么我们的命会这么苦！"孙马祥唉声叹气。"不交那么多的租，不交那么多的税，像你这样的人家生活一定过得不赖。"徐岳成说，"我们穷人要拧成一股绳，组织起来反抗剥削压迫，才能过上好日子，否则就永远没有出头之日。"他接着告诉孙马祥："参加了赤卫队、贫农团，如果有人来欺负你，就会有人替你出头，你就不用怕了，将来还会分到粮食、房屋、土地。"孙马祥听了，不由得显露出羡慕的神色："徐医生，还有这样的好事？"徐岳成告诉孙马祥：赤卫队、贫民团都是红军组织，"青田人郑秾到我们这里来发展红军了！"孙马祥连忙问："徐医生，我想参加红军组织，您有门路吗？"徐岳成给孩子配好药，带着孙马祥来到自己家，帮他填了参加红军组织的表格，接着为孙马祥与另外几个报名参加红军的青壮年举行了宣誓仪式："今天我×××参加红军，天机不可泄露，父母妻子都不能知道。如天机泄露，天雷击顶。如被国民党抓去，死不招供。如果招供、背叛，雷劈火烧，肉烂东，骨烂西！"宣誓完毕，几个青年一起喝香灰酒。仪式完成后，徐岳成给每个刚参加红军的人取了一个化名，孙马祥化名叫"孙鹤林"。

郑秾通过一段时间的考察，任命徐岳成担任红军组织的文书。郑秾经常送一些进步书籍、共产党组织内部文件以及通信杂志如《光明大道》给徐岳成学习，帮助他更多地了解中国革命的形势，懂得更多革命道理。徐岳成思想觉悟很快得到提高，成了红军组织的骨干人员。

李林汝是兰溪县中洲乡下叶村人的外甥，下叶村居住的几乎都是青田籍人。李林汝参加红军后，积极宣传共产党的主张，大力发展红军成员。他借着到娘舅家做客的机会，积极鼓动穷苦农民参加红军。胡景兰（又名杨进成、杨家奶）是杨麻车村人，在下叶村大地主叶志贤家做长工。一天，李林汝特地到田畈找到胡景兰，坐在田边树下跟他聊天，向他宣传共产党的主张和红军闹革命的情况，胡景兰听了频频点头，赞叹说："好啊好！我也想参加红军闹革命！"李林汝乘机问："'青田佬'郑秾当过红十三军的组织干部，他已到我们这一带发展红军了，你愿意参加吗？"胡景兰看了看李林汝，问："你参加了吗？你参加，我肯定参加！"李林汝把自己参加红军组织的事情如实相告，并表示愿意做胡景兰参加红军组织的介绍人。胡景兰十分高兴地表示："我愿意参加红军，一定按红军组织的要求去做，跟着郑秾干一场！"晚上，李林汝在娘舅家秘密为胡景兰举行了加入红军组织的宣誓仪式。

此后，在李林汝、胡景兰挨家挨户地宣传、动员、介绍下，下叶村先后有叶志堂、叶福康、叶伍古等63人参加红军组织，分4次在村后的灵光殿里举行宣誓仪式。宣誓会由郑秾和李林汝分别主持，会上要求大家保守组织秘密，不准与任何人讲，就连自己的父母妻子都不能透露。

陈荣发夫妇参加红军组织后，积极开展革命活动，介绍了井头童村夏炳文参加了红军组织。通过一段时间考察，郑秾认为夏炳文年轻诚实，做事认真又机敏灵活，还有一定文化，就委任他为联络员，负责联络兰溪、汤溪的塌山金、百斗畈、马夫殿、山下畈、郑家、郦村、下叶、前张、杨麻车，后来他的联络区域又扩大到龙游的后大路、上佃铺以及寿昌的石木岭等，在龙游、兰溪、寿昌召开会议，都由夏炳文负责通知。为安全起见，郑秾教他学武防身，对他说："吃饭吃差一点不要紧，但要吃得饱。晚上走路要走得快一点。"郑秾叫他到拳堂去，亲自传授武功。

夏炳文

参加红军的人员很快遍布兰溪县西部地区和汤溪县北源乡以及龙游县部分区域，而且涌现了一批红军骨干。没有规矩不成方圆，郑秾着手制定、完善发展红军的组织程序、制度、规章等，使红军队伍有序、快速、健康发展。

有一天，郑秾在井头童村一座叫猪母山脚的松树林里召开红军骨干成员会议，王招进、林云熙、许起尧、留培彩、陈荣发、林来均、徐岳成、李林汝、夏炳文、吴思荣、胡景兰、郑炳根等参加会议。在会上，郑秾严肃地说："通过大家的积极宣传、发动，参加红军的人数增加很快，活动区域迅速扩大。俗话说得好，没有规矩不成方圆。在这样的大好形势下，我们必须要有一套组织发展红军的制度。我们需要什么样的制度规矩呢？我作了考虑，提供给大家一个方面一个方面地讨论研究。"

"第一是参加红军的对象。凡参加红军的人员，一般以贫苦农民为主，其次为乡村中的手工业者、小知识分子、小学教员、青年学生。要参加红军队伍，必须要有介绍人；介绍人必须要了解要求参加的对象的个人出身、思想状况以及家庭背景等；参加者必须要能够保守组织秘密、遵守组织纪律和规则规矩；年龄一般在18岁以上40岁以下，不论男女均可参加，但地主、土豪劣绅一律不得参加。为防止组织秘密泄露，那些口无遮拦的人即使是贫苦农民也不能参加。"说完后，问："大家有没有意见需要补充？""很好！没有！"大家异口同声地说。

"第二是宣传、动员穷苦百姓参加红军的途径、方式。一般采取以老乡介绍老乡、亲戚介绍亲戚、朋友介绍朋友的方式，分头在各村庄动员穷苦百姓参加红军组织，这是因为老乡、亲戚、朋友相互比较了解、可以信任，老乡、亲戚、朋友不会随意出卖对方。其次，为防止组织秘密泄露，要采取单线联系，谁发展谁联系，不可以通报给别人，一定要注意保密。"关于这一点，有人提出："如果不是亲戚朋友，也不是老乡，但是此人对土豪劣绅、官僚确有深仇大恨，有反剥削、反压迫斗志的，这样的人能不能吸收参加红军？""当然可以吸收参加，但必须经过暗中调查清楚，再作决定。"郑秾回答。

"第三是红军的组织形式。我们现在红军的组织发展与活动方式是隐蔽进行的，我认为除了设拳堂，在群众基础较好的村可以组建农民协会、赤卫队，也可以组织'兄弟会''姐妹会'等。"关于这一条，郑秾征求大家的意见时，许起尧站出来说："我认为还可以组织戏班子、道

郑秾在兰溪秘密举旗

士宣唱队等，开展宣传、发展组织红军工作。""补充得很好！"郑秾给予肯定。

"第四是参加红军组织的程序和要求。首先是参加对象需有自愿参加意向，其次通过教育提高要求参加者对革命性质的认识，还需考察要求参加者的出身、家庭经济状况、社会关系，再由两名红军人员介绍，并填写志愿表，详细填写姓名、性别、年龄、籍贯、介绍人、住址、职业等项内容，符合加入条件者还须举行宣誓仪式，要焚香祭酒，跪地对天盟誓，宣誓之后要喝香灰酒或鸡血酒，表示对红军的忠贞和革命到底的决心。此后尚须经过3至6个月的考验，考验合格后再颁发红布符号一方，红布约4寸长，3寸宽，布上印有'中国红军第十三军第二师本部'字样，并加盖'潘清堂记'印章。通过这一套程序，方可将参加红军人员正式在无产簿（战士花名册）上登记，这个人才成为正式的红二师战士。此外，还须缴纳组织费，每人交银圆4角至一元二角。"郑秾强调宣誓誓词可因人因地而有所更改，但"忠诚""保守秘密"等主要内容不能改变。

"第五是红军成员的管理与任务。发展起来的红军人员平时分散在家务农或做工，农闲、夜晚到民校或拳堂里学习文化、练习拳术，接受思想教育和军事训练，时机成熟立马集中起来参加战斗。红军成员平时的主要任务是团结教育群众，利用一切机会与土豪劣绅进行斗争，扩大影响，秘密发展革命力量。"

经过讨论，与会的红军骨干对组织发展红军的制度达成了共识。郑秾强调："我们不要操之过急，一定要按组织制度、纪律进行活动。"会议结束时，全

红二师发给红军成员的红色布质符号，上印有"中国工农红军第十三军第二师本部"字样，并盖有潘清堂记的印章
（档案资料）

体成员进行了集体宣誓仪式。

　　会后，骨干人员分赴龙游、兰溪、汤溪各地继续宣传、发动穷苦民众参加红军组织，红军人员分布区域迅速扩展，人数快速增加。在此情况下，郑秾进一步思考：要重树红十三军旗帜，必须向更大的区域发展，这样才能有更充足的人口资源，有更多的经济资源，开展活动才有更大的空间。红军组织起来了，不能孤立无援，必须有所依托，这样红军才能立于不败之地。必须有一个明确的发展方向，有近期及远期的发展目标，才能有利于红军力量的发展壮大。

包含姓名、化名、年龄、籍贯、住址、职业、担任职务、介绍人和加入时间9项内容的红二师无产簿（战士花名册）（兰溪县档案资料）

3

　　中央红军反"围剿"斗争、方志敏领导的闽浙赣边区苏维埃政权和红十军捷报频传，在金衢盆地的穷苦百姓中产生的反响越来越大。1931年2月，中共赣东北特委根据中央指示精神，要求德兴苏区党组织"向华埠、玉山发展，以达到浙江工作的建立"。中共德兴县委派党员到开化县油溪口、张家湾一带开展秘密革命活动，以组织"十八兄弟会"为掩护，先后发展了5名党员。9月的一个深夜，建立了开化县第一个党支部——中共油溪口支部。不久，方志敏创建的红十军首次攻克开化县华埠镇。

　　消息传来，如一缕曙光照进了郑秾的心头。他经过一番慎重考虑，形成重新组建发展红十三军的初步行动纲领，随后召集王招进、林云熙、许起尧、留培彩、陈荣发、林来均、徐岳成、李林汝、夏炳文、吴思荣等红军骨干成员举行会议，对初步行动纲领进行讨论研究。

方志敏

在会上，郑秾首先提问："各位兄弟，我们的目标是要重树红十三军的旗帜。要重建红十三军需要成千上万的劳苦大众参加，仅限于在兰溪、汤溪这些区域发展红军是远远不够的，必须扩大发展红军的活动范围。我们应当向什么方向发展呢？理由是什么？请大家发表各自的意见。"

王招进想了想，说："我们按照原来制定的发展红军的组织程序、组织制度，向金华、龙游、寿昌等周边地区扩展；待这些地方的红军组织发展起来后，又继续以这些区域为基地向周边地区扩展。如此层层推进、逐步巩固，一定能把红十三军重建起来。"李林汝听后，说："招进兄弟说得有道理，我认为可以这样做。"徐岳成说："我认为可以向浙南方向扩展，那里曾是红十三军的发源地，有一定的群众基础，而且还有许多红十三军的失散人员和潜伏人员，发展起来比较快。"……

郑秾认真听了大家的发言后，说："大家说得都有一定的道理，但在这些地方组织发展红军最大的缺点是离中央苏区、闽浙赣苏区比较远，没有依托，一旦打起仗来就会孤立无援，陷于被动。我认为，我们重新组建的中国工农红军第十三军必须向中央苏区靠拢，必须取得方志敏领导的红十军的支持与帮助，我们开展革命活动必须与中央红军反"围剿"斗争相配合。这样，我们重新组建的红十三军就有了依靠、不会陷于孤立境地，而且回旋余地大，这样敌人就打不垮我们，就能取得最后的胜利。"他接着说："最近，方志敏创建的红十军已向浙赣边界发展，攻克了开化县的华埠镇。方志敏领导的赣东北特委已派共产党员在开化县建立党组织和游击队，这就是'十八兄弟会'，革命活动很活跃。我们通过龙游、衢县、江山就

吴思荣

可到达开化，开化再过去就是赣东北根据地的德兴、玉山了，这对我们重新组建红十三军是一个十分有利的条件。我们必须抓住这个机遇，把握好发展方向！这是我的想法，请大家讨论研究，看看行不行，还有什么补充意见。"

郑秾向与会骨干们和盘托出他的设想，并征求意见、建议。他接着说："我认为，我们组织发展红军的方向应该是从兰溪、汤溪向龙游、寿昌挺进，把龙游建成稳固的据点，再西进衢州、江山、开化、玉山等县，争取实现与浙西南连成一片，把金衢盆地的红军活动区域与闽浙赣革命根据地连成一片。这样，金衢盆地的红军武装暴动就能得到红十军的帮助、支援，同时也可以随时配合方志敏的全线武装暴动，减轻中央红军的压力。重新组建红十三军的近期活动目标，是领导穷苦农民开展"二五"减租等运动，保护穷苦百姓利益，扩大共产党、红军的影响，积极争取穷苦民众参加红军，加快发展红军队伍的进度，在适当时机举行武装暴动，建立游击根据地，开展打土豪分田地斗争，实现耕者有其田，建立金衢盆地革命根据地，建立苏维埃政府，领导穷苦民众翻身做主人，让百姓过上像苏联人民一样的平等、幸福的生活。"

郑秾话音刚落，会场响起一片掌声，红军骨干们纷纷叫"好！"大家表示：就这样定了！这让我们明确了革命方向，看到了革命胜利的希望，干革命的信心更足了！郑秾见大家斗志昂扬，也很高兴，说："既然大家都没有意见，就把我刚才提出的设想作为我们组织发展红军的纲领和开展革命活动的方向和目标。大家在各自开展的革命活动中，都要按照这个纲领去努力奋斗！"会议结束之际，与会人员举行了集体宣誓。

要挺进寿昌，西进衢县、江山、开化、玉山等地，就必须先在龙游成立红军组织，发展红军人员，培养、挑选红军骨干，夯实革命基础，建立起稳固的革命据点。

郑秾决定前往龙游、寿昌实地考察，并开展革命宣传。1931年春，郑秾以传授武术、行医为名，行走于龙游、兰溪、汤溪、寿昌等县边界各集镇、村落，一边宣传共产党的主张和红军的革命宗旨，一边了解地形地貌、经济文化、风土人情、民风民俗和民众的生活、思想等状况。有时他头戴礼帽，身穿藏青色粗布长衫，脚穿青面白底圆口布鞋，手提藤篮，走乡串村，到百姓家问寒问暖，给穷苦百姓医治跌打损伤、无名肿毒；有时他带着武术器械在乡村演练武功，借此招收徒弟、传授武术。郑秾广泛接触百姓，了解到龙游、寿昌等地区的底层群众过着饥寒交迫的生活，十分痛恨剥削阶级。他还了解到，龙游县湖镇镇一带是北伐战争时期龙游战役（也称龙兰战役）的主战场，那时龙游民众争先恐后、不遗余力地支援北伐军，打垮了军阀孙传芳的部队，扭转了北伐军在浙江的被动局面。郑秾通过深入了解，得知龙游区域曾先后建立独立支部、县委等中共组织，在共产党的领导下组织了工会、农民协会等进步组织，而且成功领导了码头工人、纸槽工人的罢工，领导广大农民开展"二五"减租"土地还家"斗争，播下了革命火种，获得了较好的群众基础。对此，郑秾心里十分高兴，对把龙游建成稳固的据点、创建游击根据地信心倍增。在龙游，他以亲身经历向广大穷苦民众宣传苏联"十月革命"及取得的辉煌成果，同时宣传朱毛红军和方志敏领导的红十军打土豪分田地、开仓济贫的故事，宣传浙南红十三军打击国民党武装、打击地主恶霸分粮食财物给穷苦百姓的革命行动，并结合龙游纸槽工人罢工、农民协会领导农民开展"二五"减租等事迹宣传"只有起来革命才能翻身"的道理。郑秾用"一根筷子易折断，一把筷子折不断"的通俗比喻，鼓动群众团结起来反抗国民党反动派及土豪劣绅的压迫剥削。在此基础上，郑秾以组织贫农团、赤卫队、兄弟会、姐妹会为名，发展红军队伍，开展抗捐抗税、抗租抗丁斗争，维护穷苦百姓的利益。

通过一段时间的革命实践活动，重建红十三军的蓝图更清晰了，郑秾的革命信心更足了。

为了将龙游建成红十三军西进的稳固据点，实现西进的目标，郑秾首先选定龙游县湖镇、下库一带为活动中心，以此逐步向周边辐射、推进。龙游县七都乡隔塘村一带是青田、永嘉移民集聚的地方，郑秾就有一个叫林有仁的叔伯娘舅住在隔塘村，有一个叫林远仁的叔伯娘舅住在与隔塘相距不远的上佃铺村。隔塘、后大路、上佃铺属七都乡管辖（今属湖镇镇），邻近湖头街（湖镇集镇），地广人密，土地肥沃，又与兰溪西乡、汤溪相距不远，开展革命活动地理条件优越。

1931年2月的一天，郑秾与王招进一起来到隔塘村。该村庄中间有一条路穿过，而路两旁各有一口池塘，故得名隔塘，全村几十户人家是清一色青田籍移民。

1931年春，郑秾将活动据点开辟到今龙游县湖镇镇隔塘、上佃铺一带，发展红军组织。图为隔塘村村景（2012年摄）

郑秾找到了叔伯娘舅林有仁的家，用青田话向林有仁作了自我介绍。有老家的亲人上门，林有仁十分高兴，连忙招呼道："是外甥呀！快进屋、快进屋！"郑秾和王招进进到屋里，林有仁忙着让座、泡茶。三人坐定聊天，聊着聊着王招进把话头转到郑秾的来意上来。于是，郑秾向林有仁宣传了革命道理、革命形势，还讲述了自己在苏联的所见所闻和参加革命后的经历。

郑秾叔伯娘舅林有仁住在龙游县东乡的隔塘村。乡音浓浓的村庄有利于郑秾联系群众，开展工作，隔塘村便成为他的主要落脚点（《血沃龙丘》连环画）

林有仁听了感叹不已，两眼闪着亮光，说："早几年，共产党东区区委领导湖镇这一带农民组建农会，开展'二五'减租，真是大快人心！"听话听音，郑秾觉得林有仁的内心倾向共产党，就趁热打铁，问："娘舅，您愿意参加红军组织吗？""翻身闹革命，我当然愿意！"林有仁毫不迟疑地回答。于是，郑秾和王招进作为林有仁加入红军组织的介绍人，让他填写了加入红军组织的表格，并按照程序为他举行了加入红军的宣誓仪式。郑秾问林有仁："娘舅，这村子里谁的文化程度高，人还灵活能干？"林有仁脱口而出："有个叫邱瑞沛的小伙子，小时候上过几年私塾，在村里算是文化程度最高了，他还会拳术，疾恶如仇，为穷苦人打抱不平。"

吃过晚饭，王招进连夜赶回兰溪后屋去了。应郑秾的要求，林有仁领着郑秾去探访邱瑞沛。

邱瑞沛系青田籍人。脚刚跨进邱瑞沛家的门槛，林有仁就嚷了起来："瑞沛啊，我带来一个有名的武师，让你认识认识。"邱瑞沛喜好的就是习武，听说来了一个有名的武师，他满心欢喜。刚坐下喝了口茶，邱瑞沛就迫不及待地向郑秾讨教武艺，两人说着说着竟到门外空地舞枪弄棒、拳打脚踢切磋起来，倒把林有仁晾在一旁了。邱瑞沛对郑秾的武功佩服得五体投地，抱拳行礼："拳师武功了得，可否收我为徒？"郑秾当即允诺，自谦道："过奖了，十分愿意一起切磋武术！"林有仁见二人情投意合，待重新坐定后就坦率地向邱瑞沛介绍了郑秾的经历和来意。"参加红军为穷苦人出头，我一百个愿意、一千个愿意、一万个愿意！"邱瑞沛得知郑秾是来发展红军的，坚定地表示愿意参加红军，"我愿意跟着郑秾大哥轰轰

邱瑞沛

烈烈地干，为穷苦民众不再受剥削压迫奋斗到底！"郑秾对邱瑞沛的表态感到满意，就与林有仁一起作为邱瑞沛加入红军的介绍人，按照程序将他吸收到红军组织中来。宣誓完毕后，郑秾认真地说："你加入了红军组织，就要宣传共产党和红军的政策，发动老乡、亲戚朋友参加红军，

发展壮大红军队伍。""好，我保证照办！"邱瑞沛坚定地回答。接着，郑秾向他重申了发展红军的程序、纪律和要求。为安全起见，将邱瑞沛化名为雄达、树培。

第二天早晨，林有仁对郑秾说："外甥，我看村里的黄庆云不错，是青田老乡。他身材魁梧，待人诚恳，地主老财欺负穷苦人时经常站出来打抱不平。我觉得可以吸收他加入红军组织。"郑秾听了，当即表示要去考察黄庆云。林有仁领着郑秾来到黄庆云家时，黄庆云正准备下地干活。"黄老哥，这么早就下地干活，想发财了啊！"林有仁语带调侃的味道，叫住了刚跨出门的黄庆元。"发什么财呀？这年头不饿死就算烧高香了！"黄庆元回应道。他看了一眼林有仁，又看了看郑秾，问："林老弟，这是谁呀？""这是我外甥，叫郑秾，是兰溪后屋村包塘殿拳堂的拳师。听说你很能干，他特地赶来想结识你、跟你交朋友。"林有仁对黄庆元说。"别笑话我了。屋里坐，屋里坐！"黄庆云一边说，一边转身领着郑秾、林有仁返回屋里。

进屋后，黄庆元倒了杯茶双手递给郑秾，激动地说："我早些时候就听说了，有个青田佬叫郑秾，是干大事的，到兰溪、汤溪发展红军来了。今日能见到你，三生有幸！三生有幸！"郑秾、林有仁正想着怎样挑开话头，黄庆元倒先点出了正题。顺着黄庆元的话，林有仁就"竹筒倒豆子"一般直截了当地介绍了郑秾的革命经历及来意，紧接着郑秾向黄庆云宣传了共产党和红军的政策，讲了朱毛红军、方志敏创建赣东北根据地等情况，也回顾了前些年龙游开展革命斗争的过程和取得的成果。他说："穷人穷，不是命中注定的，是官僚、土豪的残酷剥削压迫造成的。穷人只有团结起来才有力量，只有起来斗争才能保护自己的利益！"郑秾的一番话深深打动了黄庆云。"我愿意参加红军，组织会接受我吗？"黄庆云问。郑秾肯定地点点头，当即就和林有仁充当了黄庆云加入红军的介绍人，吸收他加入红军组织。宣誓完毕后，郑秾郑重地向黄庆云交代了发展红军的任务及要求，强调了保守秘密的重要性。"请放心，我一定全力去做！"黄庆云握住郑秾的手坚定地表示。黄庆云说到做到，加入红军后，他一心扑在组织和发展红军事业上，不仅宣传、动员老乡、朋友参加红军组织，还动员妻子卢文凤、儿子黄茂聪、黄万聪、黄小初和侄儿黄茂荣、侄媳妇沈招娣等人参加革命，可谓"全家总动员"，全家成年人都参加了红军组织。

通过郑秾、邱瑞沛深入宣传、发动，隔塘村徐行（徐进魁）、林春有、邱德寅（邱瑞沛儿子）等全村几乎所有青壮年都参加了红军，中老年人则参加了贫民团等红军外围组织。

上佃铺村与隔塘村相邻，且居住着的都是青田、永嘉籍移民。林有仁带着郑秾又到上佃铺村叔伯娘舅林远仁家拜访。林远仁在郑秾的宣传、鼓动下随即加入了红军组织。不久，在郑秾、林有仁、林远仁和隔塘村红军成员宣传、发动下，上佃铺村青壮村民几乎也都加入了红军组织。自此，龙游县东乡的隔塘、上佃铺一带成了红军活动的据点。在兰溪、汤溪各地奔波的郑秾每到龙游，常常在隔塘村的林有仁、邱瑞沛和上佃铺村的林远仁家落脚。"青田佬郑秾是红十三军组织干部，是共产党派来组织发展红军的"，这已渐渐成了隔塘、上佃铺一带公开的秘密。郑秾在农户家走访、谈心时有个特点，就是从来不背对大门坐着，而是坐在侧位；他坐着的时候两只脚从来不合拢、不缩曲，都是向前伸直的。之所以如此，是为了在发生意外时能迅速作出反应，有利于自我保护。

距隔塘、上佃铺村不远处有个白娘殿，郑秾经常召集红军骨干在殿里秘密开会，商讨组建中国工农红军第十三军第二师的事宜。有时参加会议人数较多，会场就改在稍远的大宇殿召开。

1931年3月初，邵家村（今属湖镇镇）地主钱茂林家的长工叶长福在下库村（今属湖镇镇）西角山上背松树，下山时不慎跌倒，两个手指被树砸伤。郑秾手提藤篮行医，恰巧路过，便立即为叶长福包扎好伤口，没有收取分文医药费。叶长福在地主家做长工累死累活，还经常受欺凌，有病痛东家也从来不闻不问，因此郑秾对他的关心、照料让他感到特别暖心。两人坐在山脚交谈后，郑秾得知叶长福是青田迁居来的，而叶长福则得知郑秾原来是青田老乡，于是二人愈加亲近。在经过深入交谈后，郑秾发展叶长福参加红军。

郑秾提出的发展红军行动纲领得到切实贯彻，由此夯实了龙游地区红军组织基础，在龙游区域形成了坚强有力的红军核心团队。

邱瑞沛平时与下库村的张国华交往颇深。一天，邱瑞沛对郑秾说："老哥，下库村张国华家境极其贫寒，他15岁小学毕业后一直靠在村里的学堂教书勉强度日，对社会的黑暗十分痛恨。张国华踏实能干，前几年还参加过农会，是一个值得吸收进红军组织的人。""好啊！我们现在就去拜访你的这位朋友。"郑秾、邱瑞沛抬脚就走，从隔塘到下库徒步半个时辰光景就到了。邱瑞沛与张国华寒暄了几句后，就介绍起了郑秾及其来意。张国华听了，激动地握住郑秾的手，说："青田佬郑秾之名如雷贯耳，早有听闻！今得一见，三生有幸！我十分愿意参加红军组织，请组织收下我！""我们红军队伍就需要你这样的人才！"郑秾当即表示欢迎张国华加入红军，并详细向他讲解了共产党和红军的政策，红军组织的纪律、要求和任务等。"请您放心，我加入红军后，会竭尽全力做好工作！"张国华态度明朗、坚定。接着，郑秾和邱瑞沛做了张国华加入红军组织的介绍人，张国华填写了表格，郑秾主持了宣誓仪式，三人一起喝了香灰酒。仪式完成，三个人紧紧拥抱在一起，相互鼓励："加油！"为安全起见，张国华化名为张自强。

张自强

三人坐下，喝着茶聊着天。张自强谈了自己开展革命工作的设想："我想开办民校、夜校，帮助乡亲们学习文化知识，同时把革命思想融入其中进行宣传教育，提高他们的思想觉悟。条件成熟之后，成立农民协会、兄弟会等合法的民间组织，尽可能多地吸收贫苦百姓参加，并注意从中物色、培养革命积极分子，把他们引导到红军组织中来，发展壮大红军队伍。"郑秾听了，兴奋地拍掌低声喊道："好！这是开展革命工作的有效办法！请你尽快着手干起来，你一定能够做好！"

王福奎

在1931年这一年里，郑秾还先后介绍了寺底袁村（今属湖镇镇）的王福奎、溪底杜村（今属湖镇镇）的苏小弟、湖镇乡金村（今属湖镇镇）的周樟标、后大路村（今属湖镇镇）的周金海等加入红军组织。在日后的斗争生涯中，他们不断成熟、成长，个个成了意志坚定的红军骨干力量，为创建红二师、发展红军队伍立下了汗马功劳。

王福奎原名王岩壁，上过私塾，常替穷苦百姓书写诉讼状，与地主豪绅斗争。1926年11月，北伐军进军龙游，王福奎毅然投身军营，在军队里勤学苦练，不但学到了一些军事知识，还练就了高强的武艺。他为人豪爽，结交广泛，爱打抱不平，在地方上有着相当高的威望。

苏小弟

苏小弟原名苏洪林，小时候读过书，后拜师学武，学成后曾在东阳、义乌、汤溪开拳堂授徒。后来，他一边在家务农，一边开拳堂授徒，是溪底杜及周边村坊一号响当当的人物。

周樟标原名周富贵，家境贫苦，小时候拜师学武，练就一身好武艺。他性格刚烈，疾恶如仇，好为穷人打抱不平，是当地穷苦人的主心骨。

周金海原名周日星，祖籍江山，小时候靠乞讨活命。9岁那年，他与家人失散，流落到湖镇乡七都村，被一位会武功的青田籍单身男子收留，在做帮工的同时，养父还教他学武功、教他学说青田话。20岁那年，养父去世，周日星拜一位安徽凤阳人为师学武学医，8年后到杭州传授武功以谋生计。后来，他回到七都务农。周日星生性耿直，急公好义，体恤同情穷苦人，在穷苦百姓中有着一定的影响力。

周樟标

随着接触、交往的增多，邱瑞沛在郑秾心目中有了良好的印象。郑秾认为，邱瑞沛为人忠诚，处事干脆利落，是个信得过的人。于是，郑秾委任邱瑞沛担任交通参谋。从此，邱瑞沛经常以"赶会赌博"为名，往返于上海、杭州、兰溪、汤溪等地，从事交通联络工作。郑秾也多次带着邱瑞沛到杭州拱宸桥向党组织汇报工作。郑秾筹划建立的红十三军第二师接受上海中央局郊区党委领导，杭州拱宸桥设有红十三军军部的秘密机关。

周金海

张自强加入红军组织后，经常挑着货郎担沿村宣传革命道理，鼓动大家团结起来，反抗剥削压迫，并积极组建兄弟会、姐妹会等民间组织，发动劳苦大众参加红军，同时借用多处祠堂等场所办民校、夜校，传播文化知识、宣传进步思想，考察报名参加红军的人员。很快，张自强成为红二师的核心人员，是郑秾重要的得力助手，后来担任了红二师副师长职务。

王福奎参加红二师后，借管理水碓之便，开办"拳堂"传艺，结交正义之士，发展红军人员，成绩显著，后被委任为红二师的团长。

苏小弟则将家里开的小百货店作为红军联络点，他自己以贩卖"兰田三七"并专治跌打损伤的江湖郎中身份开展革命活动，在龙游、兰溪、汤溪、寿昌四县发展红军组织过程中出力颇多，后被委任为连长。

周樟标在家乡开办拳堂，积极宣传共产党和红军的政策，大力动员具有革命意识、革命倾向的青壮年加入红军组织，同时积极训练红军成员。他被任命为排长。

周金海在七都村一带以收徒授武艺和治病为掩护，向穷苦民众宣传共产党和红军的主张，宣传革命道理，在发展红军人员工作中成效突出，被任命为红二师师部通讯参谋。

4

郑秾在革命实践中逐步认识到，兰溪、汤溪区域红军能又稳又快发展，中共包塘殿党支部发挥了重要作用，要把龙游建成西进的稳固据点，必须建立党组织、依靠党组织。为此，他十分重视培养、发展共产党员，并决定首先吸收张自强加入党组织。一天，郑秾约张自强来到一棵大树下。两人坐下后，郑秾问："张自强我问你，中国共产党好不好？""这还用说吗？好的呀！"张自强不假思索地回答。"好在哪儿呢？"郑秾又问。张自强思考了一下，说："中国共产党领导劳苦大众反抗剥削、反抗压迫，组织领导红军打倒土豪劣绅、推翻国民党反动统治，建立苏维埃政权，让穷人当家做主，让天下穷人都过上幸福生活。中国共产党就是这样一个救苍生于水火的党组织，我说得对不对？""你说得没错！你愿意加入中国共产党吗？"郑秾又问。"我做梦都想成为像你这样的共产党员！"张自强脱口回答。随后，郑秾对张自强进行党的组织纪律等方面的教育，张自强听后站了起来，认真地说："我如果能加入中国共产党，你所说的要求，我保证做到，决不叛党！我成为共产党员了，就生是共产党的人，死也要做共产党的鬼！""既然你愿意加入中国共产党，我和兰溪包塘殿党支部书记王招进愿意做你的入党介绍人。"说完，郑秾从口袋里拿出一份自己画的《中国共产党入党申请书》交给张自强，说："你把这份申请书填写好交给我。党组织会对你进行进一步调查、考验的，到时候还会跟你谈话。党组织批准你入党了，就会通知你，还要为你举行入党宣誓仪式。希望你积极开展革命工作，不断努力，争取早日成为一名真正的中国共产党党员！"张自强激动地拍着胸脯表示："我一定服从党的安排，积极开展革命活动，接受党组织的考验！"

张自强填写了志愿入党申请书后，郑秾把申请书交给王招进，让他在中共包塘殿党支部讨论张自强入党的问题。

几天后，王招进找到郑秾说："中共包塘殿党支部认为张自强已具备一名党员的条件。"于是，郑秾与王招进一起找到张自强，在张自强家为他举行了庄严的入党宣誓仪式。郑秾拿出一块红布作为党旗挂在墙上，张自强站在党旗下郑重地举起右手宣誓："牺牲个人，严守秘密，努力革命，永不叛党。宣誓人：张自强。"宣誓完毕，郑秾、王招进、张自强三人的手紧紧地握在一起，彼此勉励："同志，共同努力！"此后，王福奎、邱瑞沛、苏小弟、周樟标、徐春发等人也先后加入了中国共产党。

郑秾发展红军工作向龙游县挺进，并不断向西拓展。为了顾及全局，方便联系，避免顾此失彼，通过考察，于1931年8月在兰溪游埠位于郑家、山塘沿之间的林来均家设立联络点，由林来均担任联络员。

包塘殿设拳堂开展革命活动相当隐秘，既有利于吸收红军人员，又可训练红军战士，提高红军队伍素质。根据包塘殿设拳堂的经验，经过再三考察、权衡后，郑秾决定在百斗畈村（今属游埠镇）马夫殿设立拳堂作为发展红军队伍的据点。这样，在红军活动的重心向龙游转移的情况下，既不影响兰溪、汤溪方面发展红军，还能及时了解分布在兰溪县西乡、汤溪县北乡的十几个乡70多个村红军人员近况，以利于联络开展各项革命活动，使龙游、兰溪、汤溪的红军组织形成一盘棋，便于统一谋划、统一行动，避免产生误会与失误。

1931年至1933年，郑秾在兰溪秘密组建红二师的活动据点——沙塘沿村红二师骨干林来均烈士家旧宅（2012年摄）

5

为把发展红军活动推向更广阔的区域，有更大的战略回旋余地，郑秾来到邻近龙游的寿昌县大店口附近石木岭村（今属建德市航头镇）秘密发展红军。石木岭村与龙游县志棠乡交界，只有四五十户人家，大多是温、台、处等地的移民。郑秾在石木岭村住在青田籍老乡郑富奶家，以教拳术和替穷苦人看病的方式与乡亲

1931年8月，郑秾在今游埠镇百斗畈村马夫殿设立"拳堂"，作为扩大红军队伍的据点（2023年摄）

们接触，很快秘密发展了郑安良、朱继赛、周大清等人参加红军。

有一天，郑秾得知石木岭闾长（相当于现在的村民小组长）邵志熙患病，便马上前往给予诊治。邵志熙煎服了郑秾配制的草药，经两三天调理，病情痊愈，为此他对郑秾十分感激。在为邵志熙看病时，郑秾不失时机地向他宣传革命道理，动员他参加红军。邵志熙是清末秀才，清朝垮台后继续读书，后来毕业于杭州政法学校。他阅读过不少进步书刊，参加过一些社会进步活动，思想开放，追求进步，有正义感。在与郑秾的几次接触中，对共产党和红军的政策有了更深刻的了解。因此，邵志熙接受了革命思想，毅然参加了红军。

邵志熙在当地威望高，很有影响力、号召力。他参加红军的消息传开后，石木岭村周新富、周立书、邵茂荣、邵柏松、周樟聚等人也纷纷报名参加了红军，而周边的水碓底、大店口、梅岭等村庄则先后有周大清等95名穷苦农民加入了红军队伍。为加强领导，郑秾任命邵志熙为区委部指挥，周大清为秘书。

邵志熙

9月25日晚上，石木岭和周边村的红军在偏僻的瓦塘背举行红军组织成立大会，参会的有郑秾、邵志熙、周大清、郑富奶、郑安良、周江美、徐林标等100余人。郑秾在会上进行演讲，指出革命就是要打倒帝国主义，推翻国民党反动派和地主阶级的统治，实行"耕者有其田"，鼓励大家团结起来坚持斗争。他说，对革命要有信心，革命一定会胜利的，穷苦民众当家作主的日子一定会实现的！会上，邵志熙宣读了参加红军的人员名单，宣布正式成立石木岭红军组织，并给每人发了红军的证件。证件用红布制作，4寸长，3寸宽，印有"中国红军第十三军第二师本部"字样，盖有"潘清堂记"篆体长方形印章，并分"士兵""战队""创队"几种。接着，大会举行集体宣誓仪式。在宣誓仪式后，郑秾专门交代了红军的联络暗号：骨干人员、士兵、战队分别称为"借块洋钱""借个角子""借个铜钿"，并要求大家严守秘密。石木岭红军组织成立后，即积极准备武装暴动事宜。会后，红军骨干邵志熙、周大清、郑富奶、吴延林等多次在石木岭附近的清塘源、西金坞、米塘陇等地秘密开会，研究贯彻红二师总部关于举行武装暴动的指示精神。

瓦塘背会议遗址（2013年摄）

郑秾和中共包塘殿党支部经过半年多时间的努力，红军人数迅速增加，红军活动区域快速拓展，现今的兰溪市永昌街道、赤溪街道、游埠镇以及金华婺城区罗埠镇前王（徐岳成妹妹家所在村）、胡店、湖田、章树等地都成了红军的活动地带，参加红军组织的人员遍及兰溪、汤溪13个乡76个村，达600多人。在龙游县东乡和寿昌县

郑秾用"一双筷子易折断，十双筷子折断难"作比喻，鼓励大家团结起来坚持斗争（《血沃龙丘》连环画）

大店口一带，红军力量也不断得到壮大，仅寿昌县的石木岭一带就有近百人参加红军。至此郑秾在龙游一带组织发展的红军总人数已达700多人。红军队伍的不断壮大和成熟，为组建新的红十三军第二师夯实了基础。但是，由于有部分红军骨干成员急于求成，只想着快速发展红军人数，没有严格按照程序、要求介绍人员加入红军，存在把关不严等问题，致使青帮小头目、朱金奎（绰号"朱讨饭"）等投机、流氓分子混进红军组织，由此为红军以后的革命活动埋下了隐患。

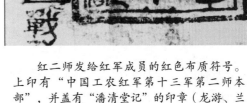

红二师发给红军成员的红色布质符号。上印有"中国工农红军第十三军第二师本部"，并盖有"潘清堂记"的印章（龙游、兰溪等地征集的档案资料）

6

郑秾自从在后屋村落脚至1931年下半年，已一年多没有回过青田老家了。如今在兰溪、汤溪、龙游一带组织发展红军进展顺利，他想到劳累一生的父母年事已高，而妻子孤身一人抚养儿子也不容易，就打算把父母、妻儿接到兰溪来生活。这天，郑秾乔装打扮后回到青田罗溪村，才得知父母已经去世了。他找到父母的坟，跪倒在地含泪焚香烧纸，表达对双亲深深的歉意。当晚，郑秾直奔吴岸乡应庄墙村岳母家。

吴柳钗突然见到郑秾，幻如梦中，既惊喜又伤心，紧紧抱着丈夫痛哭不已，"你怎么这样狠心，抛下我母子俩一走了之，不管不顾！"她用拳头捶打着郑秾后背，好像要把这么多年来的委屈都倒出来。儿子看到母亲抱着个男人哭个不停，很是茫然，只是抱着妈妈的腿呆呆地仰

郑秾回丽水青田看望儿子

望着他。"让你们母子受苦了！"坚强如钢的郑秾此时也不由得眼泪夺眶而出。"我带你们到兰溪去住，我们再也不分离了！"郑秾抱起儿子亲了又亲，愧疚地说。接着，他抹了抹眼泪，用双手捧起妻子的脸，帮她擦去满脸的泪水，随后将母子俩紧紧地拥入怀中。岳父、岳母都老态龙钟了，听郑秾说要把妻儿带到兰溪去，很是伤心。岳母数落了郑秾一顿，说："我跟你丈人身边只有这一个女儿，我们都老了，有个病痛谁来照顾？我们把女儿嫁给你，没有跟你享到一点福，那也就算了，谁叫我们命苦呢？你还要把柳钗带到那么远的兰溪去，到时候我们死在床上都没有人知道！我不许你带柳钗走！"岳父也表示不同意女儿、外孙住到兰溪去。郑秾耐心地对岳母、岳父讲了革命的道理，说他在兰溪一带结交了很多朋友，柳钗去了一定不会受委屈的。岳母听了，更加不同意了："我还不知道，当红军弄不好是要被杀头的。你把头别在裤腰带上，整天东奔西跑，哪会有安稳的生活？到时候连累她们母子俩怎么办？柳钗和外孙去兰溪，我坚决不同意！"吴柳钗看看两位老人，又看看年幼的儿子，想到丈夫整天游走各地，居无定所，随时都有可能被抓，就咬咬牙说："我和儿子还是不去吧，省得拖累你。再说我父母年纪都大了，确实需要我照顾，我不忍心离开他俩。你自己多保重吧！"突然，村子里的狗狂叫起来。郑秾意识到可能是乡自卫团得到消息来抓捕他了。吴柳钗也意识到情况不妙，用力推了一把郑秾，说："不好，快走！"郑秾立即从后门出去，隐藏在离岳母家不远的一棵大树后面察看动静。果然是乡自卫团来到他岳母家搜查。一番折腾之后没有结果，乡自卫团一群人灰溜溜地走了。这场有惊无险的乡自卫团搜查使得岳父母越发不肯让郑秾带走女儿和外孙，郑秾只得独自回了兰溪。没想到，这竟是郑秾与妻子、儿子和亲人们的最后一次告别。

红军队伍发展起来了，郑秾觉得需要有红军部队番号。1931年秋末，郑秾在郑家村沙塘沿（兰溪辖区）召开红军骨干成员秘密会议，提出筹建的

1931年秋末，郑秾在今游埠镇郑家山塘沿村召开红二师重要会议（2012年摄）

红军队伍为中国工农红军第十三军第二师（简称"红二师"），参加红军的正式人员除配发一块红布标识外，还想配发一顶写着"天下第一军"字样的笠帽。

根据郑秾的意见，张自强在龙游县东乡积极办民校、夜校，同时创设拳堂，以此考察红军发展对象，训练红军战士，加快发展红军队伍。为解决教员匮乏问题，郑秾派红军骨干人员王招进、吴世荣到下库村来传授武功，并吸收冷水村（今属龙游县溪口镇）私塾教员、中医师赖樟松加入红二师，并委派他担任民校、夜校教员。

7

随着红军组织在各地建立，金衢盆地的革命烈火已成燎原之势。郑

秾紧紧抓住农民的切身利益问题，一面利用国民党当局允许存在的农民协会以及"贫农会""兄弟会""姐妹会"等组织开展公开斗争，广泛发动秘密的红军人员和广大农民群众与恶霸地主、土豪劣绅作斗争，实行"二五"减租，同时借机宣传共产党和红军的主张，发动穷苦百姓团结起来抗捐抗税抗丁等，扩大红军的影响，激发群众参加红军的热情。

地主恶霸的田租越来越重，还按惯例要佃农们在8月份以前将全年的租谷、税钱交清。按照国民党《本党最近纲政决议案》中的"二五"减租规定，年内应该退还佃农25%的租谷（即：原定每石田2.5亩交租谷500市斤，实行"二五"减租后每石田500斤租谷降为375斤，佃农少交租谷125斤）。地主恶霸不甘心已到手的利益受到损失，千方百计阻挠与破坏"二五"减租，不肯按照规定退还租谷、税钱。1931年秋末冬初，郑秾与中共包塘殿党支部成员及红军骨干成员李汝林、林来均、徐岳成等商议决定：把穷苦农民发动、组织起来，采取多种方式在兰溪县孟湖一带、龙游县东乡等地开展"二五"减租运动，保护农民利益，扩大红军影响。

说干就干，郑秾、中共包塘殿党支部及红军骨干成员分头到各村宣传："地主老财田租越来越重，多收了佃农25%的田租。按照《本党最近纲政决议案》中规定，实现"二五"减租，原来交了100斤租谷，应该退还佃农25斤租谷或相应的税钱。我们辛辛苦苦种出来的稻谷不能白白地被地主老财霸占去，要把它要回来。这是政府规定的，大家不要怕，'农民协会''贫农团'会支持你们的！"佃农们听了都欢欣鼓舞。退还25%的租谷或税钱，对贫穷农户来说那是不小的经济收入。

下朱井头村恶霸大地主童凤生依仗自己当过省议员的资历，拒绝将该退还佃农的租谷、税钱退还，还扬言："我就是不退还，看他们能拿我怎么样！"佃农们敢怒不敢言。别的地主老财看到童凤生出面阻挠，都纷纷仿效，拒绝执行《本党最近纲政决议案》中"二五"减租的规定。

郑秾与中共包塘殿党支部成员及红军骨干李汝林、林来均、徐岳成等商议："擒贼先擒王。要把'二五'减租实行下去，就必须全力以赴拿下童凤生这个恶霸大地主的'癞痢头'！"他们一面秘密组织地下红军战士大力开展宣传发动，带领后屋村、猪母山脚村一带佃农100多人，一起挑着箩筐、背着布袋，浩浩荡荡去下朱井头村童凤生家。这支由佃农组成的队伍到达童凤生家门口后，几个地下红军战士把童凤生叫了出来，然后大家齐声高喊："我们到你家来，要你退租了！"童凤生要赖，说："别人退租我就退。"大家又一起喊："今天一定要你先退租，别人那里我们也一定会去退租的！"李林汝向前一把抓住童凤生的手，大声问："你到底答应不答应退租？你不答应，就别怪我们把你楼下那个五百担头的谷仓打破、自己动手了！"童凤生料想不到佃农们会如此果决，顿时慌了神，面孔铁青，额上冒出汗珠。他向李林汝哀求道："请先放手，我答应退租。你们等一等，让我先把应该找退的租谷逐户算出来再来吧。"大家商议了一下："如果他耍手段，说话不算数，明天不肯找退租谷给大家，我们就发动更多的人来，打开他的谷仓退租谷！"商定后，就与童凤生约定第二天再来称该退的租谷。接着，大家挑着箩筐、背着布袋去溪童村地主童阿林家要退谷。童阿林见童凤生都软了，又气又

郑秾与林来均、王招进带领一批红军战士和佃农们一道，与童凤生开展斗争，迫使童凤生答应如数退还租谷（《血沃龙丘》连环画）

怕，只得无奈地说："童凤生都答应退谷了，我也先算好账，你们明天来挑租谷就是。"

郑秾、徐岳成等担心童凤生这些地主恶霸使阴招，就做了两手准备。他们写了诉状，向国民党金华法院提起诉讼，要求法院秉公判决，执行"二五"减租，保障民生。法院迫于民情汹汹，只得依照《本党最近纲政决议案》判佃农胜诉。童凤生接到判决书，只得执行"二五"减租。于是，佃农们兴高采烈地去童凤生家领取退回的租谷。与此同时，溪童村地主童阿林也如数退还了该退的租谷、税钱。

一石激起千层浪。在接下来的日子里，很多其他地方的地主老财见"二五"减租大势所趋，也只得把多收的25%的租谷、税钱退给佃农们。

龙游地区的地主老财几年前已经尝过农会领导农民进行"二五"减租的滋味了，他们一想起来后背就发凉。如今又听说兰溪、汤溪开始闹退租了，所以农民百姓们一到门口，地主老财们就都只好乖乖地答应退租谷、税钱。

但兰溪这边还有些地方的恶霸地主对穷苦百姓耍花招，拖着赖着不肯退回按规定该退的租谷、税钱。郑秾和红军骨干一面率领地下红军人员和农民天天到恶霸地主家去闹，一面向金华法院提起诉讼赢得"官司"。结果，减租斗争不断取得胜利，红军在广大群众中的威信大增，也增强了广大群众团结起来反抗剥削压迫的信心。

当年恶霸地主童凤生的房屋（1993年摄）

有的地主恶霸平时欺压穷苦百姓惯了，不甘心在穷人面前既失了钱粮又丢了面子，就变花样、耍诡计，企图把蓬勃兴起的"二五"减租运动打压下去。

1931年秋，汤溪罗埠地区唐家村地下红军人员林岩载按照郑秾提出的要求，宣传动员周边村庄穷苦农民团结起来，开展"二五"减租斗争。土豪劣绅觉察到林岩载到处搞"串联"，对穷苦百姓进行鼓动宣传，就买通国民党汤溪县政府，状告林岩载"宣传共党政策，组织红军，要造反"。于是，国民党汤溪县警察局将林岩载拘捕关进监狱，并放火烧掉了林岩载居住的茅屋。国民党汤溪县法庭审讯林岩载，威吓道："有人状告你宣传共党政策，组织红军，要造反。你从实早招，可从轻发落，也少受皮肉之苦，否则你还会连累家人遭罪！"林岩载冷静地回答："《本党最近纲政决议案》规定'二五'减租，这是共产党的政策吗？红军是怎么样的我都不知道，叫我怎么招？"在郑秾等人想方设法营救之下，林岩载在监狱里关了三个月后被释放了。土豪劣绅见林岩载被"无罪释放"，也只好按照"二五"减租的规定把租谷、税钱找退给佃农们。有了红军组织做靠山，林岩载被释放后没有畏惧，继续发动群众开展革命活动。

汤溪县北乡乡长张明明、西张村劣绅张宝源等人由于不肯执行"二五"减租，井塘下村张马根及郑家村董德和等秘密红军人员就连夜到他们的田地里割粟，以示警告。于是，张明明、张宝源等土豪劣绅联名以"张马根等参加了红军，割粟是集体行动，想造反"为由向国民党汤溪县政府告状。1932年除夕，国民党汤溪县政府派警察到郑家村抓走了董德和父子四人。在审讯中，董德和父子始终不承认秘密参加红军等事。郑秾获悉董德和父子被捕，立即动用各种关系进行营救。三个月后，由下章村村长老根头、下王乡乡长小樟喜、河北乡乡长米古头三人到国民党汤溪县政府作保，董德和父子四人被释放了。

1932年春，兰溪县孟湖地区土豪劣绅和财主采取"釜底抽薪"的办法，买通水亭警察分局头子，以"结伙闹事""扰乱社会"等罪名抓捕了搞减租运动的积极分子李林汝、叶志良、夏金楷，企图把蓬勃兴起的"二五"减租运动打压下去。郑秾和夏炳文等人一边串联，发动包塘殿、母猪山脚一带100多名群众到水亭警察分局门前集会，要求放人，一边发动群众联名盖章，前往金华法院控诉土豪劣绅目无法纪、滥捕无辜。通过据理力争，金华法院最终以"无原告实际人"作出裁决，敦促水亭警察分局将李林汝、叶志良、夏金楷三人无罪释放。

8

"二五"减租运动取得了一个又一个的胜利，极大地打压了恶霸地主欺压百姓的气焰，进一步提高了郑秾和红军在百姓中的威望，坚定了红军成员革命一定会成功的信心，增强了群众对团结起来力量大的认识，红军活动区域迅速扩大，参加红军的人数快速增加。郑秾把保护穷苦百姓的利益与宣传发展红军组织结合起来，利用一切机会和土豪劣绅进行斗争，借以团结教育群众，秘密发展壮大红军组织，积极准备武装暴动。同时，努力争取联合方志敏领导的红军第十军，为建立红二师、建立游击根据地、扩大闽浙赣革命根据地进行不懈努力。

1932年3月的一个晚上，郑秾在汤溪北乡（现兰溪县游埠镇）上王村山背召开龙游、兰溪、汤溪、寿昌4县100多名红军骨干成员会议。会上，郑秾说明了成立中国工农红军第十三军第二师的准备情况，通报了组织发展红军的大好形势。他说："中央红军反'围剿'斗争取得了一次又一次的胜利，队伍不断发展壮大，革命根据地不断扩大，苏维埃政府不断巩固。方志敏创建的红十军已经打过来了，他创建的闽浙赣根据地已扩张到开化县。我们也要把红二师的队伍发展壮大起来，把红二师的活动区域从兰溪、汤溪不断向龙游、寿昌推进，然后以龙游为据点向西拓展到衢州、江山、开化、玉山，与方志敏创建的闽浙赣根据地连成一片。我们红二师成立后，要大力开展打土豪分田地斗争，建立金衢盆地革命根据地，建立穷苦民众当家作主的苏维埃政府，配合中央红军反'围剿'。"郑秾在分析了革命形势后，就斗争的方式方法和策略作了阐述，指出："红二师目前的目标是开展'二五'减租斗争，保护穷苦农民的利益，树立起红军的威信。条件成熟后，就是建立革命根据地和苏维埃政府，打倒资本家和土豪劣绅，消灭剥削阶级，推翻封建主义、帝国主义、官僚资本主义，实现'耕者有其田'，让穷苦百姓挺直腰杆做人。我们红军的最终目标，是建立新民主主义中国，真正实现穷苦民众翻身做主人，过上和苏联人民一样的幸福生活。"他还特别强调，在当前形势下，加入红军的全体人员务必严格遵守组织纪律，保守组织秘密。这次会议，让大家进一步明确了奋斗的目标、方向和斗争的策略。与会人员在一起喝了香灰酒、对天发誓后散会。

兰溪游埠上王村"红二师"骨干大会旧址（2012年摄）

召开会议当晚发生了一件事：深夜12时许，下王村土豪王正新（俗名小根喜）从游埠集镇回家，在路过上王村山背时被红军设下的岗哨扣押。"是谁派你来的？你要老实交代，不然就对你不客气！"在审讯时，红军战士神情严肃。王正新战战兢兢地说明是到游埠逛集市回来。"我们在这里干什么，你知道吗？你敢报告国民党政府吗？如果你去报告，你想过你和你家人会有什么结果吗？"红军战士十分威严地警告道。王正新浑身发抖，汗珠从脸上流下来，结结巴巴地表态："我……我什么……都没看见。请……请你们行行好，放……放了我吧！我以生命保证……保证不去报官，也不……不对别人讲，决不泄露你们的机密，决……不破坏。否则，随……随你们怎么处置。"并写了保证书。回家后，王正新被吓出一场病，老老实实待在家里，没去向国民党当局报告。

百名骨干大会后，郑称由龙游七都乡隔塘村叔伯娘舅林有仁陪同，到居住在上佃铺村的林有仁弟弟林远仁家开展活动。这以后，郑称将发展红军的活动重心从兰溪包塘殿、马夫殿转移到龙游县东乡一带，并以隔塘村为中心，上佃铺、希唐、下库、上杨也被作为重点活动据点。郑秾分别以林远仁、林有仁、邱瑞沛家为主要落脚点开展革命活动。他串村走户行医，设拳堂教武术，与广大群众进行接触、交流，宣传革命思想，讲江西、浙南等地红军打土豪分土地、攻打县城、开仓济贫等情况，以"一根筷子易折断，一把筷子折断难"作比喻通俗易懂地讲明"团结起来有力量"的道理。郑秾还向乡村小知识分子、小学教员、失学青年介绍俄国十月革命和马克思列宁主义，推荐进步

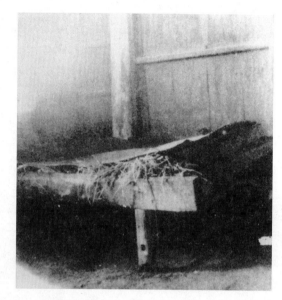

郑秾在邱瑞沛家睡的床（龙游档案资料）

书籍。郑秾和红军骨干成员在宣传组织农民过程中，竭力主张在农村进行彻底的土地革命，实现耕者有其田。郑秾与红军骨干成员所开展的广泛、深入的宣传工作，逐渐为广大贫苦农民、手工业者、知识分子乃至小商贩们所接受，奠定了发展红二师的政治基础、思想基础、群众基础。

　　龙游县域由于几年前中共龙游独立支部、中共龙游县委开展过轰轰烈烈的革命活动，播下了革命的火种，具有一定的群众基础。因此，在郑秾和红军骨干人员的积极宣传、发动下，龙游地区迅速掀起参加红军的热潮，到1932年红军活动几乎遍及龙游县湖镇镇及周边地区。郑秾按照西进计划，指示红二师骨干成员努力向社阳、溪口、志棠方向发展革命力量，逐渐将人多、粮丰的兰溪、汤溪、龙游湖镇镇及周边乡村打造成为红军组织的大后方，同时把社阳、溪口等山区建成游击基地，以此不断拓展西进道路，实现进入开化县、融入赣东北革命根据地的目标。

1932年4、5月间，郑秾头戴大礼帽，身穿白大褂，手提藤篮，装扮成郎中在乡间行医。在七都乡上佃铺村村民张冬苟（原籍青田县人）带领下，他到上圩头乡（现属东华街道）上杨村张冬苟的表哥周汝荣家（原籍青田县人），给周汝荣医治烂脚。在郑秾的悉心医治下，周汝荣的烂脚好得很快，他对郑秾心怀感激。郑秾见时机成熟，就因势利导向他宣传革命思想、红军的性质和使命：红军打国民党反动派，打土豪劣绅，保护劳苦民众利益。郑秾对周汝荣说：参加红军能分到田地，如果发展10名红军战士可做班长，发展50名可升为排长。周汝荣听了，当即表示："我愿意参加红军组织，跟着郑师长干革命！"郑秾和张冬苟作为周汝荣的介绍人，按照程序吸收他加入了红军组织。周汝荣参加红军后，动员其堂兄周荣贵、堂嫂王樟英、小姨父吴合荣、邻居吴文荣等也参加了红军组织。

吴文荣在村里开了一爿小杂货店，郑秾经常在这爿小杂货店里宣传共产党和红军带领劳苦大众闹革命、打土豪分田地的情况。有一次，郑秾在小店里宣传时，被路过的村里小学校长吴守华听到了。吴守华就及时提醒大家："你们公开讲共产党、红军的事，如果被国民党知道了，是要被抓去坐牢杀头的！"郑秾听了，觉得此人有文化、警惕性高，就留意上了。郑秾向小店店主吴文荣等人了解吴守华的情况：吴守华又名春林，祖籍遂昌，祖上在龙游太平天国战争后迁移至龙游上圩头上杨村定居，但因是"外来户"常受欺凌。吴守华为摆脱受人欺凌的困境，就发愤读书，以优异的成绩考入省立八师（衢州师范学校），毕业后受聘于龙游北乡的模环小学任教。然而，模环小学在豪绅的欺占下，有校无教，学生入学无门，吴守华便辞去模环小学教职，回上杨村办学，但仍遭到村里豪绅百般阻挠、一再发难，杨氏族长更是拒绝他在杨氏宗祠内办学。吴守华百折不挠，毅然把自己家的房屋腾出来做学堂，自任教师和校长。他知识渊博，教学有方，很快声名鹊起，前来求学者激增，就连邻村也有很多乡亲送子弟要

吴守华

求入学。他思想进步，性格耿直，对黑暗社会强烈不满。

当了解到已加入红军组织的吴合荣是吴守华的胞兄后，郑秾就指派吴合荣去做吴守华的思想工作，动员他参加红军，然而吴守华对郑秾了解不深，没有轻易表态。其实，吴守华早在1927年就加入了中共龙游特别支部，富有斗争策略，警惕性高，行事谨慎。于是郑秾亲自上门，把一些进步书刊给他阅读，还向他介绍了自己的经历，但吴守华仍未作表态。过了一段时间，吴守华到杭州去探望一位同学，他的这位同学已加入了中国共产党。吴守华在与这位同学的交谈中了解到的浙南红十三军情况与郑秾讲的基本一致，从而解除了对郑秾的戒备。回到上杨村后，吴守华找到郑秾，主动要求参加红军。郑秾激动地拥抱了吴守华，说："十分欢迎大才子加入我们红军队伍！有你的加入，龙游红军的发展会更快、更好！""郑师傅过奖了！为了革命事业的成功，我一定竭尽全力，赴汤蹈火在所不辞！"吴守华诚恳地表示。郑秾和红军成员杨寿富作为他加入红军组织的介绍人，吴守华宣誓："我志愿加入红军，遵守红军纪律，保密红军活动，不出卖红军组织，不出卖红军战士，若有反悔背叛，雷打火烧，肉烂东、骨烂西，不得好死！"宣誓完毕，三人捧起香灰酒："一敬天！二敬地！三敬战友同生共死！"一饮而尽。为安全起见，吴守华化名周一公。吴守华参加红军后，以教员身份，积极开办民校，教民众识字，常以"天下为公"为主旨宣传革命，向民众灌输反专制、反独裁思想。为顺应青壮年的喜好和需要，他还创办拳堂，以此发展和壮大红军组织。后来，吴守华放弃教职，全力以赴投入革命事业。

上杨村还居住着一户江西籍的篾匠鄢金海。鄢金海在江西时已参加了红军，在一次战斗中与部队失散，国民党反动派要抓他，就潜逃到上杨村的远房亲戚家避难。当他得知郑秾是共产党派来在龙游发展红军的，十分高兴，主动找到郑秾说明自己的情况，提出参加红军组织的请求。郑秾握着鄢金海的手，说："欢迎，十分欢迎！你有参加江西红军的经历，这太好了！我们正缺像你这样的人。我们在龙游发展红军，建立游击根据地，然后不断向西拓展，与江西革命根据地连成一片，与方志敏领导的红十军会合，希望你好好发挥作用，为我们的目标努力！""郑师傅，为革命事业，我一定勇往直前！"鄢金海激动地表示。鄢金海参加红军后，努力实践自己的承诺，一心扑在发展红军组织事业上，利用上门做篾工的机会宣传共产党的性质和政策，讲述中国共产党在江西发展壮大红军队伍，建立穷苦百姓的政权——苏维埃政府以及打土豪分田地的真实情况。穷苦村民听了深受鼓舞，在上杨村及周边村庄掀起了亲戚介绍亲戚、朋友介绍朋友参加红军的热潮，在短短的一段时间内，仅上杨村就有100多人报名参加红军队伍。

在此期间，郑称在龙游区域除发展培养了红军骨干吴守华、鄢金海外，还先后发展培育了七都乡隔塘村的徐行，龙游镇（现东华街道）张王村的章耀麟，湖镇镇后大路村的刘协鑫，溪口镇冷水村的赖樟松，湖镇镇下库村的夏金祖，社阳乡的巫枝林，朝阳（士元）乡的商嘉通、汪鹤年，以及杨春富、季永昌、叶仁、徐樟苟（徐章苟）、廖贵发、王春富、王长芝（名金山）、吴樟培、黄昌金、吴有根、潘金水（名塘洋）、吴中柱、王如方、黄阿树、赖雨云（名如云）、王樟春、姜馁馁（名姜衡）、汪岳标、罗成荣等一大批红军骨干成员，为龙游地区发展、壮大红军队伍奠定了基础。

徐行

徐行原名徐进魁，又名储白，家境贫困，高小毕业后由于找不到合适的工作，一直在家务农。他对黑暗社会深为不满，对反动政府、恶霸地主欺压穷苦百姓的行径极为痛恨。徐进魁受共产党活动的影响，思想进步，为人处事又机智能干，参加红军后改名徐行，跟随郑称不辞辛劳四处奔波，出色完成了各项任务，成了郑称的贴身秘书，后又被任命为师部秘书。

章耀麟

章耀麟原名章耀庭，经营粮食生意，家境较富裕。他高小毕业后，先后在张王村和相邻村任小学教员，平日里经常阅读进步书刊，接受了进步思想。加入红军组织后，他一直从事后勤保障工作，在红二师准备暴动期间呕心沥血筹措军粮，卓有成效。

刘协鑫乳名金贵，原名逸鑫，又名叶心、王胜生。他家庭富裕，有较高文化程度。为人热忱和气，乐善好施，在青黄不接时节贫苦百姓向他求借，他从不推脱，有求必应。他经常借阅进步书刊，同情农民开展"二五"减租活动。因刘家屋大院深，坐落地处偏僻的隔塘村的衢江畔，又单门独户，郑秾将其作为一个重要联络地点，由刘协鑫担任联络员，凡外地红二师主要成员来龙游找郑秾，都在他家落脚碰头。刘协鑫有较强的活动组织能力，为红二师的发展做了很大贡献，后任红二师营长职务。

刘协鑫

赖樟松原名赖裕财，别名继松、纪松，于溪口中和小学毕业后担任小学教师。他深切同情劳苦大众，在目睹穷苦老百姓遭受疾病痛苦又无钱医治的境况后，就潜心自学中医。24岁那年，他学医有成，开始了行医生涯，由于总怀仁心救治病人，赢得了良好的口碑。郑秾在以行医为掩护开展革命活动期间与赖裕财相识，通过考察后与红军成员潘金水介绍他加入红二师，改名赖樟松。赖樟松加入红军组织后，以行医为掩护，积极宣传共产党和红军政策主张，发动穷苦民众参加红军，成为红二师在龙游的一名重要骨干成员。

赖樟松

夏金祖原名夏贞祖，以打砻（砻谷工具）为生，工艺精湛，深为客户欢迎。当年的打砻户大多是地主和豪绅，他备受欺凌，常年遭受拖欠克扣工资之苦，这使得他憎恨剥削阶级。经郑秾和红军成员周正荣介绍，夏金祖参加了红二师，

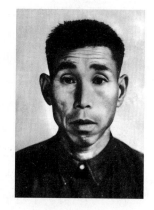

夏金祖

化名周二五。此后他仍以打砻为生，对那些地主、豪绅用砻户更加"热忱服务"，以博得他们的欢心，借此了解敌人的动向，为红二师提供信息，成为红二师的重要情报员。

郑秾计划抽时间向上级领导汇报，申请在龙游建立基层党组织，进一步增强红军的凝聚力和战斗力，使红军组织能快速、健康发展。他先后培养、吸收刘协鑫、赖樟松、夏金祖、巫枝林、徐行、汪鹤年等人加入了中国共产党。

郑秾在湖镇一带发展红军时，朝阳乡桥头江村（现属模环乡）的江天吉得知后，通过他的师傅、红军人员朱金奎的介绍，加入了红军。江天吉是个富户，有一定的文化程度，为人奸诈，是本地的恶霸、流氓，惯于见风使舵。他听说红军带领贫苦农民开展"二五"减租，还要建立革命根据地，打土豪分田地，建立苏维埃政府，就打起了如意算盘：参加红军组织，眼下可保住自家的财产，将来红军如果革命真的成功了还可捞个一官半职，如果不会成功再另做打算，反正现在加入红军是秘密的，官府也不会知道。江天吉混入红军组织后，表现得十分积极，一方面尽己所能为红军解决物资短缺问题，一方面也进行革命宣传，为发动群众、壮大红军力量出力。江天吉的表现，使郑秾、张自强等人对他十分信任。然而，江天吉却成了红二师日后的一颗致命炸弹。

9

1932年春，随着红军队伍的日益发展壮大，郑秾在隔塘村召集红军骨干人员开会，宣告成立"中国工农红军第十三军第二师"（简称"红二师"）的条件基本成熟。根据红军人员的分布情况，会上进行了统一编制：决定设立师部；师部下设区委部正副指挥、村委部正副指挥，还设立农村部和妇女部；按村庄大小和参加红军人员多少，分别设小队、中队、大队或班、排、连、营、团的建制。会上颁发了"中国红军第十三军第二师本部""区委部正副指挥""村委部正副指挥"和"农村部指挥"等印章。在这次会议上，强调了红二师的西进战略，向江山、玉山、江西方向发展，努力争取联合方志敏领导的中国工农红军第十军，将红二师的活动区域与方志敏创建的闽浙赣根据地连成一片，同时广泛开展群众性的游击战争，建立金衢盆地游击区。会议提出，红二师成员上至师长郑秋，下至普通红军战士，平时无论是分散在各村还是居住在各自家里，务农还是做工、做生意，农闲或夜晚必须要到红二师公开举办的民校、拳堂学习文化、练习拳术、接受思想教育和军事训练，并利用一切机会宣传群众、团结教育群众，与土豪劣绅进行斗争，进一步扩大红军的影响，大力秘密发展红军队伍。会议强调：一旦举行暴动，马上按编制单位参加战斗！

会后不久，郑秋分别在七都、白地圩和九里坪等地一边考察，一边召开了各有数百人参加的群众大会，宣传共产党和红军的政策，号召穷苦百姓团结起来维护自身利益，动员广大穷苦百姓参加红军。"打倒地主，我们穷人就有屋住、有土地耕种，就有地位、有出头之日了！共产党、红军就是带领大家打倒剥削阶级、翻身做主人的！"

是年夏的一天，郑秋率领100余名红军指战员，在建德县七里垅、沙湖镇一带秘密进行训练活动。

突然，侦察员急匆匆跑来报告："在前面不到一里远的地方，有省保安队30多人正向我们这边行进。"郑秋想，省保安队对我们的底细不清楚，应该战斗力也不强，这送上门来的"肉"应当吃掉。训练营所处地理位置山势险峻，他指挥红军战士秘密占领两边山头的制高点和山涧隘口，命令："各队一半人埋伏起来迎敌，一半人隐蔽在后山腰悄悄运送石头、木头，等敌人走近了，先用石头、木头砸，再开枪、放箭！"当省保安队30多人大摇大摆进入伏击圈时，郑秋高喊一声："打！"两边山上的红军战士奋力将石头、木头等砸向敌人，打得敌人不知所措、鬼哭狼嚎，有的被砸死，有的被砸伤，有的抱着头趴在地上不敢动……省保安队头头清醒过来后，大喊："快撤！快撤！"此时，枪声大作，慌乱之下省保安队队员们来不及放一枪，丢下几具尸体拼命逃窜，个个只恨爹娘少生自己两条腿。红军战士如猛虎下山，奋勇追着敌人打。缓过神来的省保安队头头命令手下架起机枪疯狂扫射，企图阻击红军，然而哪挡得住勇猛的红军战士的冲杀！省保安队最后只得落荒而逃。郑秋清楚，失败了的敌人是不会善罢甘休的，一定会调集兵力来围攻红军部队。他命令红军战士停止追击，打扫战场，向七里垅方向撤退。红军战士拿着缴获的战利品高高兴兴地撤退到七里垅山里。

附近的国民党驻军、警察、保安队听到枪声，颇感意外。省保安队派数倍于红军的兵力火速增援，一边命令周边各县、区（镇）调集兵力围攻红军部队。约半小时，百余人的省保安队火速赶到红军训练之地，却扑了个空。他们沿着红军撤退过程中遗留的痕迹一路追赶。邻近各县、区（镇）也都派出兵力，有的在路口设卡，有的进入山地围堵。郑秾率领红军部队在山林中与敌人展开游击战，发现小股的敌人就地消灭，遇到强敌就绕开。晚上，郑秾带着十几个身强力壮的战士偷袭敌营，消灭了部分敌人后就撤离，搞得敌人晕头转向。

两昼夜战斗不停息，国民党继续不断调集兵力赶来增援。在寡不敌众的情况下，郑秾命令部队分散突围，突围后各自潜伏下来。红军虽然武器装备差，但战士们个个作战英勇顽强。浙江省保安处处长俞济时也不得不承认："农民军枪弹虽少，抵抗力却很强。"俞济时下令搜捕红军指战成员，但终因红军行动秘密和迅速，杳无踪迹，不了了之。

这次战斗之后，郑秾再次转入地下活动，到龙游、兰溪、汤溪、金华、衢县、寿昌一带秘密发展红军。他又先后在七都白地圩的大宇殿和社阳乡九里坪等地考察，发动群众参加红军。

10

1932年8月，郑秾在湖镇彭塘村的砖窑里召开龙游、兰溪、汤溪、寿昌等县红军骨干会议，宣布"中国工农红军第十三军第二师"正式成立，并就有关人事作了安排：郑秾任师长，张自强为副师长，徐行为师部秘书，邱瑞沛为师部交通参谋，林云熙为师部政治参谋，周金海为师部通讯参谋（后章耀麟为师部粮食参谋），吴樟培、郑炳根、陈荣发、张冬苟、梅秀英为师部通信员，江天吉、徐岳成、周大清、胡凤金为师部文书；王福奎、吴守华、刘协鑫、林来均、李林汝、邵志熙为区部正副指挥长；赖樟松、黄庆云、苏小弟、夏贞祖、周樟标、王招进、夏炳文、许起尧、吴思荣、巫志林为村部正副指挥长；胡文金、郑贡元、杨进成、吴阿奶、叶兰汀、徐樟苟、王金生、王春根、梅文傅、武玉奶、朱卸苟、汪顺有、林樟树、商嘉通、龚景成、张樟松、李清楷、余仁开、沈香科、沈道有、王树福、吴树高、吴老岳、吴金兰、林春有、王老克、刘林生、魏立德、刘朝基、张樟荣、周凤翔、张顺川、潘金水、汪鹤年、王长芸、徐马昌等为农村部指挥。在成立大会上，郑秾提出："为更快、更好地发展壮大红二师，各位红军战士要积极做贡献，有钱出钱，有武器出武器。红军部队壮大了，战斗力就强大了，胜利就更有希望了。"在红二师成立大会上，全体成员举行了集体宣誓仪式。

会后，红二师加大力度搜集、购买枪支、手榴弹、大刀、梭镖等武器，为暴动做准备。

江天吉参加红军后，眼见得红军队伍迅猛发展，不免为自己的选择感到庆幸，认为自己参加革命这一"宝"押对了，于是就得意忘形起来。红二师正式成立后不久，江天吉送女儿去上海读书。他在从上海返回龙游途中路过杭州时，竟在公开场合宣传俄国十月革命道路，宣传共产党和红军主张、革命宗旨，结果被浙江省保安处

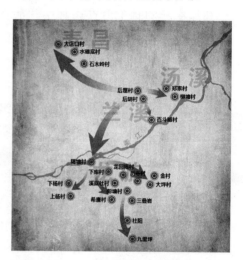

组织扩张图

侦悉，当场遭到逮捕。在阴森森的审讯室，江天吉看到各种各样沾着血迹的刑具，不由得寒毛直竖，满头冒冷汗，浑身发颤，把参加红军时立的誓言丢到九霄云外去了。"当众宣扬共党这个好、那个好，你吃了熊心豹子胆了？你是哪里人？参加了'共匪'什么组织？从实招来，如果隐瞒，就叫你吃吃苦头！"保安处审讯人员猛拍一下桌子，喝道。江天吉早被吓得魂飞魄散了，什么"理想""信仰""宗旨"都忘得一干二净。他慌忙结结巴巴一五一十地招供：自己是龙游人，家住朝阳乡桥头江村，家境富裕，因为红军搞"二五"减租，为了自保才参加了红军。为了表示自己是"真心悔过"，他又把自己了解的龙游红军发展情况作了供述，还供出郑秾等红二师主要领导。随后，保安处责成他写了"自首书"。"你能迷途知返，很好，你可以回家了。回家后，你不要透露

你被我们抓的事，仍然在红军里做事，明白吗？从今以后你就是国民政府派在'共匪'里的卧底，'共匪'的情况要及时汇报给龙游县政府，大事也可以直接向省保安处汇报。"江天吉如释重负，意识到自己的命是保住了，意外地还成了为政府做事的人。他连忙哈腰说道："你们就是我的再生父母，我一定听你们的话、照你们的吩咐去做！"保安处的头头特地召见了江天吉，向他布置任务："你留在红二师内，要表现得更积极，在此同时千方百计刺探红二师的活动情报，发现重大情况就及时报告！根据你报告的情报的价值，你会得到应有的奖赏的。"江天吉满口答应。

江天吉回到龙游后，表现得比往常更加积极了。他经常捐钱捐物救济贫苦百姓，到处宣传共产党和红军的主张、革命宗旨，及时提醒、催促别的红军人员去夜校、拳堂学习、训练，还主动在夜校滔滔不绝地发表演说鼓动群众参加革命……郑秾、张自强等红二师领导对江天吉很是信任，任命他为师部文书。作为师部文书，江天吉窃取红二师的机密就更方便了，这颗埋在红二师队伍里的"炸弹"变得愈发凶险。

9月13日（农历八月十二），永嘉县楠溪派来李逸民、周俊乡、老王三位红军领导。当天晚上，兰溪杨麻车村李林汝家召开红二师在兰溪、汤溪区域骨干成员会议，吴思荣、吴思昌、王招进、胡文金、徐岳成、李林汝、林来均、夏炳文、叶兰汀等12名红二师骨干参加。郑秾因在龙游有事未能出席，由林来均主持会议。李逸民在会上讲话，提出要为龙（游）兰（溪）汤（溪）三县的组织编制成立筹备委员会，并作了关于贯彻马列主义革命精神的报告，鼓励大家把革命进行到底。这次会议的召开，意味着红二师已经与浙南原有的红军组织、游击队取得了联系。

1932年11月，红二师在龙游县东乡的上佃铺村召开龙游、兰溪、汤溪、寿昌等县红二师骨干成员会议，到会人员100余人。副师长张自强主持会议，师长郑秾在会上再次阐述了红二师开展斗争的方略，强调红二师要争取与方志敏领导的红军会师，要把红二师在龙游、兰溪、汤溪、寿昌等县的活动区域和闽浙赣根据地连成一片，要建立苏维埃政府等。会议对红二师分布在各地的成员的建制、序列作了系统安排和部署，要求大家提高警惕，时刻注意保密，防止敌人破坏。

12月，郑稑吸收七都乡张王村（今属龙游县东华街道）家境富裕、高小毕业后担任小学教员的章耀麟（又名耀庭）加入红二师，并经过考察后委任他主管军粮，并任命他为军部粮食（后勤）参谋。从此，章耀麟由教员改为从事粮食"贩卖"，为筹措红二师准备暴动的军粮殚精竭虑、呕心沥血。

1932年11月，在今龙游县湖镇镇隔塘行政村上佃铺自然村召开龙、兰、汤、寿四县红二师骨干成员会议（2012年摄）

这年冬，汤溪节门张村村长、大地主张敏明等劣绅恶霸觉得本村和周边地区似有红军活动，就联名向国民党汤溪县政府报告，还特别指明埚山金村有哪些人是嫌疑对象。除夕之夜，张敏明带领一群狗腿子来到埚山金村邻长（等于甲长）董玉楷家，把董玉楷、董德金、董德沛、董德和父子四人抓去，送汤溪县军法处审问。董玉楷等虽然遭受多次刑讯，但他们咬紧牙关拒不承认自己是红军，没有泄露红军组织的任何机密。1933年农历四月初，董玉楷父子被作为红军嫌疑人处理，取保后释放回家务农。

这期间，郑家村的林来均因开展活动频繁，引起敌人的注意。为了不给红军组织造成危害，林来均躲避到兰溪北乡等地，以做临时忙月工为生，同时继续开展发展红军活动。作为红二师骨干成员，郑稑每次召开重要会议都会通知林来均参加，而林来均也都会悄悄赶到约定地点参加会议。

11

1933年2月，郑稑为了能得到方志敏领导的闽浙赣根据地党组织和红十军的支持与帮助，实现既定目标，带领师部秘书徐行（徐进魁）到江西省弋阳县、横峰县一带寻找方志敏部队。由于国民党封锁严密，又没有熟人引路，郑稑、徐行此次寻访无功而返。在返回途中，经过江山县

1933年初，郑秾带领师部秘书徐行前往江西弋阳、横峰一带，寻找方志敏领导的部队，因国民党封锁严密，无功而返（《血沃龙丘》连环画）

新塘边一带时，郑秾指示徐行找到迁居此地的本家宗亲了解红二师在这一带活动开展的情况，还发展了10余人参加了红二师。

是年3月初，郑秾又委派副师长张自强带领鄢金海等两名江西籍红二师成员，赴江西省玉山县等地再次寻找方志敏，也未如愿。张自强他们在借住玉山县白石堆时，引起国民党当地政府的怀疑，很快就被国民党警察包围。在当地群众帮助下，张自强、鄢金海等终于脱险。张自强回到龙游后不久就结婚了，但他没有沉湎于新婚宴尔的甜蜜之中，仍在夜校、拳堂忙碌，发动群众参加红军组织。

5月，适逢国民党中央军校（前身是黄埔军校）在杭州招生，郑秾考虑到红二师急需培养军事人才，就打算派秘书徐行去报考。他问徐行："让你离开家，去杭州报考国民党中央军校，你愿意吗？""只要红军组织需要，我愿意去试一试！"徐行毫不迟疑地回答。郑秾吩咐道："你如考取军校，要好好学习军事知识，还要注意在学员中秘密发展红军成员。我整编好队伍，时机成熟就随时通知你回龙游领导农民暴动。"徐行考取国民党中央军校后，郑秾送给他几块银圆做路费，并再次叮嘱："在军校里一定学好军事知识，多发展几位红军成员。再举行暴动时，你就带几个同学回来参加暴动。"

徐行在国民党中央军校学习期间，发展了青田籍同班同学季炳权、刘吟两人参加红军组织，并与国民党中央军事委员会《军事杂志》编辑干卓交往甚密。干卓是黄埔军校第二期学员，还曾就读莫斯科中国劳动者孙逸仙大学，系国民党左派中央委员、上将，曾因共产党嫌疑遭到拘禁审查。

红二师的建立，在金衢盆地点燃了革命的熊熊烈火。红二师领导人一方面为发展组织开展宣传活动，一方面为保护农民利益同国民党政府、土豪劣绅作斗争，赢得广大贫苦百姓的高度信赖。在发展红军队伍过程中，郑秾及红军骨干根据不同对象进行宣传、提出不同要求：对群众讲江西红军要"反"来了，参加红军的人不仅不要外逃，而且还有好处，打倒土豪可以分到田地；对红军队伍中表现积极的人员，提出谁发展红军人员10名就当组长，谁发展红军100名就当"百总"，谁发展红军1000名就当"千总"。土地是农民所梦寐以求的，红军革命的一项重要目标就是要实现"耕者有其田"，因此农民群众普遍乐意参加红军。龙游上杨村有100多户，除了3户有钱人家，户户都有人参加红二师；希唐村叶如森全家共7个成年人，就有6个参加了红二师。

至1933年7月不到3年时间，红二师在兰溪、寿昌、龙游、汤溪四县交界地区的34个乡（镇）169个村庄秘密发展了1599人参加红军，其中龙游809人，兰溪、汤溪两县690多人，寿昌100多人，其他如江山、遂昌、建德等地参加红军人员尚未统计在内。

蓄势待发 XUSHIDAIFA

　　红二师人员已发展到1599余人。郑秾一方面继续发展革命力量，一方面积极购置武器装备，同时加强红军战士的军事训练。分布在兰溪、龙游、汤溪、寿昌各地的红二师骨干成员多次集中召开会议，研究发动武装暴动具体事宜，包括攻占重点、线路、战略战术以及联络暗号等细节问题，最后确定武装暴动之日为湖镇三叠岩举办庙会日。红二师的武装暴动准备工作进行得紧张而有序，红军战士们摩拳擦掌斗志昂扬，急迫地等待打响摧毁反动统治的那一枪。

六、蓄势待发

1

红二师队伍发展到1599人，为举行武装暴动积蓄了力量。在此基础上，郑秾着手筹划一场龙游、兰溪、汤溪、寿昌等县同时进行的武装暴动，创建游击根据地，扩大影响，争取红二师与方志敏领导的红十军会合，将红二师的活动区域与闽浙赣根据地连成一片。

龙游东乡大宇殿四周大樟树环抱，方圆两三里内杳无人烟，人迹罕至。1933年7月下旬的一天，金衢盆地天气闷热，150多名割稻客装束的红二师骨干成员从龙游、兰溪、汤溪、寿昌等县陆续汇集到大宇殿参加重要会议。此次会议是为动员各地红军组织积极做好武装暴动的一切准备工作，郑秾在会上作了报告。他分析了当前国内的形势："抗日战争在北方已经爆发，日军进犯我国长城一带，中国守军进行顽强反击，取得了长城抗战的胜利，东北义勇军联合东北民众救国军在九门口要隘反击了日本侵略军。我们把穷苦民众团结起来组建的红二师，也要为将来抗击日本侵略军做好准备。现在全国人民都纷纷要求抗战，红二师今后在开展宣传、发动民众时，也要扛起抗战这面旗子，把抗战作为重要内容结合进去。目前，中央红军已取得了第四次反'围剿'军事斗争的胜利并不断发展壮大；红四方面军进行了扩军成立了红七军团；方志敏领导的红十军也得到了发展，闽浙赣苏维埃政府打土豪分田地得到穷苦民众的拥护，开化县已经受到一定的影响；桂湘黔边界举行了17000余人参加的联合暴动起义……"郑秾在报告中指出："现在，全国革命形势一片大好，革命运动此起彼伏、风起浪涌，狠狠打击了国民党反动统治，为我们红二师举行武装暴动创造了有利的环境条件。地主恶霸、国民党反动政府是不会放弃对穷苦百姓的剥削压迫的，是不会让穷人过好日子的。我们红二师举行武装暴动的目的，就是打倒剥削压迫穷人的土豪劣绅和国民党反动政府，建立穷苦百姓当家作主的苏维埃政府，把田地分给没地或少地的农民，把房屋、粮食等也分给穷人，使'耕者有其田，劳者有饭吃'，让所有穷苦百姓过上好日子。如果我们不举行武装暴动，不但穷苦百姓不能过上好日子，而且组织发展起来的红二师也会被反动派轻而易举地各个击破，千百位红军成员就会流血牺牲、家破人亡。红二师举行武装暴动已是箭在弦上、不得不发了！"郑称接着就举行武装暴动的步骤提出意见："我们举行武装暴动，先捣毁国民党在兰溪、龙游、汤溪、寿昌等地的反动政权，夺取枪支弹药武装自己，更大范围、更有力地打倒土豪劣绅，分田地、分粮财，开辟革命根据地、游击根据地，建立苏维埃政权，保护穷苦百姓的利益。在此基础上，我们红二师要争

7月下旬，位于龙游东乡的大宇殿内聚集了150多名"割稻客"，他们是来自龙游、兰溪、汤溪、寿昌四县的红二师骨干成员（《血沃龙丘》连环画）

取与方志敏领导的红十军会合，我们开辟的根据地要与方志敏创建的闽浙赣根据地连成一片，配合中央红军反'围剿'。"他慷慨激昂地发出总动员："各位红军骨干，我们都是七尺男子汉，人穷志不穷，宁愿站着死，决不跪着生！我们要团结一致，举行武装暴动，不惧生死，奋勇向前！武装暴动一定能胜利，胜利一定属于我们！"郑秾的动员报告统一了大家的思想，提高了大家对武装暴动的必胜信念。报告后，郑秾郑重提醒大家：一定要提高警惕性，不要泄露红二师任何秘密，严防敌人破坏。

在此次会议上，郑秾还就教育动员、武器装备（鸟枪、大刀、竹叶枪、匕首等）筹集、人员编排、人员召集等作了分工安排：兰溪包塘殿一带由王招进、林云熙、夏炳文、陈荣发等负责；后胡一带由许起尧、胡文金等负责；郑家、山塘沿一带由林来均、郑贡元、杨进成等负责；百斗畈、马夫殿一带由徐岳成、吴阿奶等负责；下叶、杨麻车一带由李林汝、叶兰汀等负责；寿昌石木岭、大店口一带由邵志熙、周大清等负责；龙游七都一带由徐樟苟、邱瑞沛、周金海、刘协鑫等负责；湖镇一带由王金山、王春根、梅文傅、周樟标等负责；下库一带由王福奎、苏小弟、武玉奶、张自强等负责；社阳山区由巫枝林等负责；朝桥头江沿江一带由商嘉通等负责；汤溪山区由龚景成负责。

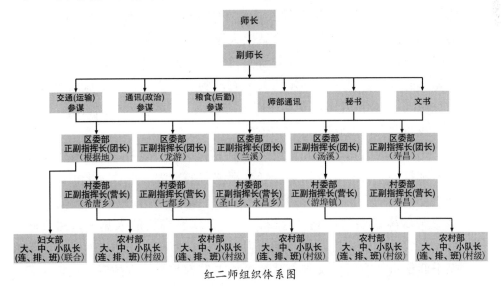

红二师组织体系图

会议举行了集体宣誓仪式，誓词由郑秾领诵，与会全体成员跟诵："一拜天，二拜地，三拜兄弟要同心。我积极参加武装暴动，决不贪生怕死，决不畏缩后退，团结一致，奋勇杀敌，如有违背，天打雷劈，肉烂东，骨烂西，不得好死！发誓人：×××。"宣誓后，郑秾将一张写着150多名与会者姓名的纸展开给大家看了，然后卷起来烧掉，再在碗里盛满水撒上香灰，大家端起来对天齐声高呼："一杯敬天，二杯敬地，三杯喝下，保证履行誓言！永不反悔！"接着喝下。宣誓仪式完毕，红军骨干们各自散去，分头行动。

大宇殿动员会后，郑秾、张自强、林来均、邱瑞沛、周金海、林云熙等红二师主要骨干成员就为准备武装暴动不分昼夜奔波、忙碌起来。一天，郑秾对林云熙、李林汝等人说："你们把手头紧要的工作安排好，明天我们一起去外地购置武器。"第二天，郑秾头戴礼帽，戴着墨镜，身穿绸料长衫，脚穿圆口青布鞋，一副做生意的老板派头；李林汝则头戴西瓜帽，身穿粗布长衫，脚蹬旧布鞋，一副伙计模样打扮；林云熙等人头戴草帽，身穿对襟旧衣，穿着肥大的旧裤，腰间扎一条旧蓝布巾，脚穿草席，肩上挑着箩筐，一副挑夫模样。他们徒步向桐庐方向进发。

路上，李林汝问郑秾："咱们到哪里去购买武器？我们几个一头雾水呢。""何必着急呢？到了不就知道了吗？"郑秾故作神秘地说。林云熙担忧地问："老板，现在敌人对武器搜查得很严，即使我们购买到了武器，怎么运回来呀？""这个就要大家动脑子、想法子了。山重水复疑无路，柳暗花明又一村，船到桥头自然直，到时候办法自然会有的。"郑秾胸有成竹。几个人徒步四天左右，到了桐庐，在一家旅店里住下。郑秾吩咐："你们几个都老实在店里待着，不要随便到外面去逛。时候到了，我叫到谁，谁就跟我一起出去。"

郑秾有时带着李林汝来到一家打铁铺，问："老板，我订购的锄头、镰刀都打好了没有？农忙了，老乡都催着要货呢。"铁铺老板将郑秾让到里屋，告知匕首、大刀的数量各多少、藏在哪里、怎么联络等。有时他又带着林云熙到一座军营边，与一个军官模样的人见面，对上暗号后，军官模样的人告知他：手榴弹、步枪、短枪、子弹各有多少，藏在哪个联络点。有时他又带上几个"挑夫"到某个地方的联络点把大刀、匕首挖出来，集中到另一个联络点去……几个人忙碌了两三天，筹集到一批手榴弹、短枪、步枪、子弹、匕首、大刀等，还领来很多参加红军志愿表和红布符号（参加红军的标志）。

郑秾雇请了当地熟人运送武器等。他们把匕首、大刀等冷兵器藏在柴火中，安排一个人在前面打前哨，几个人挑着柴担在后面远远跟着，在崎岖的山间小道上昼夜赶路，在难以隐蔽的路段就昼宿夜行。手榴弹、短枪、步枪、子弹用一辆军用小车送到山地的一个秘密联络点，在柴担挑到后大家跋山涉水谨慎前行。经过五天艰辛跋涉，武器全都安全地运送到龙游隔塘、上佃铺。在运送武器过程中，李林汝、林云熙等人的肩膀肿了，脚板也磨出了血泡，每个人都瘦了。郑秾心疼地说："为了武器，辛苦你们了！"林云熙、李林汝却很高兴，说："能筹集到这么多的好武器，我们辛苦点也很值得的！"郑秾点点头说："这是革命的乐观主义精神，干革命就要不怕苦不怕累，还要不怕死！"

郑秾在龙游大宇殿召开第三次军事会议，龙游、兰溪、汤溪、寿昌四县
150多名红二师骨干成员参加会议，就武装暴动作动员和部署

武器筹集到后，郑稄将红二师骨干成员召集来，手把手地教他们手榴弹、短枪、步枪的功能和使用方法：手榴弹先拧开后盖，一根手指套进手榴弹的拉火环用力一拉，手榴弹就冒烟了，这时就对准目标投掷出去。手榴弹的杀伤力大，一颗手榴弹可以炸死炸伤好几个敌人。为了使手榴弹投掷得又远又准，平时得多多练习投掷石块；短枪小巧玲珑，便于随身携带，使用方便、快捷，是近距离杀伤武器；步枪不便于隐藏，但射杀距离较远。枪械不用的时候一定要锁上保险以防意外走火伤人，使用时打开保险装上子弹，瞄准要让缺口、准星、射击目标三点成一线，然后沉住气，扣动扳机射击。不管短枪、长枪，平时要保管好，经常拆擦、上油，枪的各个零部件都不可以有沙土等杂物沾上，否则射击时就会产生意外。郑稄要求，各地的红军成员要拳不离手，经常到拳堂、兄弟会等地方去练习大刀、匕首等冷武器使用技术，提高单兵战斗力。根据红二师人数和分布情况，郑稄将筹集来的武器及《参加红军志愿表》、红布符号分发给各地的负责人。

2

武装暴动在紧锣密鼓地筹划中，张自强、邱瑞沛等按照红二师师部安排，考察研究武装暴动后队伍拉到哪个区域建立根据地或游击区最合适。他们经过实地考察后，首先分析将起义部队拉到龙游南部山区溪口的利与弊，认为：溪口距离龙游县城大约40里，西北部天台山脉与四明山脉交汇，属山区半山区地形。溪口区域溪流纵横、重峦叠嶂、山高林密，地域广阔、物产丰富，而且水、陆交通便捷，南通丽水遂昌县、松阳县，北走杭州、金华，东西连衢州等地，是浙西地区及闽、皖、赣等邻近诸省市通行浙东南地区的咽喉之处，自然环境得天独厚，自古以来为兵家必争之地。驻军溪口，与西进衢州、江山、开化和江西玉山，与闽浙赣革命根据连成一片的既定目标相符，是红二师建立根据地打游击的好地方。他们在分析时也看到：溪口与近年来红二师的活动范围相距较远，群众还没有被充分发动起来，群众基础不足，而交通便捷从另一个角度看也有利于国民党军警快速运动，因此起义后红二师选择此地驻扎恐怕难以立足。

　　张自强他们又对兰溪、汤溪、龙游、寿昌四县边界地区进行分析，认为：四县边界地区是红二师的发源地、发展地，群众基础好，这是最大的优势，但这一带除了低矮小丘就是平原，虽然山广林密，却无险可守，而且城镇密集，驻扎了大量武器装备优于红二师的国民党军警，又且交通便利，一旦发生战斗敌人增援的兵力很快就能到达。张自强根据分析得出结论：在这一带打游击、建立根据地，容易被敌人"包饺子"。

　　他们对龙游北乡作了分析：这一区域大多属丘陵地带，山与龙游南部相比显得分散、矮小，自然环境与物产都不及南乡，而且也没有群众基础，与西进战略有差距，不适合红二师建立游击区、根据地。

　　张自强、邱瑞沛他们把目光投向了龙游社阳山区：此区域范围广阔，境内重峦叠嶂，山高林密，又有溪流纵横，而且物产丰富，自然环境极为优越。更兼社阳地处龙游县东南部，东、东南与金华县莘畈乡、塔石乡相邻，南接遂昌县北界，西南与龙游大街乡毗邻，西交龙游罗家乡，西北与北部连龙游县城郊以及湖镇镇，东北与汤溪县为邻，与这些年红二师的各活动据点距离近，并已有一批红军人员在这一带活动，群众基础比较好。他们认为，在社阳区域建立红二师游击区、根据地是最适宜的，与敌发生战斗时能进能退、能堵能绕、能攻能守，也有利于西进战略的实施。

　　张自强、邱瑞沛把他们自己的想法与建议跟郑秾汇报后，郑秾大喜，说："你们的分析正合我意！我们短期还是以三叠岩为中心，举行暴动，目标是希唐乡公所，可以四县聚合，下一步重点应该向社阳曹平山、九里坪等方向发展，这样便于隐蔽，有利于向闽浙赣皖根据地方志敏处挺进。"

　　随后，张自强、邱瑞沛等人打扮成樵夫，进入社阳深山，在红二师人员活动的好坑、曹平山、九里坪等处详细察看地形，但见这些地方山广林密、山势险峻、沟壑纵横、溪水潺流、山环水绕、树木葱翠，有实沉一夫当关、万夫莫开的隘口，可进可退、可攻可守。作物依山傍水，广为种植，山林间野生动物颇多，部队给养容易得到解决。此地民风淳朴，而且红军组织已在这些地域发展起来，群众基础较好。通过考察，

郑秾考察曹平山、九里坪的根据地

张自强等人认为：社阳真是好地方，决定红二师在暴动后就拉到社阳开辟根据地、游击区！他们将考察情况向郑秾及其他红军骨干作了认真汇报、介绍。大家都赞成他们的意见，决定红二师在举行武装暴动后，将队伍拉到社阳好坑、曹平山、九里坪等一带休整、驻扎，并建立根据地、游击区，待力量壮大、时机成熟后再逐步向溪口、遂昌方向拓展，继而挺进江山、开化，实现与红十军会合、游击区与闽浙赣根据地相连的战略目标，配合中央红军反"围剿"。

3

暴动准备工作千头万绪，而红二师活动地区又接近江西，在这一带国民党当局戒备森严，特务遍布，稍有不慎就会引起敌特的警觉。红二师主要骨干成员开展活动极为隐蔽，他们为武装暴动的到来积极认真地做着准备工作。

郑秾生活俭朴，不吸烟、不喝酒。自从在桐庐、分水等地筹集武器装备回龙游后，他白天身藏手枪，常常身着长衫，头戴礼帽，手提药篮，乔装成行医郎中，行走于龙游、兰溪、汤溪、寿昌等县边境的集镇、乡村。"家传秘方，有病药到病除，无病防病健身！"郑秾遇到村庄集镇就高声喊着，以此吸引群众注意，在免费为缺医少药的穷苦农民治病的同时，了解红军成员的情况，与各地红军负责人接头，掌握武装暴动准备工作落实情况，并根据新动态布置任务。有时，郑秾头戴笠帽，脚穿草鞋，扛上锄头卷起裤腿出没在田间地角，为缺少劳动力的穷苦农民干活，借机鼓励贫苦农民起来闹革命。有时他又成了一个小商贩，挑着农产品或针头线脑的担子一路吆喝："稻米、蔬菜、水果便宜卖喽！""好货便宜卖喽！"以此接触红军成员，与他们谈心，了解他们家里有什么困难并帮着解决、克服。郑秾还奔走于杭州、上海及瑞安等地，汇报工作、听取指示、联络对接、了解国内外形势变化、购买进步书刊。他经常在晚上在拳堂教练武术，培养红军战士……

张自强也不分昼夜地奔忙。白天，他戴着斗笠，身穿短装，脚穿草鞋，挑着货郎担，摇着拨浪鼓，在乡村小道、城镇街巷教唱他自编的顺口溜："天晃晃，地晃晃，穷百姓，团结紧，斗天地，有饭碗……"用老百姓喜闻乐见的形式宣传教育民众，鼓舞红军战士的斗志。每到晚上，他在夜校教红军人员识字，宣传革命，揭露日本侵略军的罪行，有时则在拳堂训练红军战士，鼓励他们不怕艰苦，积极备战，迎接胜利。他还经常找红军人员谈心，检查武装暴动准备工作落实情况，帮助各地查漏补缺……

各个地方的红军负责人、红军骨干成员既分工又协作，有的想方设法筹集武器装备，有的进一步做宣传教育工作，有的帮助解决红军人员的后顾之忧，有的还在晚间进行模拟集合训练……众多红军人员纷纷把自己家里的土枪、刀剑等武器和钱物捐献出来，支援即将到来的武装暴动。

8月的一天，红二师领导在检查研究暴动计划是否完善、各项计划是否落实到位时，郑秾指出："目前，红军内部存在着联络暗号不统一的问题，如果举行暴动，各地的红军队伍汇集在一起，相互间由于不太了解熟悉，容易产生误会，甚至出现混乱状况。为了避免这种情况的发生，准确区分敌我，红二师内部的联络暗号必须统一起来。联络暗号要简单明了、好记又不易被敌人破译。"他要求大家一起研究确定一套联络暗号。有的提出用"红""蓝""黑"作统一联络暗号，有的提出用各地的编号作为联络暗号……张自强思考后提出："我建议可以用'黎''同''白'三字作为统一联络暗号。'黎'即黎民百姓；'同'即同志、自己人、红军；'白'即国民党白狗子、敌人。"大家一致赞同张自强提出的方案。郑秋强调："就用'黎''同''白'三字作为红二师暴动时的统一联络暗号，大家一定要解释清楚，传达到位，不能有一点马虎！"

9月，龙游东乡白娘殿演社戏，四面八方的群众纷纷赶来看戏走亲戚，各商店和小商贩则摆起摊做生意。白娘殿周围人声鼎沸，热闹非凡，一些地痞、流氓借机敲诈收"保护费"。

一位中年妇女摆摊卖煎饼，生意才开张，几个地痞窜到摊前拿起煎饼就吃，还蛮横地对中年妇女说："你得交两块大洋的保护费，才可以在这里做生意！"中年妇女连忙解释说："我还没卖出几个煎饼呢，哪有钱交保护费？我做的是小本生意，一天下来也赚不到两块大洋啊！小兄弟行行好，我少交一点吧，等下我赚到了钱就交。""不行！现在就要交，一个子都不能少，否则就把你的摊砸了！"几个地痞说着就去推倒中年妇女的煎饼摊。中年妇女一面拼命地护住摊，一面愤怒地喊道："你们眼里还有王法吗？光天化日之下欺负妇女！""今天就欺负你了，看你能拿我们怎么样！"几个地痞边说边掀翻了煎饼摊。妇女忍无可忍，就与地痞打了起来。几个地痞抓住妇女的头发和双手，把妇女打得浑身青一块紫一块，还抬脚踹她。正在这时，几位红二师人员冲上前去抓住几个地痞的衣领，用力往后一甩，地痞一个个仰面朝天重重地摔在地上。有个红军上前一脚踩在一个地痞的胸口上，斥责道："光天化日之下竟敢为非作歹、敲诈勒索，有没有王法！老百姓要不要活！你们今天必须向她赔礼道歉，赔偿损失！""关你什么事，等下有你好看！"地痞还嘴硬，威胁红军人员。红军人员脚下一使劲，地痞顿时疼得大汗直冒，鬼哭狼嚎似的"啊啊"大叫。人群里又钻出四五个手持凶器的地痞，他们凶神恶煞地要对红军人员动手。此时，十来个红军从人群中冒出来，没等地痞反应过来就把他们控制住了，地痞个个双手被扭在背后，每人都挨了狠狠的一脚，摔了个狗啃屎。红军人员大声地训斥道："行凶闹事，欺压百姓，谁给你们的权力！要不要赔礼道歉、赔偿损失？""揍得好！赔礼道歉，赔偿损失！""揍他们！揍死这帮地痞流氓！"……现场的民众愤怒地呐喊。那些地痞流氓见此情形，只得乖乖向中年妇女赔礼道歉，并赔偿了损失。"真是大快人心啊！"群众兴奋地欢呼起来。那妇女要跪地感谢，红军人员赶紧扶起她，说："不要怕，世间自有公道。大家团结起来，恶霸、恶棍就不敢欺负我们穷人了！"

红二师战士为维护小商贩利益，严惩寻衅闹事的地痞流氓，这事一传十、十传百，教育了广大穷苦百姓，让百姓们深信一个道理：团结就有力量。这以后，参加红军的人越来越多。

4

郑秾在积极准备武装暴动的同时，十分关注形势的变化。1933年4月，方志敏委派黄礼华等人到开化筹建中共开化县委，并于同年6月在开化一区委和（开）化玉（山）特区委的基础上，建立了中共开化特区委（县级），同时组建了开化特区游击队。开化中共党组织和游击队建立后，为粉碎敌人的经济封锁、配合苏区反"围剿"展开了一系列斗争。

1933年9月17日拂晓，根据中央军委的命令，红十军军长王如痴率领2000多人从闽浙赣苏区出发进军开化。红十军在开化特区游击队的积极配合下，一举攻克开化县城，国民党开化县县长弃城而逃。此事件震动了浙江省国民党当局，江西第五次"围剿"部队的刑震南师一个团和浙江保安部队两个营被急调回援开化。

红十军攻克开化县城，正在寻找暴动时机的郑秾和红二师骨干们得知此消息后倍受鼓舞。郑秾立即召集红军骨干成员开会分析研究革命形势，他在会上兴奋地通报了红十军占领开化县城等情况："好消息！好消息！方志敏同志指派得力干将已在开化县开辟了根据地，建立了中共开化特区委和开化特区游击队。红十军一举攻克开化县城，打乱蒋介石第五次'围剿'中央红军的步骤。中央军委致电红十军：'开化之行，证明了积极活动，更能巩固苏区，开展战局。'开化县离我们很近，红十军在开化的胜利，为红二师举行武装暴动创造了良好的条件。"激动之情溢于言表。他认为："机不可失，时不再来，红二师必须抓住此契机举行武装暴动！"郑秾提出：当务之急是确定红二师举行暴动的日期。

与会的红二师骨干们议论纷纷，各抒己见。有的说："农历八月十五好。按照龙、兰、汤、寿等县风俗习惯，这一天是'团圆节'，地主恶霸、贪官污吏、富豪劣绅也都要与家人团聚过中秋节，国民党军警也想回家与家人团圆，防备一定会有所放松，红二师趁机举行暴动，容易成功。"有的说："农历九月初九是重阳节，贪官污吏、土豪劣绅也都要与家人团聚，给长辈送礼，那些不能回家的国民党军警心里也想着与家人一起过重阳节，一定会放松戒备。"……郑秾听了大家的意见，想了想说："大家说得都有一定的道理，在中秋、重阳这样的传统节日，敌人的警惕可能会松懈一些，防范不会特别的严，但这些节日的人员流向是各归各家，是分散的，不会形成人群大量聚集的情况，这样就不能对红二师1500多人的大规模暴动有掩护的作用，更重要的是不利于聚歼国民党反动势力。据我了解，农历九月十九湖镇集镇及以南不远的三叠岩每年都办庙会，从四面八方来赶庙会的人非常多，非常热闹。大家看看，武装暴动就选在农历九月十九三叠岩赶庙会这天，是否可行？"

三叠岩因天然洞岩如楼三叠而得名。三叠岩位于龙游县湖镇集镇南面5公里的仙霞岭山脉，距龙游县城约12公里，整个区域占地约420公顷。蜿蜒起伏的群山环抱三叠岩，其间茂林修竹，岩洞密布，怪石凌空飞悬，洞浅而势险，泉涌长年不断。三叠岩底层有岩洞称"皇帝洞"，据说明太祖朱元璋在打天下期间曾避难此洞中；第二叠岩洞内里宽敞，纵深数丈，宛如厅堂，凿壁为龛，依洞建殿，有胡公堂、罗汉堂、放生池等；第三叠岩洞在陡壁上，称"观音洞"，内供千手观音像。岩背肖仙人，附近又有虎岩、狮岩、雪岩、鼠岩、七仙女洞和花岩瑶池等，其间有形似狮、虎、牛、猴、鼠、蜥等动物之奇石怪洞，冬暖夏凉，宛若人间仙境。三叠岩自古就有"天地仙都"之称，又有"浙西名胜，东南灵洞"之誉。

三叠岩庙会历史悠久。唐高宗麟德年间（公元664—666年）有位元觉大师来到三叠岩常住传法，自此三叠岩成为佛家圣地。据传，南宋度宗赵禥双目失明，御医久治无效，于是遣使专赴三叠岩"祭其山"，取岩内之水洗目，终得复明，故赐名三叠岩洞为"东南灵洞"、岩内之水为"明目之水"。曾任闽浙两府御史的宋化胡出身贫寒农家，通过苦读金榜题名步入仕途。宋化胡不忘本，为官清廉、体恤百姓，深受闽浙百姓拥戴。然而，他疾恶如仇、生性耿直，因弹劾权贵终致被免官，从此隐居三叠岩。宋化胡作古后，当地百姓专设胡公堂祭拜。传说明太祖朱元璋于元朝至正九年（1349年）被元军追击，藏身三叠岩洞中，因蜘蛛结网封住洞口而得救。朱元璋登极为帝，赐封三叠岩为"护国禅院"。

郑秾提议以三叠岩庙会日举事，红二师骨干们分析研究后认为可行：三叠岩庙会香客云集，游人如织，商贩广聚，这不仅可以为红二师人员集合、调动做掩护，而且距龙游县城也不远，具有天时地利人和优势。总之会议正式决定：红二师趁农历九月十九（11月6日）龙游湖镇、三叠岩举行庙会之际，集合各处红军举行武装暴动！

举行武装暴动的日子确定了，郑秾与骨干们一起认真地研究了武装暴动行动方案：首先，龙游区域的红二师各支队伍分别攻占希唐乡公所、公安分局和邻近各乡公所自卫团、保安队及警察所，夺取枪支弹药武装自己，然后集结起来准备袭击龙游县城。兰溪、汤溪、寿昌的红军队伍兵分三路，寿昌方向的红军由邵志熙率领去诸葛警察分局夺取枪支，兰溪包塘殿周边的红军由林云熙带领去水亭区警察局收缴武器，李林汝带领兰溪柳塘、杨塘方向的红军去永昌警察分局抢夺武装器械，然后寿昌、兰溪、汤溪三地的红军会合攻打汤溪县城，再从汤溪县城开赴三叠岩会师，齐心协力配合龙游区域红军袭击龙游县城。攻克龙游县城后，红军队伍开往社阳山区建立游击根据地。郑秾等人认为，声势闹大了，就会引起党中央、方志敏同志的关注，就能与红十军取得联系，而红二师与红十军相互呼应、相互配合，就能更有力地打击国民党反动派，配合江西苏区中央红军开展反"围剿"斗争，取得革命的最后胜利。

进行全面、系统的部署后，郑秾重申："一定要严加保密。武装暴动的行动计划，大家只能牢牢记在心里，不能对外宣扬，就连妻子、父母、兄弟和普通红军成员也不能透露。要保持高度警惕性，随时注意敌人的动向！"他还下达了红二师举行暴动时的统一联络暗号。会议结束时，全体与会人员举行了集体宣誓仪式。

郑秾、张自强等红二师领导和红军骨干成员更为繁忙了。郑秾主要以行医、传授武术为掩护，不分昼夜地奔走于龙游、兰溪、汤溪、寿昌等边界各个村镇，实地检查落实暴动各项准备工作。张自强在夜校、拳堂一面教学，一面向各地红军负责人了解武装暴动准备情况，在白天则挑着货郎担奔走于平时不便经常联系的村庄，检查暴动的各项准备工作是否落实到位。各地各线的红军组织负责人遇到问题、发现新问题，就及时向郑秾、张自强汇报，以最为妥善的方式尽快解决。

10月中旬，郑秾、张自强和龙游地区的红二师骨干成员在希唐村榨油屋里召开会议。各地负责人汇报了武器装备的配置、人员的落实、暴动时的行动线路、防止泄密的办法、统一联络暗号下达的情况及帮助红军人员消除后顾之忧等情况，重点汇报了武装暴动各项准备工作落实进度。郑秾强调："再过一个多星期，我们就要动手了，大家一定要做好各方面的准备工作，切不可有丝毫的马虎大意！枪支弹药不多，把可当成武器的大刀、鱼叉、竹叶枪等准备好，一声令下，大家就齐心协力，奋勇向前，先把希唐乡公所和警察分局打掉，再去冲击龙游县政府，把枪支弹药缴获来武装自己，然后与其他红军队伍会合上山打游击。"

10月30日中午，郑秾、张自强、吴守华、苏小弟、邱沛瑞、赖樟松及参加邻近县组织协调会议的，在彭塘村位于松树林中的砖瓦窑里召开会议，再次检查龙游区域武装暴动前的各项工作落实情况。张自强、吴守华、邱沛瑞、苏小弟、赖樟松等人汇报交流了各自负责的暴动准备工作落实情况并提出相关建议。郑秾重申："大家一定要扎扎实实做好暴动的一切准备工作，不能有疏漏。如有不周的地方，加快补救！"并决定："公历11月6日以庙会中午的号炮为令，号炮一响，各路红军马上拿起武器，统一起事！起事时每个红军人员全都要佩戴上标志（红色符号），记住统一的联络暗号，不得有误！"并再次明确暴动重点区域的行动计划："邱瑞沛、周金海率领七都一带的红军战士先拿下七都乡公所自卫团、保安队；王福奎、苏小弟率领希唐一带的红军战士先拿下希唐乡公所自卫团、保安队，这两队得手后马上会合，围攻希唐乡公所，再攻打希唐区警察分局。赖樟松、周樟标率领湖镇一带的红军战士先拿下湖镇乡公所自卫团、保安队；吴守华、商嘉通率领朝头江乡沿江一带的红军战士先拿下朝阳乡公所自卫团、保安队，这两队得手后马上会合，于七都乡公所。巫枝林率领社阳山区的红军战士先拿下社阳乡公所自卫团、保安队，得手后马上增援围攻希唐乡公所、警察分局。张自强副师长负责指挥、协调围攻希唐乡公所、警察分局行动。哪支队伍胜利了就立即去支援另一支队伍。龙游区域的红二师各支队伍分别攻取邻近各乡公所自卫团、保安队和希唐乡公所、警察分局后，用缴获的枪支弹药、帽子衣裤武装自己、伪装自己。作恶多端的伪乡长、伪区长、伪自卫团长、伪保安队长和伪警察局长要就地处决，对抓获的其他人员采用必要的手段严格控制起来，经过宣传教育后可酌情释放。打开监狱释放被关押人员，缴获的物资要妥当保管，开仓放粮等事交给农民协会（红军组织）处理。各支部队集结起来后，就悄悄潜入龙游县城，分别埋伏在驻军、警察局、保安团、保安队附近，待到兰溪、汤溪、寿昌等县的红军队伍在七都乡集结，赶到龙游县城外时，城内城外一起开火，全面袭击龙游县城内的国民党军警。哪支红军部队取得胜利后，要马上去增援别的在战斗中的红军部队。全师一盘棋，拧成一股绳，我们一定能取得武装暴动的全面胜利！"全体与会人员齐声发誓："团结一致，齐心协力，奋勇向前，决不贪生怕死，全面夺取暴动胜利！"

遭受挫折 ZAOSHOUCUOZHE

　　红二师周密的武装暴动计划，被师部文书江天吉获知。江天吉绞尽脑汁设法骗抄了红二师骨干人员花名册后，急忙向国民党龙游县当局告密，并为剿灭红二师出谋献策，邀功希宠。国民党龙游县当局得到密报，惊恐不已，立即向上司汇报。国民党浙江省当局迅即派出军警会同兰溪、汤溪、龙游、寿昌各县部署剿灭计划，江天吉则出面诱捕了郑秾。国民党军警和反动地方武装连夜分头搜捕红二师人员，张自强等大批红二师骨干很快被捕，红军力量遭受严重损失，红二师的武装暴动计划宣告失败。

七、遭受挫折

1

　　以蒋介石为首的国民党反动政权为了镇压人民的反抗和消灭中国共产党等异己力量，于1930年冬开始纠集重兵，向中共中央革命根据地、鄂豫皖等革命根据地进行反革命军事"围剿"。然而，全国农民运动风起云涌，武装起义此起彼伏，全国各大小城市的民主运动、反内战运动的浪潮一浪高过一浪，有力地配合了中国共产党领导的革命根据地反"围剿"斗争。各革命根据地军民团结一心，浴血奋战，粉碎了国民党发起的一次又一次反革命军事"围剿"。蒋介石十分恼火，指使建立了庞大的全国性特务系统，如隶属于国民党中央组织部的调查统计局（中统）和隶属于国民党军事委员会的调查统计局（军统）。特务组织的主要任务就是消灭共产党，破坏革命，绑架、暗杀革命者和异己分子。为了控制人民，禁止革命活动，国民党当局还逐步在全国推行保甲制度，规定十户为甲，十甲为保，分设甲长、保长。保甲内各户要互相监视，实行"连坐法"，一个保、甲内一人参与革命活动，其他各户都要受到相应惩处。除此之外，还严令各地强化军事管制措施，严厉镇压各地掀起的革命运动、民主运动。国民党浙江省政府扩建了第二科（特务科），强化保安部队及保安机构（保安处）。龙游、兰溪、汤溪、寿昌等县除了强化、扩充县警察局、自卫团、保安队，还对区、乡的警察分局（所）、自卫团、自卫队进行扩充。

　　红二师的组织路线、斗争方法，与中国共产党在农村的组织路线、斗争方法相同：主力红军与地下红军相结合，武装斗争和政治斗争相结合，"非法"斗争和合法斗争相结合，城市工人、学生的民主运动和农村红军运动相结合，以此配合江西苏区中央红军反"围剿"斗争。郑秾领导的龙（游）、兰（溪）、汤（溪）、寿（昌）等县边境地区的地下红军运动发展迅速，红军的影响和威望在贫苦农民、手工业者、小商贩、小知识分子中日益扩大和提高。国民党龙游县当局及国民党浙江省当局对此始料不及，生怕地下红军配合闽浙赣省红军主力举行武装暴动，威胁到国民党在浙西地区的反动统治。浙江省保安处和龙游、兰溪、汤溪、寿昌等县的国民党政府为了配合蒋介石的反革命军事"围剿"，对中国工农红军严加防范，试图彻底绞杀闽浙赣皖边区的红色政权及苏区的斗争，强化法西斯专政，专门镇压红军及共产党员、进步人士的革命活动，同时想方设法收买红二师成员中的投机分子、意志不坚定者如江天吉、朱金奎等充当内奸、特务，窃取红二师内部重要情报，摧毁共产党组织。

自1933年7月下旬以来，被国民党当局收买的江天吉、朱金奎两个隐藏在红二师内部的叛徒，把刺探、搜集到的情报都透露给了国民党龙游县政府。红二师每次召开红二师骨干会议的情况、红二师准备武装暴动的绝密情报、红二师武装暴动实施计划以及武装暴动计划落实情况，江天吉、朱金奎都一一向国民党龙游县政府或国民党浙江省保安处等处密报。

国民党当局得知郑秾领导的红二师要趁11月6日三叠岩庙会之机，发起武装暴动，极为震惊。国民党浙江省保安司令部司令俞济时惊呼："西部地区红军发展如此快速，规模如此宏大，暴动计划如此缜密，始料不及！即当将其剿灭于起事之前，免遗无穷后患！"国民党浙江省党部、浙江省政府二科、浙江省保安处立即分别派员组成浙西事件处理委员会，由国民党浙江省保安处火速进行清剿。10月24日，国民党龙游县县长蒋元薰接到训令：侦缉红二师，抓捕郑秾。训令称：

顷据密报："龙游等县，近有共党秘密组织，系由青田人郑秾负责领导。郑某时常往来沪杭，近又回龙，请缉究"等情。查该县接近赣东，当此边防吃紧之时，逆党阴谋，无时或懈。该郑秾即有秘密活动，组织共党情形，自应严密缉究。兹派本处探员徐东山、钱伦全二名，驰往侦缉，合行令仰该县县长遵即饬属，随时协助侦缉，务将该匪等及其余党机关，悉数破获，解究具报，毋稍纵误！

国民党龙游县县长蒋元薰看了训令，不由心里发毛，深感事态严重。他马上把秘书叫来，说："快去把江天吉叫来，有重大事情要商量！"

江天吉接到通知后，假称家里有要事须处理，离开红二师师部偷偷溜到指定地点，与龙游县县长蒋元薰、县警察局长楼筱琨等密谋抓捕郑秾、消灭红二师的计划。蒋元薰说："江天吉侦探到了郑秾要领导红二师举行武装暴动的重要情报，为党国立了一大功，待剿灭郑秾、红二师后，党国一定会给予重赏！刚刚接到省保安处处长俞济时的训令，训令说离红二师举行武装暴动的日子已经不远了，郑秾现在在龙游，省保安处已派徐东山、钱伦全二位探员赶来，要求我们县政府协助侦缉，

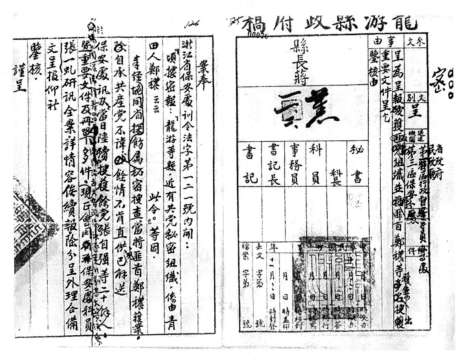

关于郑秾的听审结果的报告（档案资料）

务将郑秾等匪首及其余党悉数抓获。"江天吉看了看蒋元薰等人，献计说："要全面消灭红二师，首先必须拿到红二师的无产簿（战士花名册）等文件资料。郑秾警惕性很高，他这人武功高强，身上还带着枪，十来个人一起上都不是他的对手，要抓他必须用计谋！"蒋元薰十分赞同："对对！我们要好好谋划谋划。"江天吉又详细说了红二师文件资料保藏地点，还提出采用窃取、强取两种方案。对于抓捕郑秾，江天吉也出谋划策，提出巧捕、强捕不同方案。蒋元薰听了江天吉的计谋十分高兴，说："江天吉足智多谋，方案考虑得很周到。"

蒋元薰、楼筱琨、江天吉对抓捕郑秾的方案进行了反复细致的推敲：在什么地方布置陷阱，如何引诱郑秾进入圈套，抓捕到郑秾后如何迅速抓捕龙游区域的红二师骨干成员，行动时暗号是什么，如何秘密联络等。密谋的计划、方案已定，蒋元薰鼓动江天吉："希望你在此次行动中起到更大的作用，为党国建大功！""决不辜负蒋县长、楼局长的厚望，江某一定竭尽全力为党国效劳！"江天吉寡廉鲜耻地表示。

回到红二师，江天吉若无其事地假装积极，以师部文书的身份东奔西跑忙于武装暴动各项准备工作，实则为了尽可能多地搜集红二师情报。他打听到，10月29日上午，师部通讯参谋周金海将带着红二师内部重要资料到桥头江与红二师成员联络，心里顿时乐开了花，觉得机会来了。他对老婆说："我今天要请重要客人吃午饭，你准备好酒菜。"随后在桥头江一带密切注意周金海的动向。

快到中午时分，江天吉看到周金海打扮成郎中来到桥头江，就热情地迎上去："周医生，一路辛苦啊！我家就住在这个村里，都到吃饭的时辰了，就请你到我家里喝口茶、吃餐便饭吧，不要客气啦！"周金海见是师部秘书江天吉，放松了警惕，笑道："江老弟，你今天在家里忙？""我在这一带看看秋收情况，这么巧就碰到你了。"江天吉随口胡扯说了一句，并再次邀请周金海到自己家去吃午饭："走，走！饭总是要吃的，有话到家里再聊。"周金海心无戒备，觉得对江天吉的热情邀请过分推辞也不好，就跟着他走了。

江天吉领着周金海刚跨进家门，就大声叫喊："老婆，周医生给我面子，到家里歇一下脚，吃口饭。周医生很忙的，你赶快准备酒菜！"接着又是给周金海搬凳子，又是端水倒茶，还把一块毛巾在脸盆里洗洗搓搓，然后递给周金海擦脸，显得十分殷勤客气。"我们是自己人，你就不要这么客气了！"周金海对江天吉异乎寻常的热情，心里感到别扭。"周参谋你是稀客呀！你做革命工作很积极很认真，我在心里一直把你作为革命的样板呢！现在不忙，你就在我家好好休息一下。"连续几个月，周金海为检查落实武装暴动准备工作日夜奔波，确实很是辛苦劳累，江天吉的一番话让他心里觉得暖暖的。

"周参谋，你今天打扮成郎中来我桥头江，是不是出了什么问题呀？"江天吉察言观色，意识到自己对周金海的热情、体贴、奉承起了作用，就试探着问。

周金海压低声音，告诉江天吉："红二师武装暴动已到了关键时刻，不能有任何的疏漏。我这几天到各处检查核实情况，及时发现存在的问题及时采取补救措施。明天要召开骨干会议，我要在会上向师长他们汇报检查核实情况，大家根据我的汇报会作进一步的研究讨论，完善行动方案。"江天吉听了，又对周金海吹捧了一番。

这时，江天吉的老婆从厨房里走出来，说："天吉，请周医生吃饭吧！"随即将菜端上桌，拿来碗筷放在桌上。江天吉捧出一坛米酒，满满倒了两大碗，说："周医生难得来我家，没有什么好东西招待你，不好意思了。三叠岩庙会到了，我家会有客人来，我就酿了点米酒。我还不知道这酒怎么样，今天你来了，我们正好先尝一尝。"周金海看了看酒碗，说："我下午还有事，本是不该喝酒的。既然江老弟这么客气，我盛情难却，就喝一口吧。"周金海同意喝酒了，江天吉暗自高兴，连忙说："这点面子，你总要给我的呀，不然我在老婆面前就抬不起头了！"不等周金海开口，他就端起了酒碗："在我家，你是宾，我是主，我敬你！我俩感情好，喝碗米酒表一表，干了！"说完，一口气就把一碗米酒喝了下去。周金海生性耿直，看对方喝完了一碗酒，也端起酒碗一口气喝完，夸赞说："这酒酿得好，很甜啊！兄弟，谢谢你！"江天吉笑了笑，又在碗里倒满了酒，说："吃菜，吃菜！先吃口菜，我们再喝一碗！"看周金海夹了一筷子菜送进嘴里，江天吉就又端起了酒碗："周参谋，我俩感情厚，一碗喝不够，再干！"一仰脖子一碗酒又下到肚子里去了。周金海见了，也跟着一口气喝干了碗里的酒。江天吉在碗里添满酒，一个劲地招呼："吃菜，吃菜！尝尝我老婆的手艺。"他和周金海各吃了一口菜，便端起酒碗："我俩感情深，一碗酒一口闷！"说完一仰脖子喝了一碗酒。周金海不知江天吉的用意，见他"豪爽"，自己也不能是一副熊样，于是又一口气喝下了第三碗米酒。三碗酒下肚，酒性上来了，周金海觉得脸上开始发烫，有些醉意了。

江天吉对老婆使了个眼色，说："周医生医术高明，药到病除。有周医生在，我们家里人有病痛也不怕了。"正所谓"不是一家人，不进一家门"，江天吉的老婆经常陪着丈夫跟地痞、流氓混，一年到头经常招待地痞、流氓，也练就了巧言令色的口舌和不小的酒量。她听了老公这一说，就立马明白了，于是倒满了一碗酒，说："天吉，那我得敬周医生三碗酒啊！"说罢摆开三只大碗，在每只碗里倒满了酒，端起一碗对周金海说："我先干为敬！"一口气把酒干了，她把嘴一抹，把碗底朝周金海亮了亮。周金海见此，连声赞叹："好酒量！好酒量！"心想女人都先干了，自己不干多丢人。他乘着酒兴，端起面前倒满酒的大碗，把酒一饮而尽。江天吉老婆又端起另一碗酒，说："周医生，我是农家女子，不懂什么道理，但听说过'三杯为敬'。来，我先干为敬！"说完一口气又喝了一碗酒。周金海感叹说："真是巾帼不让须眉啊，干！"又干了一碗酒……

周金海六大碗米酒下肚，头脑开始晕晕乎乎起来。这时，江天吉老婆对周金海说："见到一次周医生不容易，我得麻烦您一下。"说着离开了。不一会儿，江天吉老婆带着一个年轻漂亮的女子进来，说："小妹，你肚子疼，就请周医生给看看吧。"又对周金海说："这是我的小妹，这几天在我家玩。今天她突然肚子疼，刚才还在床上躺着呢。你给看看？"未等周金海开口，那年轻女子就将一只手伸了过来。周金海只得给年轻女子把了一下脉，说："没什么大毛病，只是受寒了。我这里有调配好的药，服下去就没事了。"说着从随身带来的藤篮里取出三小包药给了年轻女子。江天吉老婆接过药，说："谢谢周医生！医药费多少？"周金海摆了摆手，打了个酒嗝，说："就这点药，给什么医药费呀！"江天吉老婆连忙拿来了碗倒满酒，也给周金海倒满。说："周医生，谢谢你。我再敬你一碗酒。"端起碗来一口气把满满一碗酒干了。周金海被逼无奈，也把一碗酒干了。

此时，周金海已满脸通红，额头上的青筋都暴出来了。他昏昏欲睡，趴在桌边不能动弹。江天吉暗自高兴，仍在催逼周金海喝酒："周兄，人家诚心诚意敬你，你怎不回敬呢？"周金海被逼得没办法，晃着身子站起来，端起酒碗只喝了半碗，就抑制不住"哇"的一声吐得满地都是。江天吉"嘿嘿"笑着，一面拿毛巾给周金海擦去身上的污渍，一面说道："我扶你到床上去睡一觉，好吗？"江天吉见"车轮战"果然把周金海灌得酩酊大醉，心里得意，就扶着周金海到房里，安顿在床上，为他盖好被子。接着，他叫两个女人守在门外，没有他的允许任何人都不能进房间。

江天吉看周金海确实睡熟了，颤抖着手打开周金海随身携带的藤篮，小心翼翼地翻找着。当看到一个本子上写着"红军第十三军第二师骨干成员名录"一行字时，他两眼发光，心跳加快，暗自惊呼："天助我也！升官发财指日可待了！"江天吉虽然是师部秘书，但一些重要的绝密文件他是接触不到的，如今拿到这个"花名册"，这可是他向国民党当局邀功的重要资本，就凭着这本"花名册"，红二师必遭灭顶之灾。江天吉立即拿出纸和笔，抄录起来。

抄了一个多小时，江天吉终于一字不落地将"红军第十三军第二师骨干成员名录"中重点的骨干名单抄录完毕，又把原件放回藤篮原来的位置。然后，他吩咐老婆为周金海另泡了一杯茶，放在床前的小桌子上，又叫她准备点心。江天吉守着周金海，边抽烟喝茶边等他醒来。又过去半个小时，看到周金海在翻动身子，江天吉就推了推周金海，嘴凑到他耳边说："周兄，醒啦，快起来！你说明天要开骨干会议呢！可不能误事。"周金海一骨碌爬起来，揉揉眼睛，着急地问："我的藤篮呢？""周兄，这些天你太劳累！藤篮在呢，放心。今天喝酒的事不要跟郑师长说，他知道了要怪罪我的。"江天吉边说边指了指藤篮。周金海拎起藤篮翻看了一下，见里面的东西原封不动，长吁了一口气。此时，江天吉的老婆端来两碗鸡蛋面，笑着说："周医生醒啦？天吉每次喝酒都喜欢哄着让客人喝高兴。吃碗面垫垫肚子吧。"周金海回应说："不好意思，让你们见笑了！"

吃完面，江天吉将周金海送到路口，说："周兄，我这边还有点事要办，就送你到这里了。路上小心点，再见！"看着周金海走远了，江天吉回家装扮一番，就急忙向县城奔去。

江天吉包着头、裹紧身子独自来到国民党龙游县政府，敲敲县长办公室的门，压低声音叫道："报告县长！是我，有重大事情汇报！"随即迫不及待推开门溜了进去。县长蒋元薰正要开口询问，江天吉把一只手伸进怀里，掏出"红军第十三军第二师骨干成员名录"抄件，颤抖着双手摆在蒋元薰办公桌上，抑制不住激动的心情，说："县长，这是我偷抄来的，一个人都不漏！"蒋元薰拿起"红军第十三军第二师骨干成员名录"，翻开细看了看，顿时两眼冒出凶光，厉声问："这是真的吗？""县长，鄙人不敢造假，这份名单是千真万确的！"江天吉哈着腰恭恭敬敬地回答，将窃取名录的经过从头到尾说了一遍。蒋元薰站了起来，重重地一拍桌子，说："江天吉，你为党国又立了一大功！有了这份名录，红二师内部组织主要情况我们就全面掌握了，消灭红二师这帮'共匪'指日可待！"他又补了一句："你这个功臣，党国是不会忘记的，一定会重重奖赏你！"听蒋元薰这么一说，江天吉受宠若惊，连忙说："谢谢县长，为党国效劳，鄙人赴汤蹈火，在所不辞！"

少待一会，江天吉又诌媚地对蒋元薰说："报告县长！还有一个重要情报要向您汇报。我从周金海口中套出：10月30日中午，也就是明天，郑秾、张自强等红二师骨干成员要在彭塘村松树林中召开会议，检查暴动前各项准备工作落实情况。"说罢又紧接着献计，"我想，这是抓捕郑秾的绝佳机会，也能把红二师重要人员一网打尽！"这个情报对蒋元薰来说来得太突然，也太重要了，他一时感觉脑袋晕乎乎的，狐疑地问："这是真的？""我敢用人头担保，绝对是真的！"江天吉信誓旦旦。蒋元薰不由激动得又重重拍了一下桌子，夸赞道："江天吉，你真了不起！'擒贼先擒王'，我们先把郑秾抓住！"他立即通知省保安处探员徐东山、钱伦全和县警察局长楼筱琨速来谋划抓捕郑秾计划。至于次日红二师骨干成员将在彭塘村松树林开会的事，蒋元薰心下另有想法，他认为仅凭周金海一人之言，难以确信，不能轻举妄动，万一不实就打草惊蛇了，但如抓捕了郑秾，红二师就"群龙无首"，也就掀不起风浪，设计抓住郑秾乃是当务之急。于是，江天吉与蒋元薰、徐东山、钱伦全、楼筱琨等一起密谋抓捕方案。他们拟定的方案是：预先在桥头江渡口布置好一只小乌篷船，省保安处派来的特务徐东山、钱伦全和龙游警察江金茂，埋伏在小船内守候，江寿根、艄公毛樟友负责撑船，由江天吉负责将郑秾引诱到桥头江渡口坐船，而船老大毛樟友背着郑秾上船，实施抓捕同时派出大批军警预先在桥头江渡口一带要道、路口埋伏，如在船上抓捕失败，就实行武力围捕。

2

1933年10月30日中午，离选定的举行武装暴动的日子还有一周，郑秾、张自强等红二师主要骨干成员在彭塘村松树林中的砖瓦窑里再一次召开会议，检查武装暴动前各项准备工作落实情况。会上，红二师各位骨干成员把自己所做的工作及在检查中看到的、了解到的情况分别作了汇报交流，对存在的诸如武器装备不足等问题研究解决办法，作出应对之策，对暴动发起后可能发生的意外情况作出研判，并研究了应急预案。郑秾强调，一是要尽量把穷苦百姓都发动起来参加暴动，人越多声势就越大。二是一定要按照预先制订好的行动计划有序执行，包括行动路线、攻打地点、缴获财物的处理等，不能随心所欲造成混乱。三是要以取得暴动最终胜利为目的，整个红二师要团结得像一块铁板一样，齐心协力，相互配合、相互支援，既严格遵守规定、纪律，又要在战斗中灵活机动。全体红军战士要不怕困难、不怕牺牲，奋勇向前。四是在武装暴动中发现临阵退缩者要批评教育，敦促他们继续奋斗，如发现叛徒及混入红军队伍中的敌特人员要就地处决……

当天傍晚，江天吉赶到彭塘村找到郑秾，说桥头江红军组织夜里要召开重要会议，等着师长出席作指示。"已经在桥头江渡口安排了一只小船接你过江。"江天吉说。郑秾不疑有假，当即答应了："好的！我吃了晚饭就去。"

晚饭后，月暗星稀，心怀鬼胎的江天吉小心翼翼地陪同郑秾从彭塘村出发，一路疾走来到衢江之畔的桥头江渡口。渡口店铺都已熄灯了，一片寂静，只听得江水拍打埠头的声音。郑稔眺望着江对岸的桥头江村，心里汹涌澎湃："再过些日子，在龙游大地上，一场改天换地的革命即将爆发！国民党在龙游的统治就要受到猛烈的冲击！"突然，"喵、喵、喵"，江天吉学了三声夜猫叫，停在埠头不远处浅水滩的一只小乌篷船里接着也传出"喵、喵、喵"三声夜猫叫。郑稔透过夜色隐约看到船上有个人在招手。江天吉压低嗓音喊："船老大，把船撑过来！""水太浅，船搁着了，靠不上埠头！"那个刚才招手的船老大回应。"船老大，我这位客人穿布鞋，你背他上船好吗？等下多给你点钱。"江天吉冲对面低声喊。郑稔说："不用背，这么点路，水很浅，我自己下水走。""不，不！省得脱鞋了，还是让船老大背过去吧！"江天吉着急了。

船老大毛樟友下了船，蹚水过来了，嘴里说道："天吉兄弟你见外了，是你的客人，我背一下还讲钱吗？"

郑稔赶到桥头江埠头渡口时，已近深夜。艄公毛樟友是由江天吉事先串通好的，特务徐东山、钱伦全等五人化装成乘客，早埋伏在船内等候（《血沃龙丘》连环画）

到了埠头，毛樟友转过身让郑秾趴在自己脊背上，双手伸到身后紧紧挽住郑秾的两条腿，背着郑秾一步一步朝小乌篷船走去。到了船边，毛樟友双手紧紧抓住郑秾的腿，用力一甩，猝不及防的郑秾被重重地仰面甩在船上。江天吉和特务们迅即一拥而上按住郑秾，把生石灰包砸在郑秾的脸上，又快速把郑秾的头套进装了石灰粉的麻袋里。动弹不得的郑秾被石灰呛得窒息，很快被缴了手枪，双手也被手铐铐起来了，特务们还用绳索捆住了他的双腿。郑秾虽然力大、武功高强，但至此也无法施展，不幸被捕了。

抓捕了郑秾，国民党特务和江天吉高兴得手舞足蹈，欢呼着他们诡计的得逞，在给郑秾戴上沉重的手铐、脚镣后，立即召来大队军警将郑秾解押到龙游县城，投入监狱。

把郑秾关进监狱后，国民党龙游县县长蒋元薰召集省保安处探员徐东山、钱伦全和县警察局长楼筱琨以及红二师叛徒江天吉等一起密

郑秾在龙游桥头江渡口被俘

谋：郑秾被抓的事，龙游县境内的红二师骨干成员还蒙在鼓里，要趁此时机，严密部署，按照江天吉提供的"红军第十三军第二师骨干成员名录"把他们一一抓捕。第二天凌晨，蒋元薰、徐东山、钱伦全、楼筱琨各带一队警察，和由县保安队、基干队人员组成的缉捕队伍，由江天吉等人引路，分四路同时出发实施抓捕。

10月31日凌晨，国民党浙江省保安处会同国民党龙游县当局调动大批警察和地方武装人员，分赴下库、隔塘、七都、上杨等地缉捕红二师骨干成员。蒋元薰带领的军警由江天吉引路直扑下库村张自强的家。江天吉上前用力敲门："张副师长，我是江天吉，有要紧事报告，快开门！"张自强知是江天吉，当即起床把门打开。国民党军警一拥而入，按倒毫无防备的张自强，把他五花大绑起来。张自强这才明白自己受到诱骗，怒骂江天吉："江天吉，你这个内奸、叛徒，你好阴险、好狠毒啊！善有善报，恶有恶报。你出卖革命，陷害同志，一定会得到惩罚的！"江天吉奸笑着说："张副师长，骂有什么用？识时务者为俊杰，你还是乖乖协助政府把共匪清除掉，这才是正路，也才有出路，要不然就只有一条死路！""呸！你充其量不过是国民党反动派的一条狗！你当了革命的叛徒，一定不得好死！"张自强怒斥。江天吉没有理会张自强，转身讨好地对蒋元薰说："县长，张自强作为红二师的副师长，家里肯定有红二师的重要文件，叫兄弟们细细地搜一搜。"蒋元薰一声令下，国民党军警立马翻箱倒柜、砸坛击罐、抠缝掏洞搜索起来，大有掘地三尺之势，结果搜走了一部分红军人员部分名册及其他重要文件。张自强的母亲被这突如其来的祸难吓蒙了，她听了儿子的喝骂，才明白是怎么回事，于是摸黑悄悄从后门跑出去，躲藏到邻居家中。敌人还想得到更多的文件资料，凶神恶煞地拷打张自强，号叫："把红二师所有的名册文件都交出来，不交的话马上就枪毙你！"张自强面不改色心不跳，任凭敌人恐吓、拷打，只是怒目直视着面前凶恶的敌人。敌人无奈，只得押着张自强去抓捕别的红二师骨干成员。

这天凌晨，检查武装暴动准备工作回家的周金海刚踏进自己的家门，就看到江天吉带着几个便衣和国民党兵在等候。"江天吉，你这是……"还没等周金海说完，国民党军警一拥而上，将周金海按倒捆绑起来。周金海顿时明白了，红二师内部出叛徒了，江天吉就是叛徒。他愤怒地破口大骂："江天吉，你不得好死！昨天你设圈套把我灌醉，趁我睡着时窃取了红十三军第二师骨干成员名录，是吗？！你丧尽天良，恶有恶报，一定会受到惩罚的！"国民党军警赶紧用破布塞满周金海的嘴。"你知道得太晚了！还是向党国投降的好，把你掌握的红二师的情况都交代了，我看在你我兄弟的份上，帮你美言几句，让县长给你一个悔过自新的机会，否则你就只有死路一条了！"江天吉对周金海进行威逼利诱，并告诉国民党军警："他是红二师师部通讯参谋，家里肯定还有许多重要的秘密资料，要仔细搜查！"国民党军警翻箱倒柜，不放过任何角落，结果从屋顶的瓦片下面搜走了一份"红十三军第二师骨干成员名单"。江天吉告诉带队的徐东山："此人武功不凡，不要让他在路上逃跑了，不如先把他的手脚打伤。"徐东山便命令几个军警用枪托将周金海手脚打伤，然后押着周金海上路。邻居一位大妈看到国民党军警来抓周金海，趁着那群人没注意，急忙偷偷溜进周金海14岁的儿子周荣根睡觉的房间，推着周荣根的身子把他唤醒，催促他："快点逃命去，国民党来抓你爸了，要杀头的！"周荣根一骨碌跳下床，拔腿就往后门跑，躲到了山林里一个废弃的大坟墓里。周金海的妻子也逃了出来，和儿子荣根躲在一起，这一躲就是三个月。邻居们知道周金海落难了，偷偷把食物送到大坟墓边，救济周根荣和他的母亲。

这一天，国民党军警除逮捕了红二师副师长张自强，还抓获了在龙游县域的红军骨干成员邱瑞沛、苏小弟、周樟标、朱卸苟、周金海、王福奎、吴守华、赖樟松、汪顺有、林樟树、沈道有、王树福、吴树高、吴老岳、吴金兰、林春有、王老克17人，并从张自强、周金海、王福奎等人家中搜去记录有1355名红二师人员的"无产簿"以及其他重要文件，还搜取了《青年之光》《互助生活》《互济会是什么》等宣传资料9份、红二师臂章5份，区、村委正、副指挥各种印章1盒。兰溪县也派了12名军警到郑秾居住近一年的后屋村陈荣发家抓人并搜查红军名册及文件，结果扑了个空。原来，郑秾被捕后，龙游就有人连夜赶到陈荣发家通风报信。当天晚上，陈荣发销毁了有关文件资料，带着妻子、子女和弟弟陈兴聪躲避到杨塘村丈母娘家去了。

11月1日，浙江省保安处发出125号训令，密令龙游县县长蒋元薰：

> 兹派本处科员张一虬带探员驰往该县长龙游缉办要案，令县长蒋元薰接洽，随时协助，妥慎办理，毋稍纵误。

11月2日，国民党军警由江天吉引路，抓捕了红二师成员刘林生、魏立德两人。

国民党龙游县县长蒋元薰看到不仅捕获了郑秾，还逮捕了20余名红二师骨干成员，不禁得意扬扬，就拟写了报告了同时向浙江省省长鲁涤平及民政厅、浙江省第一特区行政督促专员、浙江省第三区保安分处呈报，以此邀功，称："郑秾案后，当日陆续搜获余党张自强等20余人暨重要文件及册单多件。此案与兰溪、汤溪、寿昌治安大有关系。该匪党计划甚大，党徒众多，现正会同保安处科员张一虬研讯全案，详情容侯续报……"

然而，当蒋元薰、张一虬等人翻开红二师重要文件、资料进一步检看时，不由得惊恐万分，惊呼："不可思议！共产党、红军真是神了，三年不到的时间竟在我们的鼻子底下组织起1355人的队伍！如果他们按计划举行武装暴动成功，那后果真是不堪设想啊！"蒋元薰额头上渗出了密密的汗珠，盘算着如何既能推卸责任又能向上邀功，如何才能把红二师整个队伍全部消灭。蒋元薰与张一虬、省党部委员赵见徵等人经过一番密谋，拟定了方案，随即用密电分别向国民党浙江省政府主席鲁涤平、省保安处处长俞济时及浙江省执行委员会报告：

> "赤匪首要郑秾，由自首赤匪分子江天吉密报，保安处派密探于十月卅日设法缉获。张一虬已于十一月一日乘下午二时火车启程，二日上午十时到达龙游。赵见徵、秉达于十一月二日九时乘杭江铁路第一班火车动身，因有事在兰溪逗留，于三日上午四时始行到达。赵见徵、一虬、秉达会同蒋元薰详见缉获证据，计有无产簿一本，簿内共列六百五十八名，登记表一千二百三十二张，内分中俄、姓名、年龄、籍贯、住址、职业、介绍七项，间有首项为性别

而非中俄字样者。此项登记表中有空白未填写者十八张。此外，还有零星字条，内列姓名五十六人。又有妇女部登记簿一本，内列妇女姓名八十五名，总计一千三百五十五名。"

"至于搜获宣传文件，为数不多，仅民国二十一年五月一日出版《青年之光》一份，民国二十一年四月二日出版之《互济生活》第十三期一份，一九三二年五月二十日中国革命互济会总会所印之《为拥护苏维埃政府对日宣战告劳苦群众》传单一份，一九三二年三月十五日中国革命互济会总会印之《互济会是什么样的》传单一份，一九三二年四月二十三日中国革命互济会总会所印之《红色五月的宣传大纲》一份，民国二十一年四月二十七日所印行之《东方新报》一份，《国民党四字经》两份，《国际歌》两份。又红布符号五方，盖有'中国红军第十三军第二师本部'字样及'潘清堂记'篆文印章各一枚，'区委部正、副指挥''村委部正、副指挥''农村部指挥'木戳一盒。"

"现已将各项表册所列赤匪姓名先行分县编辑，理出各县匪数，再择其情节重要若干，决定按县缉捕之人，其标准暂定为：甲.向系军人；乙.知识分子；丙.曾介绍多人入党者；丁.在组织内担任职务者。因赤匪分子分布在龙游、兰溪、汤溪、寿昌四县，缉捕之事必须四县同时进行，现已由张一虬电请保安处立饬兰溪、汤溪、寿昌三县县长，于四日密来龙游，定分头缉捕办法，于后行缉捕之事。完全用地方团队，恐有流弊，而且领队之下级干部人才，因地面远阔，须要甚众，已由蒋元薰于县政府中及其公安局挑选数人，由职秉达，禀请主席即派卢廷汉、钱坤、陈庆之、陈幼麟、朱幼谷、葛心德六人于四日早秘密来龙；保安处再派三人会同四县，拟请付以全权，斟酌处办；其余拟请寿昌、兰溪、汤溪三县县长添派人员充任。"

国民党浙江省执行委员会、浙江省政府主席鲁涤平及保安处处长俞济时看了报告，均同意蒋元薰等人提出的方案、建议，在召集相关人员紧急商议后即下达命令："事不宜迟，马上按报告上的要求调派人员，及时赴任，不得延误。即刻通知兰溪、汤溪、寿昌三县县长，明日亲赴龙游密商侦缉红二师人员行动方案，不得有误！"

国民党浙江省保安处于11月3日20时左右，分别向兰溪县县长胡次威、汤溪县县长林泽、寿昌县县长潘绍隽发去急电令："本处派员在龙游破获赤匪机关及要匪多名，并搜获匪册，内列名者，多系兰龙寿汤四县，仰该县长于支日密往龙游共商缉办方法，具报毋误。"兰溪、汤溪、寿昌三县县长接到密电令后个个如芒刺背，惶惶不安，彻夜难眠。

3

11月4日上午，兰溪、汤溪、寿昌三县县长马不停蹄地赶往龙游县集合，共同商议统一侦缉红二师人员的行动方案。秘密会议由国民党浙江省政府委员何秉达、省党部委员赵见徵、省保安处委员张一虬三人共同主持。

国民党浙江省政府委员何秉达首先讲话："诸位县长，根据省保安处的电令，召集大家在龙游集中，共商缉办红二师人员办法。诸位，十分震惊，共产党郑秾，只用了不到三年的时间，在各位的鼻子底下宣传共党政策，赤化民众，成立红十三军第二师组织。据目前侦察到的数据，他们有组织、有计划地组织起了1300多人的队伍，精心策划了准备趁农历九月十九三叠岩庙会人多纷杂、秩序混乱之机举行的武装暴动。龙游赤匪准备先围攻邻近的乡公署、保安队及希唐乡公所、公安分局、自卫团、保安队等，夺取枪支弹药武装自己，而兰溪、汤溪、寿昌等赤匪围攻其附近的区乡公署、警察所、保安队，夺取武器，配合龙游赤匪一起攻打县城，事成之后拉起队伍上山打游击，建立赤色根据地，再联合江西方志敏的红十军强根固基，配合共产党苏区反围剿。一旦事成，各位脖子上长了再多的脑袋都保不住！红二师之事，已通报上级了，上级十分关注此事。各位该承担什么责任，自己心里都有数。所幸省政府、省保安处、龙游县政府运筹帷幄，想方设法收买了红二师中的江天吉、朱金奎等人，隐藏在其内部，刺探到赤匪武装暴动的重大真实情报，在其即将举行武装暴动之时将红二师头目郑秾、张自强等人抓捕归案，并搜获了他们的重要文件，遏止了暴动的发生，这是不幸中的大幸。一旦发生武装暴动，大家还蒙在鼓里，各位县长或许落入赤匪之手，遭到千刀万剐；或许逃过赤匪的魔掌，但终究逃不过党国的制裁。现在红二师头目被控制住了，武装暴动的图谋也已破灭，但还有数以千计的红二师人员隐居在龙游、兰溪、汤溪、寿昌等县，地域广阔，情况复杂，如不彻底铲除，一旦重新组织起来就更危险、更难收拾了！诸位务须善谋良策，齐心协力将其一网打尽，以绝后患，这也是各位县长将功补过的机会，请勿错过！"

国民党龙游县县长蒋元薰自认为抓捕郑秋等人有功，不免洋洋自得。他看看兰溪、汤溪、寿昌三位县长，说了句："红二师这股赤匪是从兰溪县、汤溪县发展起来的。"兰溪、汤溪两位县长原就如坐针毡，忐忑不安，听了蒋元薰的话面面相觑，心里都明白蒋元薰这是在诿过推脱。兰溪县县长胡次威怒不可遏，站起来说："红二师这股赤匪在龙游、兰溪、汤溪、寿昌四县边界活动，这些地方山广林密，百姓居住分散，而且他们又采用'农民协会''兄弟会'等合法组织为掩护。兰溪县对地方治安抓得很严，经常派保安队到边界去巡查，但确实无法发现有人图谋不轨。我想知道的是，龙游县怎么会成为赤匪的大本营的呢？"汤溪县长林泽插话："龙游县赤匪人数是我们三个县的总和。"寿昌县县长潘绍隽抢过话头，连忙说："寿昌县的赤匪最少！"蒋元薰一言招来三个县县长的围攻，气得满脸通红。他"噌"地站起来正要反驳，省保安处委员张一虬摆摆手制止了他。张一虬拉长脸严厉地呵斥道："如何彻底剿灭红二师赤匪，你们不多多谋划，只知道推诿，成何体统！"四个县长听了张一虬的训斥，出人意料地"齐心"了，他们一起大声嚷嚷："红二师赤匪可恨至极，必须剿灭干净彻底，宁可错杀一千，不可放走一个！"

"对，宁可错杀一千，不可放走一个！我们务必要把从红二师骨干人员那里搜缴来的各项表册细细查看，对其中所列赤匪姓名、地址逐一进行整理，再分县编辑，然后决定应予缉捕之人。各县务必如数缉捕归案，一个不漏！"张一虬环顾了一下参加会议的每一个人，严肃地说："为把红二师赤匪一网打尽，定于今晚12时四县同时统一行动！各派一名省部委员到各县督办、指挥，各县县长要亲力亲为带队行动。各位县长马上回各县精心部署，秘密调配警力，以迅雷不及掩耳之势实施抓捕，确保行动取得圆满成功，不得有误！四个县县长要精诚团结，通力合作，不要心存芥蒂相互扯皮。如果因为各打小算盘造成赤匪逃脱，必会受到严惩，希望各位好自为之，不要咎由自取！"

密商之后，兰溪、汤溪、寿昌三县县长急匆匆赶回各县，来不及稍事休息，便着手安排抓捕红二师人员之事。各县派出精干人员分赴各地或用电话通知，很快把警察、自卫团、基干队动员召集起来，全副武装待命。当天深夜12时，龙游、兰溪、汤溪、寿昌四县统一行动，实施红二师人员的抓捕行动。

龙游县虽然已将红二师在县域内的大多主要骨干成员抓获，但县长蒋元薰为了积极表现"再立新功"，根据红二师成员在龙游境内分布情况，自己坐镇指挥，派出四路人马实施抓捕，又逮捕了一批红二师成员。

汤溪县分别由县长林泽、县公安局长徐世达、县自卫总团督察长潘永和、县基干队独立分队长贾凤非带队，分四路在县境内展开对红二师成员的大缉捕。事后，林泽向国民党浙江省政府、省民政厅、衢州保安处第三区保安分区发送电文，全面汇报缉捕"战功"：

> 本月三日二十时奉保安处令……奉此，县长遂于支日亲往龙游会晤，与省政府委员何秉达、省党部委员赵见徵暨保安处委员张一虬一起，并兰溪胡县长、龙游蒋县长共商缉办方法。当经在龙游决定，并有何委员等电奉，省政府核准付于全权，由各委员分赴各县主持办理，会办指挥一切。县长即与张委员张一虬，专同徐杨二探员，于是日傍晚返汤。遂召集警卫负责人员密商讨议，当即决定分四路出发，由公安局长徐世达与总团部督察长潘永和、县基干队独立分队长贾凤非分具担任，一律于支夜十二时，亲率警卫团前往，按函搜获名册，从率缉捕。县长与张委员亦冒雨亲赴罗埠派出所，便于指挥。微是日上午十二时，各路警团均汇集罗埠，共缉获林来斋、胡凤金、李水钊、何耀华、何鼎松（何锦松）、何锦有、何宝恒、何春高、何彩银、何锦良、沈春财、朱培水、王樟财、董德庆、郇桂铃、郇桂生、郇宝栋、郇樟松、郇马桂、张马根二十名赤

色分子，先后分送罗埠派出所，经张委员略加审问，随即专雇汽车一辆，由张委员率徐、杨二探员，并县长派省警卫团十名，将匪犯等押解赴衢。

兰溪县分别由县长、县公安局长、县基干队队长等带队，多路人马同时行动，实施对红二师人员的大缉捕。这天夜里下着雨，兰溪县县长胡次威戴着大笠帽，带领基干队、保安队带着手枪、步枪等武器，由叛徒朱金奎引路偷偷来到下叶、杨麻车、后胡等村，将张樟财、张耀玲、叶樟林、叶作贵、叶根林、叶志堂、叶福华、李林汝、胡凤金等人抓捕。

兰溪、汤溪的另一路省防军和基干队，也先后抓走后屋村的毛忠芳、周樟福、周樟禄、郑永根、王招进，寺口村的钱炳根、钱松吉、钱松林、钱松涛，石骨山背村的周樟春、郑阿奶、郑树明、郑禄苟、郑树发、郑来法，郑家村的郑炳宁、郑美宁、郑樟奶、郑彩源、郑彩根、郑宝根、林来均，马夫殿脚村的吴思荣等。被抓的人先被关在寺口村大厅等处，次日天亮后分批押解到游埠、永昌警察所。游埠警察所关押着从各地抓捕的红二师人员40余名，在经过简单审讯甄别后释放了未曾参加红军的叶樟财，郑家村郑姓一干人员因有族内亲属在汤溪县警察局当差，也得到取保释放，其余的人员被押解到龙游过了一夜，于次日分批用汽车押解到衢州第三区保安分处。

据《兰溪实验县实习调查报告》称："先后抓捕三次，总计捕获人数48名。首要诸犯，大多就逮。"又据《严州民报》以《兰溪实验县抓捕大批反动分子》为题报道："昨晚间，胡县长突然发出密令，备同公安科徐科长及大批基干队、警察，往西乡龙游、汤溪交界处，大力搜捕，当场破获大批反动分子。""在龙、兰、汤三县交界处，当即分电龙游、汤溪两县县长，于昨晚间会同派警搜捕。届时，胡县长、徐科长亲自督察，大批基干队、警察前往三县交界地，集合龙、汤两县警员，分头向包塘殿村等处搜捕，当场拿获反动分子30余人，分地寄押于游埠、永昌两公安分局。后因是项反动分子尚有匿迹内者，胡县长、徐科长乃于昨晚返城，派警分路缉拿。闻拿获者有朱讨饭（朱金奎）等五人。""人犯经拿获者，公安科当即分别严词。闻胡县长对此案异常注意，现正在严密审查，——候审查完结，即亲自赴永昌、游埠两处研讯寄押各犯。"

国民党寿昌县政府派出大批军警到石木岭村追捕红军。由于事先得到消息，红军人员全部外出隐蔽，敌人扑了个空。

在此次国民党当局大规模缉捕红二师成员行动中，龙游县受到的危害最大。国民党军警、地方武装连续不断地在叛徒江天吉的引导下，对境内的红二师人员实施抓捕。除10月31日凌晨、11月2日两次逮捕红二师20余名骨干成员外，国民党政府于11月4日白天即又逮捕了红二师骨干人员林希筹，当晚在四县统一行动中抓捕了大批红二师人员。11月6日，红二师骨干成员严盛富、黄庆云、刘朝登、夏贞祖、张樟荣、周凤翔、张开方、张顺川、张樟松、劳顺芳、徐樟生、刘叶心、李清楷、章耀庭、沈香科、余仁开、刘焕连、傅石根18人被捕。至11月6日，据国民党龙游县政府押票回证统计，龙游有60名红二师骨干人员被捕，而兰溪逮捕有20余名，汤溪20余名，寿昌10余名。4县先后共有118名红二师骨干人员被捕。11月7日，龙游县又有红二师成员胡石源、叶樟英（女）、杨茂苟、鄢金海、林金发、吴寿彩、孙樟荣、刘耐根、毛元松、严日余、严老三、张庆苟、翁培明、童卸苟、林荣贵、苏老八16人被捕。

由于江天吉、朱金奎等内奸告密，红二师损失惨重，革命力量的发展严重受挫。

据现浙江省档案馆存档的国民党浙江省政府秘书处《铲共丛论》中记载：

龙、兰、汤、寿等县红军的缉办，有青田人郑秾……至民国二十一年春初异想天开，乃于龙游东乡暗地阴谋组织红军第十三军第二师，自任师长，采用青帮收徒办法，沽价吸收党徒，在一年之多中于龙游、兰溪、汤溪、寿昌四县，发展人数至千余之多，桐庐、新登、建德三县亦有少数分子暗去活动。似欲江西匪军入浙时，即与联络。民国二十二年十月间，政府获得该项情报，即派员驰往侦查。十月三十日，先将匪首郑秾拿获，并搜出证件多件。旋又继续拿获张自强等十八名。十一月一日，省政府又加派干员续往，会约有关各县县长，于四日密到龙游商议同时分头缉捕要犯办法。龙游即夜按照龙游匪犯分布区域，分为四路，督队出发，捕获三十名；汤溪按照四路，（县长）亲自督队缉捕二十名，兰溪实验县亦连夜分头搜捕拿获二十余名。各县先后拿获要、从匪犯共计一百十八名。省政府派员会同保安第三分处处长分别讯问明确，黄庆云等八名担任匪军要职，并介绍多人入伙，即呈由省政府转电蒋委员长核饬就地枪决。董得明等四十一名确系加入红军，均解省转送浙江高等法院讯办，其余尚属无关，或有虽被胁迫诱而情节甚为轻微、身患亦堪悯恤者，皆于分别交保暨开释。其首领郑秾，则先解由保安处判呈由蒋委员长核准，解还龙游，于十二月十五日执行枪决。未获要犯龙游王长芝等十八名，汤溪徐马昌等七名，兰溪郑永泉等六名，当时也均由省政府分别悬赏通令购缉。后于民国二十三年一月，又派员前往各县先后办理余匪自首。历时月余，全案办理结束，统计核准自首人数共九百八十名，其中龙游五百四十名，寿昌五十五名，建德三名，兰溪二百十四名，汤溪一百十四名。

国民党龙游县政府、兰溪县政府、汤溪县政府、寿昌县政府及国民党浙江省政府、省党部、省保安处等为向蒋介石、国民党高层邀功，夸大其词虚报"战果"。而据史料显示，仅龙游县就有310余名红二师成员拒绝自首登记，远走他乡谋生，有的则隐蔽下来继续开展革命活动。

郑秾创建、领导的红二师虽然在国民党反动派的血腥镇压之下受到严重挫折，但影响广泛而深远。红二师在浙西大地播下了革命火种，提高了穷苦百姓反抗剥削压迫的觉悟，也对国民党反动派给予了十分沉重的打击。国民党当局在镇压了红二师的武装暴动后，仍心有余悸，并开始"秋后算账"。龙游县县长蒋元薰接到浙江省民政厅发来的第571号训令：

案查前奉：省政府秘字第3944号训令，以缉办赤匪首要郑秾在龙游、汤溪、兰溪、寿昌等县组织红军一案情形，呈奉蒋委员长来电"……龙游、汤溪、兰溪、寿昌四县县长事前无察觉，应查明情节分别严予处分，以为玩忽职责者戒"等因，饬遵照办理，具复核转等因。奉此。

遵经本厅以"查此次郑秾等在龙游、兰溪、汤溪、寿昌等县秘密组织红军，始于民国二十一年，以龙游东乡一带为根据地，该县参加人数达七百余人，该前县长徐人骥在任年余竟未觉察，实为异常疏忽，拟予记大过二次。兰溪利用帮匪，被勾引参加者达四百余人，该前县长黄人望亦属疏于防范，拟予记大过一次。至现任龙游县长蒋元薰，兰溪县长胡次威均到任未久，此次缉办又甚努力，拟均免议。汤溪县长林泽上年曾破获一部分，获犯十余人。寿昌匪数仅只三人，且该两县长于此次侦缉人犯亦颇努力，拟请从宽申诚。再查龙游东乡一带，为该县公安局第二分局管辖区域，该县前公安局长楼筱琨暨第二分局之长吴振源均负有责任，该前局长楼筱琨虽已另案调省，拟追记大过两次。该前分局长吴振源现调任定海第四分局长，并予记大过两次，籍示惩处"等语，复请鉴核示遵在案。兹奉指令秘字第3745号内开：

"察核所拟处分，尚属妥洽，应准照办，除呈报蒋委员长外，仰即知照"等因，除注册外，合兹令仰该县长分别转该前县长徐人骥知照，并咨定海县长转饬该分局长知照。

坚贞不屈 JIANZHENBUQU

　　郑秾、张自强等红二师重要领导人和骨干成员被捕后，国民党当局竭尽威逼利诱之能事，但未能收到任何效果。国民党当局凶相毕露，对郑秾等人进行了非人的折磨，但郑秾等坚贞不屈，无情地揭露反动统治的罪恶。国民党当局无计可施，最后对郑秾狠下杀手。临终前，郑秾高呼"红军万岁！"。张自强等23名红二师骨干成员被押解去衢州，在龙游火车站附近与国民党军警展开奋力搏斗，其中有8名红军骨干成员当场牺牲，表现出威武不屈、顽强抗争的勇气和气节，用鲜血书写了可歌可泣的革命篇章。

八、坚贞不屈

1

郑秾被捕以后，特务们立即将他解赴龙游县城，连夜进行审讯。

审讯室就在关押犯人的牢房边上，与牢房相距不超过百米，一阵阵令人毛骨悚然的声响能清晰地传进审讯室里。走进阴森森的审讯室，就能闻到一股浓浓的血腥味，地面上湿漉漉的，未干的血迹到处都是。郑秾被押进审讯室，几个彪形大汉瞪眼看着他。郑秾仰着头，目不斜视，表现出对国民党审讯人员的蔑视。一个负责主审的特务高坐在沙发转椅上，手里玩弄着一只精巧的美国打火机，那双阴险狡诈的眼睛不时斜睨郑秾。这是一场心理战。

见郑秾毫不畏惧，主审特务换了副面孔，让两个手下的人搬来一把凳子给郑秾坐。郑秾泰然自若，没等敌人开口就坐在了椅子上。

主审特务对郑秾的表现大感意外，不由得一愣。他降低姿态，用亲切的语气问："郑先生，是吧？"

郑秾沉默不语，没有搭理他。

"抽不抽烟？"主审特务打开桌上的一包香烟，取出一支，打火机"啪嗒"一声窜出了淡蓝色的火苗。香烟被点着了，主审特务递给郑秾。

"我不抽烟！"郑秾冷冷地回绝了。

主审特务自感没趣，收回了香烟，用右手的两根手指夹着凑到自己嘴边深深地吸了一口，"烟可是个好东西，郑先生不会抽，可惜了！"他自寻台阶。

郑秾不屑地看着主审特务的表演，不发一言。

"郑先生，言归正传：我们既然把你请来了，就想让你交代一些问题。"

"我有什么问题？"郑秾厉声问，"我有什么好交代的？"

"你问题大了，好好的路不走，偏要去做共产党！"那主审特务突然变了脸，恶声恶气地叫道。

"我觉得这不算问题！"郑秾义正词严地说，"这是我正确的选择！就像你选择国民党一样！"

正在此时，门外有人喊了一声"报告"，一个特务走进审讯室，把一份卷宗交给负责审讯的特务，凑近审讯特务的耳朵嘀嘀咕咕了一会儿，眼睛不时瞟向郑秾。负责审讯的特务边听边点着头。

"科长，我们已经掌握了这些情况。"那刚进到审讯室里来的小特务稍稍放大了音量，似乎是有意说给郑秾听的。

"很好，你汇报的情况很重要、很有用！"负责审讯的特务原来是审讯科长，他对小特务赞许道。

那小特务走后，审讯科长翻阅了刚送来的卷宗，笑着对郑秾说："郑先生，我们刚刚抓了一个红二师的人，他可什么都招了！"又用手拍拍卷宗，"这里面记录得非常详细！"

"哦，是吗？那你就不用来问我了。"郑秾嘲弄地笑笑，"何必还要这么麻烦呢？"

"这不是需要核对情况嘛！再说，你能坦白交代，也是为自己争取一条出路，我这也是给你一个机会。"那审讯科长狡黠地说。

"我们穷人的出路只有一条，就是干革命！劝你不要白费心机，真话假话我都不会说！"郑秾的话掷地有声。

"好了好了，我也不跟你废话了！"那审讯科长预感到他遇到了一条软硬不吃的铮铮硬汉，但仍不死心，说："对于投诚人员，我们是绝不会亏待的。你如果能够迷途知返，好好交代，我可以打包票：不但你的生命安全有保障，还能保证尽力满足你的任何要求。"

郑秾不置一词，用鄙夷的眼神看了看那审讯科长。

"共产党的策略，就是利用你们来做宣传，扩大影响，鼓动不满现实、无知无识的人造反！"郑秾不屑的态度使得审讯科长恼羞成怒，他气急败坏地嚷道，嗓音猛地提高了八度。

"我受谁利用？信仰共产主义是我的自由！"郑秾也大声回击那个装腔作势的审讯科长。

"信仰有个屁用！能抵得了饭吃、抵得了衣穿吗？你真是活在梦里的人，你这样的人自己是怎么死的都不知道！"审讯科长竭尽讥讽之能事。

听了那审讯科长的话，郑秾针锋相对怒斥："你们靠剥削老百姓过着花天酒地的生活，你们这样醉生梦死过日子跟牲畜又有什么两样？！"

那审讯科长彻底被激怒了，用力拍了一下桌子，大声喝道："闭嘴！你敬酒不吃偏要吃罚酒。我看看到底是你的嘴巴硬还是我的皮鞭硬！"

几个打着赤膊的特务冲上来，拿着一根粗糙的麻绳将郑秾的胳膊勒得发紧发麻。郑秾被捆绑在了一根铁柱子上。

"怎么样？现在求饶还来得及！"审讯科长恶狠狠地说。

"呸！我就不知道什么是怕！"郑秾回应道。

"我就不信治不了你！"审讯科长手一挥，喊道，"给我打！"

一个特务立刻挥舞起长长的皮鞭抽打郑秾。那皮鞭"啪啪"作响，像一条毒蛇吐着鲜红的舌信子，直扑到郑秾身上。鞭子上有倒刺，一落到人身上就会勾起一块皮肉。随着皮鞭一下接一下地抽打着，郑秾身上被撕开了一道道血口子，翻卷起一层层皮肉。不一会儿，郑秾就鲜血淋淋、体无完肤了，疼痛钻心彻骨，但他咬紧牙关，不让自己发出一声呻吟。

审讯科长坐不住了，跳起来走到郑秾面前，满脸的横肉抖动着："这就是不老实的下场！我再问一次，你到底是说还是不说？"

"有种你就继续打，问什么？"郑秾轻蔑地回答。

丧心病狂的审讯科长愤怒地嘶吼道："给我狠狠地打！"在鞭子的呼啸声中，郑秾晕了过去。

经过残酷的拷打之后，郑秾被扔回了黑暗的牢房里。他蜷缩在地上，喉咙底下涌上来一股股血腥味，顽强的革命意志支撑着他。他太累了，想合眼睡一会，但浑身的疼痛让他无法安睡。他听到隔壁审讯室里传来阵阵的鞭打声、敌人的怒骂声。郑秾告诉自己：生命不息，战斗不止！

第二天清晨，敌人又把郑秾架进了审讯室。

不甘心失败、希图"立功"的敌人再一次把郑秾打得死去活来。半明半灭的灯光在阴暗的审讯室里晃动，敌人和刑具的影子在满是血迹的斑驳的墙壁上晃动。

狡猾的敌人故意把审讯室安排在牢房的边上，就是为了恐吓革命者，起到"杀鸡儆猴"的作用。然而，真正的革命者是吓不倒的，也不会被任何刑具摧垮。对信仰坚定的共产党员来说，毒打只会激起他们对敌人的仇恨。

"把他泼醒，再打！"心狠手辣的敌人见郑秾又一次昏死过去，疯狂叫喊道，"只要他还有一口气，就一定要叫他开口！"

郑秾

一桶冰凉的水从郑秾的头上浇了下来，郑秾全身的伤口因身体应激的抖动而被撕裂，疼痛被无限放大扩散。郑秾疼得醒了过来，但鲜血和冷水混在一起使得他的双眼无法睁开。郑秾艰难地挺起自己的脊背，向敌人宣告自己的不屈。血和水浸透了他的头发，继而爬满了他的脸。突然，郑秾抬起头，模糊的双眼朝向那个审讯科长，这让在场的特务们都打了个冷战。

"你果真不怕死？"审讯科长问，他的声音发颤了。

"呸——"郑秾轻蔑地吐了口血沫，"死有什么可怕！像你这样的人才贪生怕死！"

"拖下去，拖下去！"审讯科长暴跳如雷，"这是一个疯子！"

接下来一连几天，敌人没有再审讯郑秾。这一天，一个看守拿着棍子"嘣嘣嘣"敲着牢房的大铁门，喊："郑秾，快过来，你家属给你送东西来了！"

郑秾颇感意外：家里人怎么突然给自己送东西进来了？他挪动着一

瘸一拐的双腿，来到了牢房边的铁门前。

一个小小的篮子被递了进来，篮子里的东西已经被敌人翻得乱七八糟。郑秾接过篮子，看到一笼发糕和几个馒头。他百感交集，沉默了，泪水不由自主地流了下来。他一步一步挪向难友，高兴地喊道："快来，有东西吃啦！"

难友们纷纷围了上来。"郑哥，好东西啊！""这回能吃个饱了"……大家七嘴八舌地说着，牢房里似乎有了过节一样的气氛。

"吃吧吃吧，我们吃饱了就有力气跟敌人斗争了！"郑秾鼓励大家。

2

形势越来越严峻，国民党当局终于失去了耐心，要对郑秾下手了！

11月2日，国民党龙游县县长蒋元薰向浙江省政府主席鲁滌平以及浙江省民政厅、浙江省第一特区行政督促专员、浙江省第三区保安分处呈报称："奉经饬属协同省探秘密搜查，当将匪首郑秾获案，自承共产党不违，余情不肯直供，现解送保安处讯办。"

郑秾被押解到国民党浙江省保安处后，得到多日照顾、优待，随后又经受了审讯。

开始时，国民党浙江省保安处负责审讯的特务对郑秾"动之以情"："你看，前些日子我们待你多好！你也要替我们想想嘛，不要太为难我们。"

"哼，不要再假惺惺的了，你们真的待我好，就把我放出去！"郑秾毫不客气地指出敌人的阴谋。

"你不替我们想想，也得替你家人想想。你如果真走了，他们怎么办？"敌人见一计不成又生一计，"回家与亲人团聚不好吗？"

"国家千疮百孔，百姓生活水深火热，哪有什么'亲人团聚'？"郑秾反问道。

"你投靠了政府，你和你家人就都会过上'人上人'的好日子。"敌人继续抛诱饵。

郑秾听了，怒气冲天，责问道："你们能让老百姓都过上好日子吗？你们觉得自己是可以信赖的吗？"他大声申明，"我们共产党是全心全意为老百姓谋利益的，我只相信我们的党！"

听了郑秾这一番话，参与审讯的几个特务个个气得脸色发青，歇斯底里地叫道："冥顽不灵！顽固不化！死不足惜！"

郑秾哈哈大笑，爽朗的笑声让敌人心惊胆战、狼狈不堪。

敌人凶相毕露，辣椒水、老虎凳……惨无人道的酷刑使得郑秾浑身如散了架一般，嗓子也被辣椒水灌得发不出声音了，疼痛难忍。

这是郑秾最后一次遭受酷刑审讯，敌人依然一无所获。敌人彻底绝望了！

省保安处将郑秾被捕后拒不招供的情况向国民党高层作了汇报，请示处置办法。对"死不反省""死不悔改"的中国共产党党员郑秾，面对阴森的公堂，坚贞不屈，顽强斗争，龙游县伪县长蒋元薰向伪省府主席鲁涤平的呈报中说："……郑秾获案，自录共产党不谛，余情不肯直供。"国民党上下无计可施，决定把他处死。

在郑秾被抓受审期间，国民党反动派在龙游、兰溪、汤溪、寿昌进行了大搜捕，红二师骨干成员们被捕后宁死不屈，被押往衢州第三区保安分处审讯。

3

红二师对敌斗争是顽强的、坚决的。在龙游火车站，发生了一起被捕的红二师战士勇斗国民党军警、特务事件，这一事件惊天地泣鬼神。

1933年11月7日，国民党龙游县县长蒋元薰令基干队分队长周宗岳带领军警，负责将红二师副师长张自强和吴守华、赖樟松、王福奎、周金海、夏金祖、周樟标、刘协鑫、章耀麟、张樟松、李清楷、沈孙科（沈香科）、余仁开、苏小弟、邱瑞沛、刘林生、朱卸苟、沈道友、王树福、刘朝基、张樟荣、周凤翔、张顺川23名红二师骨干成员从龙游监狱押往衢州第三区保安分处关押、审讯。这天天气反常，火辣辣的太阳使得人们燥热难当，个个浑身冒汗。下午2时许，龙游城大西门到龙游火车站的路上，国民党龙游县警察、基干队员五步一岗、十步一哨，荷枪实弹，如临大敌。23名红军骨干成员人人被双手反剪在身后紧紧地绑缚起来，他们在国民党军警押解下强忍伤痛，昂首挺胸，英气逼人，分几个列队押送龙游火车站，去衢州保安处。走在最前头是张自强，他中等身材，国字脸，两眼炯炯有神，令沿途警戒的国民党军警看了胆寒。在将到龙游火车站附近时，周宗岳接到命令：火车晚点，暂将"赤匪"集中严加看押，不得有误！于是，国民党军警将张自强等红军人员集中到龙游火车站对面（现巨龙路北侧党建广场有"血沃龙丘"遗址，即八烈士的牺牲之处）看押。

"卖烟喽，老刀牌香烟！"龙游火车站一带有孩童在兜售香烟。负责押解张自强等红军人员的国民党军警大多是"烟兵"，听到叫卖香烟的喊声，他们的烟瘾就上来了。几个负责押解的军警看了看被绑得严严实实的红军人员，心想：谅你们也逃脱不了！他们向卖烟的孩子走去，把看守红军的任务交给几个资历浅的新兵。这些老兵痞占便宜习惯了，拿了烟不给钱，结果跟卖烟的小孩发生了争执，引起群众围观。

吴守华一看有了机会，被绑着的双手用力动了动，引起在他身后的张自强的注意，他掉过头用眼神示意张自强靠过来，轻声道："帮忙解开绳索，趁机逃走！"吴守华又朝每个战友都意味深长地看了一眼，大伙心领神会，悄悄地各个背靠背靠拢，互相解开绳结。看到有军警走近了，他们就主动搭腔套近乎："老总，你是哪里人？家里生活好吗？""老总，你出来当警察混饭吃也不容易呀！"大伙十分默契地相互打着掩护，挡住国民党军警的视线。

张自强、吴守华、赖樟松、王福奎、周金海、夏金祖、周樟标、刘协鑫第一列队8位红二师骨干成员刚要解开绳索，火车汽笛响了，那几个去买香烟的军警连忙赶回，发现原本相互间隔一定距离的红军人员却两两凑到了一块。有个国民党警察大声喊起来："你们在干什么？快给我分开！"边呵斥边跑过来查看。

那个警察的喊叫引起了其他军警的恐慌，他们急忙向红二师骨干们围了过来。情势危急，红二师骨干成员周金海、王福奎、周樟标身怀武功，他们一边挣脱已经松了结的绳索，一边扑向国民党军警。周金海一个箭步跨到一个基干队员面前，一拳将其击倒，抢夺了他手中的枪。王福奎、周樟标冲到一个敌军警跟前，一拳击中其头部，打得敌军警踉踉跄跄向后倒去，两人乘势去夺枪。有个警察缓过神来抢起枪托就砸，却被王福奎、周樟标抓住机会抓住枪托夺下了枪。张自强、吴守华、夏金祖、赖樟松、刘协鑫他们挣脱绳索后，纷纷捡起路边的石块、木头与军警搏斗，有的就用刚解开的绳索朝敌人猛抽……红二师骨干们与国民党军警扭打成一团。

混战之时，有枪走火了，"砰"的一声枪响惊动了在火车站候车的、接站送行的、做小买卖的等所有人。顿时，火车站及附近区域一片混乱，火车站外的群众四处乱跑，在候车的乘客纷纷寻找角落躲藏，有的则径直跑上了火车。张自强高喊："同志们，我掩护大家，快跑！"在火车站附近驻扎的国民党军警听到枪响迅速赶来，领队的头目心慌意乱举起枪朝天空放了两枪，喝道："都给我别动，谁动就毙了谁！"但恐吓对红军人员不起作用。邱瑞沛假装摔倒，一伸腿绊倒好几个敌军警；章耀麟、苏小弟等绳结还没来得及解开的红军骨干勇敢地挡住敌人的路……红二师红军骨干们虽然在监狱中受尽了折磨，早已伤痕累累，但他们面对强敌毫不畏惧，把生死置之度外，奋力与敌人搏斗……

穷凶极恶的敌人终于露出狰狞的面目，向红军人员连连扣动扳机，几名红二师骨干成员倒在了血泊之中。张自强怒不可遏，像一头猛狮扑向敌军头目。顿时，枪声大作，8名红二师战士终因寡不敌众又手无寸铁，为了革命事业流尽了最后一滴血，壮烈牺牲！

龙游火车站周边一片寂静，躺在地上的红二师战士们的鲜血汩汩流淌，令人触目惊心。

被捕的红二师战士们在龙游火车站的抗争、暴动，让国民党当局认识到革命者顽强的意志和不怕牺牲的大无畏精神。敌人为确保不再发生类似事件，在将另15名红二师骨干成员押赴衢州第三区保安分处时，专门更换了押解文书，加派了押解人员。不久后，又把这15名红二师骨干成员转送浙江陆军监狱关押。

龙游火车站事件发生当日，国民党龙游县长蒋元薰、县公安局长楼筱琨即向浙江省保安三分处鲁仲修呈报："本日解保安处匪犯吴守华、赖樟松、王福奎、周金海、张自强、夏金祖、周金标、刘协鑫、章耀麟、张樟松、李清楷、沈孙科（沈香科）、余仁开、苏小弟、邱瑞沛、刘林生、朱卸苟、沈道友、王树福、刘朝基、张樟荣、周凤翔、张顺川23名行过龙游火车站里许，其中吴守华等多人竟敢扭断绳索向警士夺枪抗衡图逃法网。正在危急之际迫不得已开枪击毙吴守华、周金标（即周樟标）、刘协鑫（即刘叶新）、赖樟松、王福奎、张自强、周金海、夏贞祖8名，其余邱瑞沛等15名另换解文，改团警解赴衢县。"同日，国民党龙游县县长蒋元薰令基干队分队长周宗岳，团丁王裕帮、楼斌等17人，押解红军骨干成员苏小弟、章耀麟、朱卸苟、张樟松、李清楷、沈孙科（沈香科）、余仁开、邱瑞沛、刘林生、沈道友、王树福、刘朝基、张樟荣、周凤翔、张顺川15人至衢州第三区保安分处。

次日，国民党龙游县政府向浙江省执行委员会、浙江省政府、浙江省保安处、浙江省民政厅报告："本月7日奉解共匪邱瑞沛等23名共匪莅验等情，据查共匪吴守华、张自强等，证据确凿，在反动组织担任重要职务属实。就逮之后，拒解图逃，致使格毙，亦有情势所迫，暨由委员、县长等莅验毙匪吴守华、赖樟松、王福奎、张自强、周金海、周金标（即周樟标）、刘协鑫（即刘叶新）、夏贞祖8名委系拒解格毙外，其他余犯另解衢县。"

龙游火车站前8烈士牺牲场景

11月11日，国民党浙江省执行委员会、浙江省政府主席鲁涤平回电，称："电悉。该吴守华、赖樟松、王福奎、张自强、周金海、周金标（即周樟标）、刘协鑫（即刘叶新）、夏金祖8名既据查明系属赤匪分子，在反动组织担任重要职务，证据确凿，就逮后尤敢拒解图逃致被格毙，属实罪有应得，应准备案。至邱瑞沛等15名既据解送第三区保安处，应候该处讯办。仰即知照。"

12日，寿昌县石木岭红二师骨干成员吴延林在衢州被捕后关押在衢州第三区保安分处。石木岭红二师负责人邵志熙获悉吴延林被捕，不顾个人安危赶赴衢州，打算以自己的石木岭间长身份把吴延林保释出来。他当晚投宿在龙游县城一家姓朱的人开的客栈。国民党暗探、邵志熙的同乡陈三苟发现邵志熙的行踪，立即向国民党当局告密。国民党当局获此情报，立马部署抓捕。

邵志熙不知道危险正在向他逼近。在他踏进客栈的那一刻，就有一双阴鸷的眼睛盯上了他。他浑然不知，走进二楼自己定下的房间。

夜幕降临，星星一颗颗悬在天空，静静地俯瞰大地。客栈里各个房间的灯火相继熄灭了。

这时，国民党特务们拿着枪轻轻敲打客栈的门。店门开了，一个特务拿枪指着朱掌柜的脑袋，低声喝道："别出声！"朱掌柜茫然不知出了什么事，吓得浑身发抖，抱着头蹲在地上不敢作声。几个特务根据事先掌握的情报，蹑手蹑脚地上了二楼。

邵志熙没有就寝，还在考虑保释吴延林的事。他突然听得客栈外巷子里的狗在叫，就感觉有情况，于是偷偷打开窗户，探出头察看，果然不对劲，客栈门口的电线杆下隐隐约约有几个黑影在晃动。大半夜的，是什么人还鬼鬼祟祟地守在客栈门外？邵志熙连忙悄悄关上了窗，移步到房间门边，贴着门屏声静气听着外面的动静。他听出客栈的木质楼梯发出轻微的响动，有人上楼来了，而且还不止一个。邵志熙意识到危险来临，他把自己全身检查了一遍，确定未带有党和红二师的资料文件，然后若无其事地坐在椅子上，顺手拿起桌上的一份报纸，边看报纸边喝着茶。

特务们凶狠地撞开了房门，看到邵志熙一副悠闲的样子，喝道："别动！"邵志熙装作一愣，以茫然不解的神情看着特务。特务们一拥而上，其中一人用枪抵住了邵志熙的头，道："还看报喝茶，装什么蒜！"

邵志熙故作惊慌，问："怎么啦？这是怎么回事？"

"什么事你自己不知道？你的事大了，你要是现在不知道，到了警察局就会知道了！"领头的特务头子喝道。

特务们一把把邵志熙拖到墙边，让他背靠着墙站着，有几个特务在房间里翻箱倒柜地搜查，就连枕头、被子都细细翻找了个遍，结果一无所获。

特务头子阴沉着脸，奸笑道："走吧！"

特务们把邵志熙围夹在中间，推搡着下楼去，楼梯被踩得"咚咚"作响。旅客们被吵得不能安睡，有的开门查看到底出了什么事，当得知是警察在抓人时，个个关紧房门不再出声。有对夫妻带着孩子也住在这家客栈，已经睡熟的小孩经警察、特务们这么一闹，被吵醒了，"哇哇"哭了起来。

邵志熙故居（2023年摄）

"抓人，抓人，这年月怎么啦？到处抓人！"孩子的父亲摇了摇头，嘀咕道。

邵志熙不幸被捕后，朱继赛、周新富等石木岭红军骨干成员也相继落入敌手。朱继赛、吴延林、周江美、周新富等人遭到了严刑拷打，但他们宁死不招供，被押至杭州陆军监狱监禁。

4

国民党反动派在抓捕了红二师战士后，分批进行了公开审判。

11月26日上午，国民党龙游县警察局把黄庆云、苏小弟、邱瑞沛、章耀麟（章耀庭）从监狱押解到刑事法庭候审室，由县长蒋元薰、书记员季贻勋等人对这四名红军骨干进行验明正身。

在青天白日旗之下，书记员季贻勋首先点呼黄庆云入庭。

季贻勋问："你的姓名、年龄、籍贯？"

黄庆云平静地回答："黄庆云，今年48岁，龙游人！"

季贻勋提高声音又问："今天奉蒋委员长的命令，要将你枪决，你另外还有什么话要说？"

黄庆云从容地说："我身上还有5块钱，给我买口棺材！"

季贻勋恶狠狠地补充道："我的意思是说你对家里人还有什么话要说？不是叫你说这个！"

黄庆云轻蔑地笑着回应："我想说的话就是这个——给我通知家属，领棺回去埋葬！"

县长蒋元薰、书记员季贻勋等人面面相觑，感到不可思议：一个人死到临头了，怎么还能如此镇定？季贻勋心慌了，急忙喝道："带下去！下一个！"

被带上来的苏小弟比黄庆云的个头要小，季贻勋觉得应该容易对付。他稳了稳心神，强作镇定地开始"验明正身"。

季贻勋问："你的姓名、年龄、籍贯？"

苏小弟仰着头，冷冷地反问："怎么？你还不知道我是谁吗？你是不是没事找事、明知故问？"

"叫你回答就回答！"季贻勋怒敲了一下桌子上的小木槌，以示威严，"无关的废话不要说！"

"苏小弟，44岁，龙游人！"苏小弟铿锵回答。

季贻勋摆出一副威严的样子，提高嗓音问："今天奉蒋委员长的命令，要将你枪决，你对家里人还有什么话要说？"

苏小弟的回答干脆利落："我跟家里人没有什么话说了。给我通知家属，替我收尸就好了！"

蒋元薰等审判人员听了苏小弟的回答，个个心惊，脸色不由得红一阵白一阵的。季贻勋难以置信地看了看苏小弟，提高嗓门说："把他带下去！"

在对邱瑞沛、章耀麟进行审讯、"验明正身"时，蒋元薰以及几个法官同样威风扫地。革命者们视死如归的气概，令敌人颜面无存。

黄庆云、苏小弟、邱瑞沛、章耀麟四名红二师战士最后的时刻到了！他们并排站在法庭上，敌人问："这是你们最后的一次机会，还有没有话要说？"

黄庆云、苏小弟、邱瑞沛、章耀麟四人用坚毅的目光相互对视了一下，异口同声地说："没有什么话说，帮我们通知家属收尸就好了！"

法官敲了一下小木槌，歇斯底里地喊着："全场肃静！现判决如下：奉蒋委员长核准，对黄庆云、苏小弟、邱瑞沛、章耀麟验明正身，就地枪决！"四名红二师战士仰着头、挺着胸，脸上带着笑容，被国民党警察押出了法庭。

国民党浙江省第三区保安分处将黄庆云、苏小弟、邱瑞沛、章耀麟四人押赴到了刑场实施了枪决。四名红军骨干成员为了自己的信仰，壮烈牺牲！

国民党浙江省政府关于枪决黄庆云等四人日期的指令（档案资料）

　　国民党浙江省第三区保安分处在屠杀了四名红二师骨干成员后，即日向国民党浙江省政府主席鲁涤平、浙江省民政厅厅长吕苾筹、浙江保安处处长俞济时报告称："遵照省政府来电，提该匪犯黄庆云、苏小弟、邱瑞沛、章耀麟（即章耀庭）四名，验明正身，于11月26日上午10时由职督队亲莅刑场执行枪决。龙游县县长蒋元薰现场鉴核。"同日，国民党龙游县县长蒋元薰发布布告："该县获匪黄庆云、苏小弟、邱瑞沛、章耀麟（即章耀庭）四名，奉蒋委员长核准，验明正身，即日执行枪决。"

　　当日，龙游东乡后大路村的黄振祥怀着悲痛的心情到监狱整理哥哥黄庆云的遗物：徐开年等出拼松木字据1张、陆瑞云等出拼松木字据1张、状稿1张、呈沈主任申请书稿1张、司法收状证3张、铜钱25枚、私章1颗、内装5块银圆、皮夹1只等。他满怀刻骨仇恨，到刑场将黄庆云烈士的遗体领回家安葬。龙游东乡章王村的章王氏自备棺材到刑场将丈夫章耀庭烈士的遗体收殓，运回家埋葬，并领回遗物。苏黄氏带着家人到刑场将丈夫苏小弟烈士的遗体领回家，自行埋葬。龙游东乡后大路村的邱马氏自备棺木，带着家人到刑场将丈夫邱瑞沛烈士的遗体收殓，运回家乡埋葬。

5

12月12日，国民党龙游县县长蒋元薰接到浙江省保安处法字170号训令：

> 案查前据本处探员在该县缉获匪首郑秾一名，业经讯明该犯组织伪军，图谋大举属实，并已电奉蒋委员长批准，处以死刑。应予押赴就地执行，以昭炯戒。除收该犯验明正身，提交本处抖员汪宗孟率带探兵押解外，合行令仰该县长遵即点收，派队妥解适当地点，执行枪决。仍收遵办情形具报备查。

并另附批示：

> 十二月十五日上午十时执行。相片洗好呈报。

　　12月15日，饱受酷刑折磨的郑秾被绑缚到龙游县城大西门外执行枪决。直到最后，敌人也没能从这位硬汉嘴里得到一个有用的字。敌人非

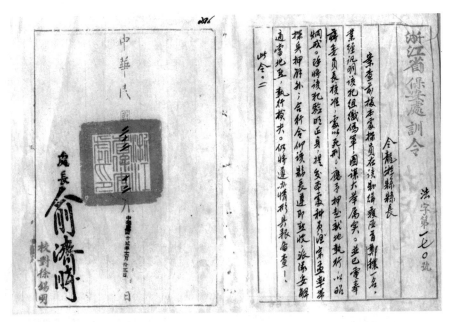

浙江省保安处法字第170号关于枪决郑秾的训令（档案资料）

常害怕他，将他的双手紧紧地反绑着，身后插着长长的牌子，上面写着判决他的罪名。在他身边围着十几个荷枪实弹的军警、特务，把他看管得严严实实。国民党当局召来众多百姓观看行刑，企图以郑秾的鲜血威吓群众。

郑秾无所畏惧，他想在最后的时刻做最后一件事：唤醒民众。他昂头挺胸，对刽子手大声说："我有成千上万的同志，你们只能杀死我郑秾，但中国红军和革命人民是杀不完的！"接着，他奋力高呼："打倒蒋介石反动派！打倒日本帝国主义！中国共产党万岁！红军万岁！"

这口号震天动地，围观的群众有的暗暗竖起大拇指赞叹："这条汉子真的了不得！""他带头造反为了什么呢？为的是让百姓过上好日子啊！""他是个好人啊！"……国民党特务们听到了百姓们的纷纷议论，不由得惊慌失措起来。于是，一个特务手忙脚乱地掏出手帕，塞进了郑秾的嘴里。郑秾目光如炬，狠狠地瞪了那特务一眼，吓得那特务连连倒退了几步，躲到别的特务身后去了。郑秾用慈祥的目光看向百姓，

临刑前的郑秾（龙游档案资料）

1933年12月15日郑秾惨遭枪决
（龙游档案资料）

郑秾就义场景

脸上写着笑意。

国民党警察拿出死刑判决书，抓住郑秾的手，企图要他签字画押。郑秾对此嗤之以鼻，无论敌人怎么掰他的手指，他都紧紧地握着拳头坚决不松开。敌人无可奈何，只得作罢。

突然，有两个警察分别猛踢郑秾的两条小腿，郑秾猝不及防一个趔趄跪在了地上。地上满是碎石子，硌得他疼痛难忍，他在被审讯时留下的膝盖的伤口裂开了，鲜血冒了出来。郑秾怒目圆睁，瞪着几米开外的行刑警察，使得那几名警察心惊胆战起来。

罪恶的枪声响起，郑秾倒下了，他缓缓地闭上了眼睛，鲜血浸透了他身下的土地。这位丽水青田的农民，因为革命，与龙游这片土地结下了深深的缘分，他把他年仅39岁的年轻生命奉献给了龙游大地，用他的鲜血唤起了民众的觉醒！

此前一日，在一无所获的情况下，林来均、吴思荣、李林汝分别于汤溪西门、兰溪城关、游埠马鞍山英勇就义。

革命者们视死如归，国民党反动当局更是感到恐慌。国民党当局加快清洗行动，想把浙西大地的革命火苗彻底扑灭。然而，殊不知国民党当局的暴行加速了星星之火的燎原。

屠杀只能消灭躯体，革命的精神永不灭。正如郑秾和他同时代的革命者们所期盼所预言的那样，革命的火焰一直在浙西这片土地上熊熊燃烧，从未熄灭！

白色恐怖 BAISEKONGBU

　　在眼皮底下悄无声息冒出一支红军队伍，这使得国民党当局感到不可思议,也使得国民党当局惊恐万分。虽然红二师的武装暴动被扼杀了，但国民党当局仍心有余悸，对清除红二师成员作了严密部署：一方面派出大批军警会同兰溪、龙游、汤溪、寿昌各县地方反动武装不分昼夜对红军战士实施抓捕；另一方面到处张贴布告，威吓、引诱红军人员"自新"。为了达到其目的，国民党当局甚至对红军人员家属进行残害。在此严峻形势下，有的红军战士远走他乡，隐姓埋名；有的红军战士进行"假自新"，等待、寻找时机发起对反动统治的斗争；也有的红军战士不惧白色恐怖继续斗争，受到反动当局的迫害乃至杀戮。

九、白色恐怖

1

郑秋被害以后，江天吉、朱金奎两个叛徒不需要在暗地里活动了，他们堂而皇之地以国民党当局走狗的面目出现在人们的面前。当初，朱金奎在被国民党当局抓获时，厚颜无耻地称自己是无知愚民，被共党诱骗了，他与共党有着不共戴天之仇，决心死心塌地为国民党效劳。朱金奎果然对国民党忠心耿耿，他伙同江天吉为害红二师。而江天吉这个红二师师部的蛀虫，正是他的告密才使得红二师准备充分的武装暴动计划毁于一旦！

红二师武装暴动被扼杀，组织遭受了全面破坏，红军骨干人员被杀的杀、关的关，有的则逃往他乡隐匿，还有的转移外地继续从事革命工作。鉴于红二师尚有革命火种散布各地，国民党反动派慌得手忙脚乱，务要斩草除根。

国民党反动当局到处搜查红二师人员，从1933年10月30日起直到1937年上半年，接二连三发出一道道公函、训令、密令、指令、布告等，责令各地政府、军警严查，同时增派要员到龙游、兰溪、汤溪、寿昌及周边各有关县督办。各地国民党反动派则不惜重金悬赏购缉外逃红军骨干成员，还采用招抚自新、连坐担保等手段企图彻底瓦解、铲除红二师。江天吉、朱金奎在此期间被派上了大用场，他们不遗余力地到处搜捕红二师人员，以此对国民党当局表忠心。江天吉、朱金奎曾窃据红二师的核心，认识不少红二师重要成员，他们带着军警、保安团，狐假虎威，每到一处便闹得鸡飞狗跳。

国民党反动派掀起了腥风血雨，不但加派武装力量缉拿红二师人员，更利用各地的流氓、地痞充作探子寻找红二师战士的蛛丝马迹。龙游、兰溪、汤溪、寿昌四县陷入白色恐怖之中。

2

朱金奎人称"朱讨饭"，原就是个不肯劳作、贪图安逸的懒汉，但为人却极为狡诈。在寻找红二师藏匿人员的行动中，他到处安排人员做密探，卖力地搜索情报、信息。

这天，朱金奎得到一个消息：有红二师人员隐藏在溪口深山的一个村庄里。朱金奎极为兴奋，认为事不宜迟，决定当夜即去抓捕。他带着几十个民团团丁和地痞、流氓从湖镇出发，赶往溪口，到溪口地界天已黑了，很快就伸手不见五指。邻近那村庄，朱金奎把带去的人分成两拨，左右包抄，试图一举抓获红二师人员。

此时，红二师队长方正刚带着三名战士恰在村庄周围巡逻，他听到村边的山上有几只鸟被惊飞的声音，便警觉起来，拔出手枪紧盯着那山上的动静。果然，山上传来"沙沙"声，似有一群人在活动。

"不好，可能有人来偷袭！"方正刚压低声音提醒跟在他身边的战士，让一名战士快去住处通知其他人员做好迎战准备。很快，山上的那群人从毛竹丛中钻了出来，直扑红二师战士居住的民房。在此危急关头，方正刚当机立断，"啪、啪、啪"，立刻向敌人连开三枪。刺耳的枪响声划破了山村宁静的夜，方正刚与另两名战士趁着夜色在小弄堂转来转去，不时朝敌人打一枪。敌人穷追不舍，却怎么也追不上、抓不到。

在民房的红二师战士们听见枪声迅速行动，分散向村庄四周的山上撤退。不久，方正刚带着两名战士也进了山林。听到一声接着一声的猫头鹰叫声，战士们很快聚拢了。猫头鹰叫声是约定的联络暗号，方正刚清点了人数，见一个不少，于是带领大家转移。

闹腾了一夜，幻想着出其不意立个大功的朱金奎连红二师战士的毛都没捡到一根，不由得气急败坏。次日凌晨，朱金奎把全村的男女老少赶到村祠堂，要乡亲们讲出红二师人员在村里的活动情况、提供红二师人员的去向信息。

"老总啊，那些人到哪里去了，我们怎么会知道呀？他们离开村的时候，你们不是也在村里吗？"村里一位拄着拐杖的老年人对朱金奎说。

"那些赤匪住在你们村多少日子了？你们怎么不报告政府？"朱金奎厉声问。

"那些人说是逃难的，我们也不知道那就是赤匪啊！"那老人家颤颤巍巍，拿着拐杖往地上戳了几戳，一声声喊冤。

又折腾了一个上午，朱金奎没得到一点有用的信息。他恼羞成怒，指着乡亲们说："你们一个个都被赤化了，你们都通共，都是共匪！"对带来的民团团丁和地痞、流氓下令："这个赤匪的窝点还留着干什么？平了！"民团团丁和地痞、流氓们立即分头行动，挨家挨户搜找财物，然后点火烧房屋。顷刻间，村庄上空浓烟滚滚，一座村庄被毁了！有几个乡亲不甘心家园被毁，拿起锄头、扁担冲向团丁、地痞、流氓拼命，但都遭到了枪杀。

3

武装暴动被扼杀了，郑秋和大批骨干成员被抓捕，但红二师战士们的革命活动仍未销声匿迹。想到在浙西地区似乎一夜之间就悄无声息地冒出一支革命队伍，国民党当局心有余悸，务求"斩草除根"。针对龙游、兰溪、汤溪、寿昌四个县的根除"赤匪"行动，国民党上下一个个报告、一个个训令频繁地上传下达，各地军警、地方武装如陀螺般转，日夜四处抓捕红二师成员。

1933年11月6日，在龙游，红二师骨干成员严盛富、黄庆云、刘朝基、张顺川、李清楷、傅石根、夏贞祖、张樟松、章耀庭、张樟荣、劳顺芳、沈香科、周凤翔、徐樟生、余仁开、张开方、刘叶新、刘焕连18人被捕。除了实施抓捕，国民党当局还想出了"招安"一招，企图以此瓦解红二师。

11月7日，浙江省保安处委员赵见徵、省党部委员何秉达、省政府委员张一虬会同龙游、兰溪、汤溪、寿昌四县县长，共同签署招抚自新布告：

"照得赤匪为祸，烈于洪水猛兽，究其所为将使中国整个民族完全消失。现在赣、鄂、湘、豫诸省人民生命财产遭受极度之摧毁，闽险之祸尤为甚，言之大可寒心。……

"此次龙游东乡一带破获反动组织，搜获名册证籍，籍感匪党阴谋，企图于兰溪、龙游、汤溪、寿昌四县毗连地点定期暴动，由青田人郑秾主持其事。今幸首恶就逮，余党咸获，为浙东去一大患，即为全浙人民生命财产加一保障。现此案业经次第讯明，间有凶狡之徒，顽性难防，格毙无赦。其余情真罪确，法难原宥，自应分别严惩。少数幸逃者，亦将悬赏购缉，务必获案就办。此外无知愚民，罔知事理或被金钱诱骗或被暴动威胁致将名单误交匪手，罪固可诛，情可哀矜，如果深得悔悟，剖诚自白准援。"

该布告明确招抚投诚"赤匪"办法：

责成其父兄邻右二人以及房族长或本区公正绅者具结担保，由县发给自新证后交具保人领回监督。如此办理，网开一面，务期感化，咸兴维新。至于安分良民与本案无涉，自宜安其生业，仍遵守各户联保切结之规定，互相督促，毋再疏忽……

国民党当局一面发出"招抚自新布告"，一面继续丧心病狂地抓捕红二师人员。11月8日在龙游，陈卸牛、何清林、季汝金、季小苟、季忠根、周正喜、周阿美、祝德才、陈良钦、何月弟等12名红二师成员又遭逮捕。

为避免夜长梦多，国民党龙游县县长蒋元薰令警士陆国良等12名军警押解红军骨干成员鄢金海、胡石原、林金福、毛阮松、吴寿彩、严老三、翁培明、张灰苟、童卸苟、杨茂苟、陈卸牛、苏老八12人到衢州受审。

同日，浙江省主席鲁涤平发秘字3477号指令，查此业经本政府指令科长何秉达驰往龙游会同缉办此案（红二师）。

9日，从寿昌解来两名红二师成员到龙游拘押：邵德呈（新富）、陈文斌。

10日，红二师成员邵招珠（女）、王金妹（女）、江根土三人被捕。

"红二师案"成了浙江省首屈一指的大案，国民党当局投入大量人力、物力、财力，越来越多的红二师成员被捕。

11月底，国民党浙江省省党部委员何秉达、省政府委员张一虬、龙游县县长蒋元薰公布龙游县应继续缉捕的21名重要"匪犯"名单：杨寿春、巫枝林、季永昌、汪岳年（汪鹤年）、叶仁、徐樟苟（徐章苟）、廖贵发、王春富、王长芝（王金山）、吴樟培、黄昌金（黄品金）、吴有根、潘金水（潘塘洋）、吴中柱、王如方、黄阿树、赖雨云（赖如云）、王樟春、姜馁馁（姜衡）、汪岳标（汪鹤标）、罗成荣（卢成荣）。

4

与此同时，"招抚"计划也在实行中。12月6日，国民党浙江省第五届执行委员会在省党部会议室召开第58次会议，会议记录中即有"其余多数盲从分子，设法促使省悟，办理自新手续"等语。

12月12日，国民党浙江省政府主席鲁涤平，委员吕苾筹、周骏彦、陈布雷、曾养甫、蒋伯诚、蒋锡候、王澂莹、杨锦仲联名发布浙江省政府秘字第6号布告。布告称：

> 为布告事：照得本年十一月间，龙游县境破获赤匪机关，搜得匪党名册，察觉兰溪、汤溪、寿昌各县，亦均有匪徒分布活动。案内首要分子，业经多数缉获，分别法办。其余除少数在逃要犯，仍应按名严缉外，所有无知盲从，或被胁加入者，均准回家各安生业，亦经本政府委员会会同各该县长，出示晓喻在案。兹应行悬赏通缉者，龙游有杨寿富、王长芝、巫枝林、潘金水（潘塘洋），兰溪之郑永泉等五名，各悬赏二百元；龙游之季永昌、赖雨云即赖如云、汪鹤年（汪岳年）、汪鹤标（汪岳标），汤溪之徐马昌、叶耀高、叶兰汀、徐樟有，兰溪之商嘉通九名，各悬赏一百元。此外龙游之叶仁、吴樟培、吴樟苟（徐樟苟）、吴中柱、廖贵发、王长春（王樟春）、王春富、卢成荣（罗成荣）、吴有根、黄品金（黄昌

金），汤溪之郑贡元即郑妹义、龚景成、徐炳炎，兰溪之吴思昌、徐海君、陈昇等十六名，各悬赏五十元。以上各犯，由人民直接拿获送案者，赏金全数发给；其通风报信，因而拿获，或由军警缉拿者，减半支给。仰各界民众切实检举，俾得早日缉获，以除害马而安良民。本政府为爱护人民，维持安宁起见，特派委员前来，会同各县长，分赴各处，广为劝导。凡尔等曾被赤匪

国民党浙江省政府秘字第6号布告（档案资料）

协诱名列匪册者，应各悔悟前非，切戒不再与匪为伍。本政府爱民如饬，一律宽其既往，准许自新，免于追究。自新期间，准予一月三十日为止。仰各于期间内向委员请求办理。倘仍徘徊歧途，不自来归，显系甘心为匪。固知改悔，一俟期满，即当按名拘究，决不宽贷。幸勿自误，致贻伊戚，仰各周知，特此布告。

悬赏通缉人员除了省政府所列名单之外，龙游、兰溪、汤溪、寿昌各县还增加了一些名额，如龙游有黄阿树、姜馊馊（姜衡）、王如方，兰溪有许起尧等，悬赏金额50元至100元不等。

为了加大对红二师人员和群众的压力，制造"乌云压城"的态势，1934年12月底，浙江省政府委员姜卿云、浙江省党部委员何秉达、龙游县县长蒋元薰联合发布龙游县政府第72号布告。布告称：

查得匪首郑秾，前在龙游、兰溪、汤溪、寿昌等县胁诱人民为匪，一时无知愚民盲从甚众，省政府本除暴安良之旨，将首要匪犯，缉拿严办。其曾被胁诱者，因属犯法，情实堪怜。特派委员等分赴各县，招抚悔悟诸人，准予自首免罪，限定以一个月为期，即自1934年1月1日起至1月30日止。委员等奉派以来，即自省来龙，于1月1日在希唐镇吴氏宗祠及城内县党部两处设立办事处，着手办理。曾派员分往各乡镇广为宣传，期切实盲从悔悟诸人，均有自新之路。日来自首者，极为踊跃，10日之间总计有700余人。委员等因于1月以内，须办完四县事务，是以在龙游不能久留，1月10日将办事结束，11日后，即转往汤溪、兰溪办理。所有龙游境内，或因逃亡在外不及赶回自首者，如果悔悟有心，委员等亦何忍置之不顾。现经与县长熟商，在10日以后仍可向县政府请求办理，或即经赴游埠本委员办事处自首，但1月30日之期决不展限，逾期即不再办理自首。望善体委员等爱护尔等之至意，各自悔悟来归，切勿因循自误，致贻后悔！切切此布。

国民党当局到处张贴布告，自首自新、悬赏通缉的布告在龙游、兰溪、汤溪、寿昌各县城镇、乡村随处可见，仅在龙游县城就张贴了75张布告：大东门9张、大北门6张、大南门5张、大西门4张、小西

龙游沈樟有自新证（档案资料）

门2张、小北门2张、小南门2张、县党部前3张、县政府前3张、汽车站6张、火车站5张、地方银行前3张、老凤祥前4张、运动场5张、广和门前2张、司巷口2张、河西街5张、石板街1张、百岁坊3张、盐店门口3张。

1934年1月1日起，在龙游县党部、龙游希唐镇吴氏宗祠、兰溪游埠、寿昌水碓底、汤溪5处设立了5个"自新登记站"，限期一个月，通告红二师人员前往办理"自新登记"，声称"逾期不办，按名拘究，决不宽贷"。

尽管敌人步步紧逼，但除了少数投机分子、贪生怕死之徒前去"自新登记"，绝大多数红二师人员都牢记加入红军组织时的誓言，在白色恐怖下革命信念没有动摇，权当保存革命力量，口头自新，绝不叛变投敌。据现存资料，有400多名红二师战士没有自首，仅龙游县就有311名红二师战士没有办理自首手续。他们有的改名换姓，有的离妻别子远走他乡隐蔽，更有的以死明志……

此年12月25日，国民党龙游县政府编造了一份未自首赤匪办理情形的材料，呈报给省政府：

> 奉经分别详查传询，查属县未自首人犯共计三百十一名。其故意不来自首，仍在地方希图继续反动者，饬查并无其人。其不来自首并非出自故意，而行为尚属善良者计一百零十名。遵经饬据第一、第二、第五各区区长呈复传询，其不自首原因，大概有三：一、地处偏僻，当时不知自首；二、举办自首时，因在外营业或在外打工未归；三、知识浅薄，不知自首意义，怀惧不敢前来等情，复查属实。此项人犯现已膳成名册，拟请准予补行自首。其余除已死、已枪毙、已缉获、已通缉、已自首、已状请及化名姓重见者外，关于逃回原籍者，已分别转咨所在地政府注意查缉；逃亡在外及迁住或打工异乡者，已令饬各该管区区长转劝其家属函促返家，酌量补行自首。查无其人者，已令各该管区区长转饬所属乡镇长具结证明，并负担保之责。至前呈名册所列王崖璧即王福奎、邱树培即邱瑞沛，其已经自首领有证书号数，均已查明详载册内；又王长春一名，业经饬传到案，录供呈奉钧府秘字第8786号指令，移送浙

江高等法院第二分院监察处，依法办理。在案缘奉前因，理合将遵处置未自首赤匪办法办理情形，分别膳具名册，一并备文呈报。

从国民党龙游县政府备文呈报的名册上看到，龙游311名未自首的红二师人员中，仍在本地者115人、逃回原籍者7人、被捕已移送高等法院第二分院监察处者11人、化名重见者28人、已死亡者7人、已击毙者3人、已缉获在押及在反省院者5人、查无其人者135人。

红二师在武装暴动发起前遭到镇压，各地的地主恶霸又抖擞起来，疯狂地对穷苦群众进行报复：给红二师战士提供过住宿的，就放火烧他们的房子；给红二师送过饭食的，就抢他们的粮食；家里有参加红二师的，就抓他们的家人进行摧残折磨……

郑秾建立、领导的红二师成了国民党反动派的一个噩梦。到1935年，国民党当局对红二师人员的抓捕行动仍丝毫没有松懈。

1935年4月5日，眼线徐志升密报："红二师案"一个重要成员潘金水藏匿在汤溪南乡俭泽山坑，另一个重要成员巫枝林已潜回自己家。得此情报，国民党龙游县警察局随后迅即派出侦探长陈大祥，探警江天吉、方正等四人前往侦探核实，局长李虎随即亲率警长彭兴，警士徐同猛、金雄飞、钱才柱、刘忠良，探警江天吉等赶去，潘金水、巫枝林不幸被捕。

顽强斗争 WANQIANGDOUZHENG

　　红二师武装暴动流产，龙游、兰溪、汤溪、寿昌各地革命火种未被彻底扑灭，身陷囹圄的红军战士们革命斗志不减，林来均、胡凤金与国民党当局进行了针锋相对的斗争。威逼利诱、严刑逼供，国民党反动派无所不用其极，但依然一无所获。徐岳成、陈荣发、徐行、夏炳文、汪鹤年等红二师骨干成员仍然在坚持开展革命活动，秘密宣传、动员贫苦百姓起来进行斗争，为革命积蓄力量。他们的革命活动遭到国民党当局的忌恨，受到严密监视和阻挠。

十、顽强斗争

1

面对国民党反动派的血腥镇压，红二师战士们斗智斗勇，毫不畏惧，留下了一个个可歌可泣的故事。

林来均是汤溪县人，红二师早期的骨干成员，他和郑秾一起宣传、发动群众开展革命斗争，是郑秾的重要助手。这一天，他与一名红二师成员相约在兰溪集镇的一家茶馆见面，通报情况，商议发展红军组织事宜。林来均来到茶馆前，小心翼翼地环顾四周，未发现可疑情况，才走进了茶馆。他正要找个座位坐下，却见接头的红军人员一个人静静地坐在角落。于是，林来均径直走了过去，随手把一旁的椅子拖过来坐了下来，向茶馆老板招招手要一杯茶。突然，应约前来接头的红军人员脸色一变，双眼往茶馆外看了一看。林来均稍稍侧过头朝门外瞄了一眼，只见门口有两个身着便衣的人往茶馆里探头探脑，表现十分怪异、可疑。林来均心下明白：来者不善。

茶馆老板把茶端来了，林来均若无其事地细细品了品，接着喝了一口，用眼神示意接头的红军人员快走，便起身径直朝茶馆门口走去。

门口那两个便衣是国民党特务，他们一路跟踪林来均来到茶馆。无奈茶馆里人多，林来均一进去便混在人群里，特务一下子就失去了目标。在出茶馆时，林来均有意无意压了压帽檐，偷眼看了看那两个特务，认出其中一个正是朱金奎。于是，林来均上了一辆黄包车，急速离去。

　　林来均开展革命活动十分积极，经常在各种场合露面，因此引起国民党反动当局的注意，被列入抓捕名单。在茶馆遇险，林来均在次日召开的红二师骨干成员会议上将此情况作了通报，并告诉大家，近来总有陌生人尾随他，每次都需要大费周折才能把跟踪他的人甩掉。红军骨干们听了林来均的情况通报，认为为了个人与红军组织的安全，林来均必须暂时停止在兰溪、汤溪一带的活动，外出躲避；红二师有重大行动，派专人通知林来均参加。1932年除夕夜，烟花爆竹声此起彼伏，人们沉浸在欢度春节的喜庆气氛中。林来均不能与家人团聚，就在这天深夜，他潜回家里收拾了一些衣物就匆匆走了，消失在夜幕中。此后的一个时期，林来均化名林来斋，躲藏到异乡去了。

　　红二师叛徒朱金奎和负责盯梢的国民党特务一连多日没有发现林来均的踪影，便向上司报告。国民党当局得知林来均已逃跑，立马张贴悬赏布告：抓到林来均，奖赏大洋500元！

　　林来均一路跋涉，先隐藏于兰溪北乡官塘边的一个远房亲戚家。几天后，悬赏缉捕他的风声传来，考虑到官塘边村与自己家相距不远，容易被敌人寻查到，于是他又躲避到兰溪北乡的香头、洲上等村。缉捕他的风声更紧了，林来均担心自己一旦被捕，还会连累让他躲藏的亲友，就辗转到淳安、寿昌、建德等地去躲避。林来均白天上山砍柴火卖，晚上找个破旧寺庙睡觉，在淳安、寿昌、建德等地躲藏了8个多月。有时候实在没东西吃，他就捋一把树叶塞进嘴里咀嚼。由于缺乏营养，加上有的树叶有微毒，林来均整个身体都浮肿了起来。为了生存下去，林来均只得重操旧业，走村串户帮人砌柴火灶、医治无名肿毒或到砖瓦窑打工。即便如此，他仍然想方设法与红二师成员取得联系，不失时机地宣传共产党和红军的主张，坚持播撒革命的种子，在建德、寿昌、淳安等地发展了一批红二师成员。

　　国民党反动派从未放松对林来均的抓捕，特务、团丁经常深更半夜蹲守在他家周围"守株待兔"，还不时闯进他家威逼他的家人供出他的去向。"林来均是赤匪头目，他躲藏在哪里，你们一定知道，你们说出来，我们就去'请'他回来，免得他闯出更大的祸来！林来均闯下大祸，你们也脱不了干系！你们把他叫回来自首，争取宽大处理，那是最好的了。政府的耐心是有限度的，林来均再不回来自首，就把你们抓去坐牢！"特务、团丁们三番五次到林来均家威胁他的家人。林来均的大儿子林汝根还不满18岁，就被特务多次抓去严刑审问，直至被折磨得伤痕累累、卧床不起。

1933年7月下旬，郑秾在龙游东乡大宇殿秘密召开会议筹划武装暴动，林来均接到通知后即不顾自身安危潜行至大宇殿参加会议，并接受了领导兰溪西乡一带红军配合龙游三叠岩武装暴动的任务。会后，林来均秘密活动于兰溪西乡和龙游东乡一带，积极投入武装暴动的各项准备工作之中。

红二师武装暴动因叛徒告密、郑秾被捕而流产了，而林来均仍在秘密开展活动，积蓄革命力量。这年11月4日，林来均得知大儿子林汝根因伤久躺在床，生命垂危，顿时心急如焚，不顾瓢泼大雨和路途凶险，连夜往家里赶，想跟大儿子见上一面。

"咚咚咚！咚咚咚！"林来均到了老家，已是第二天凌晨了，他急促地敲起了门。妻子吴秀兰听到敲门声，心里不由得一阵紧张：难道国民党特务又来了？她仔细听了听，感觉敲门虽然急促但不粗暴，便猜测可能是丈夫回来了。她急忙起床，点亮煤油灯，来不及披上外衣，趿拉着鞋就去开了门。

吴秀兰刚打开门，一条汉子就疾步跨了进来，她闻到一股熟悉的气息，果然是自己的丈夫回来了。来不及寒暄，连招呼都没打，满脸胡碴、蓬头垢面的林来均就大步跨进大儿子汝根住的房间。

林汝根已经瘦得皮包骨头了，脸色惨白。他看着父亲向他走来，嘴唇动了动想喊，却喊不出声。

林来均看着儿子，泪水从眼眶里不住地冒出来，从脸颊上流下来。他哽咽着连声说："爸爸对不起你！爸爸对不起你！"

林来均深夜潜回家的情况，被蹲守在他家周围的特务发现了。正值国民党当局实施四县统一行动抓捕红二师成员的关头，一支由警察、自卫队等组成的百余人队伍冒着大雨迅即直奔郑家村，包围了村庄、封锁了路口。林来均听到村里的狗在狂叫，知道情况紧急，即刻穿上蓑衣、戴上笠帽准备往外冲，然而为时已晚，警察、自卫队员等数十人已然团团包围了他的家。见林来均要逃跑，几个警察连忙把林来均按倒在地，将他绑了起来。林来均被带走的那一刻，挣扎着回头看了一眼他的家人，心里默念道：永别了！林汝根听到家门口嘈杂的声响和警察的呵斥，知道父亲出事了。他绝望地发出一点声音，垂下了头……丈夫被押着越走越远，吴秀兰不要命地追赶。突然，听到孩子们在喊："大哥不行了！"吴秀兰顿时瘫倒在泥水中……

第二天，国民党反动派对林来均进行了审讯。

问："姓名、年龄、籍贯？"

答："林来均，今年51岁，汤溪县人！"

审讯人员又问："你为什么要参加红军组织？什么时候参加赤匪的？在红军里担任什么职务？你的同党有哪些人？你们武装暴动的具体计划有哪些方面？"继而"开导"说："把你所知道的情况都说出来，争取获得宽大处理，政府可以不追究你的责任。如果耍滑头，胡编假造，会让你受尽各种皮肉之苦。孰轻孰重你要清楚！"

林来均瞅了一眼人模狗样的审讯人员，轻蔑地说："我参加了红军组织是事实，但我参加红军组织是被你们逼的。老百姓日子能过得好，怎么会有红军组织？又怎么会有那么多百姓参加红军呢？红二师有保密制度，具体情况我不知道。今天落到你们手里，要杀要剐就由你们！"敌人恶狠狠地说："你嘴硬是吧！带下去，重刑伺候！"

皮鞭抽打、往鼻子里灌烧酒、上老虎凳……无论敌人采用什么酷刑，林来均只有一句话："红军保密很严，我不知道！"敌人拔他的指甲，拔一个问一句："你说不说？"钻心的痛从指尖传到全身，令人发颤。林来均使劲地咬住嘴唇，把嘴皮都咬得血淋淋的了，可他愣是没有掉一滴泪，没有发出一声呻吟！10个指甲全部被拔光了，林来均晕死了过去，但仍然没有吐露红二师组织和暴动计划的丁点信息，气得敌人暴跳如雷。

"你到底说不说？"敌人用冷水将林来均泼醒，揪住他的脖子，吼叫道："这是你最后一次机会了！"

林来均张开嘴，对着敌人啐了一口唾沫。看着已经被折磨得不成人样的林来均，敌人崩溃了。

几天后，国民党浙江省保安处下了7879号指令："缉获匪犯林来斋（林来均）等20名，押送衢州第三区保安分处。"衢州第三区保安分处对林来均又是百般拷打、折磨，逼迫林来均说出红二师组织的秘密，但林来均只回答一句："红二师组织的秘密，我不知道！"

反动当局起了杀心。国民党浙江省第三区保安分处处长鲁忠修发给汤溪县县长林泽指令："该县获匪林来均即林来斋一名，奉委员长蒋核准，就地枪决。兹派队丁押解该犯林来均即林来斋一名，送交该县长验收，仰即执行枪决。除电复外，仍仰将遵办情形及执行日期分报备案。"

1933年12月14日（农历十一月七日），国民党汤溪县反动当局把林来均押到汤溪县城西一片荒山上。临刑前，刽子手问："今天奉令枪决你，你有什么遗言吗？""我今天没有话了。"林来均答道。随着"砰"的一声枪响，林来均的身躯倒在荒地上，鲜血染红家乡的土地。林来均被枪决，时年51岁。林来均的遗体被老乡用棺材盖抬回郑家村，安葬于他家的北侧山边。入殓时，人们看到林来均全身伤痕累累，10个手指指甲全部被拔光。对这样一条硬汉，人们肃然起敬！

2

郑秾在龙游被捕后，龙游区域的红军人员连夜赶到兰溪县西乡后屋村，向陈荣发通报："陈荣发，不好了！郑秾师长被叛徒出卖，让龙游反动当局给逮捕了。国民党正在四处抓捕红军人员，你收拾处理一下重要文件，赶快逃走吧！"郑秾在陈荣发家住过大约一年时间，发展陈荣发成为红二师的骨干成员。陈荣发得知郑秾被捕，十分吃惊，他立即吩咐妻子徐春娣："你把衣物收拾好，我销毁文件资料。"处理停当，陈荣发带着妻子、弟弟、儿女，连夜躲避到杨塘村的丈母娘家。

第二天凌晨，12名反动军警就气势汹汹地来到陈荣发家实施抓捕。他们二话不说，凶狠地砸开陈荣发家的门。家里只有两位腿脚不便的老人，看见凶神恶煞般的军警，两位老人吓得瑟瑟发抖。

领队的小头目装作和善的样子，满脸堆笑问道："老人家，荣发他人呢？"

两位老人一言不发，看着那小头目。

"你们不要怕，我们找他有点事情。"小头目哄骗道。

两位老人结结巴巴说了几句什么，但在场的军警都没听懂。

"说清楚点！"小头目烦躁起来。

小头目的咆哮使得两位老人噤若寒蝉，再也不开口说话了。

反动军警恼羞成怒，威逼道："陈荣发是赤匪，你们去找回来，叫他向政府自首，争取宽大处理。如果超过7天不回来向政府自首，就把你们抓去坐牢受苦，听到了没有？"

见老人不吭一声，一副无动于衷的样子，军警们气不打一处来，对两位老人一顿拳打脚踢，两位老人被打得在地上滚来滚去。军警见实在问不出什么名堂，只好收队灰溜溜地走了。

陈荣发得知父母遭受国民党军警残酷虐待，又气又恨，请求丈母娘家的人替他前去安抚两位老人。为了不连累丈母娘家，陈荣发改名换姓潜逃到淳安，隐藏在表哥家，靠打短工、上山砍柴卖艰难地维持一家人的生活，一直到解放后才回到兰溪后屋安居。

郑秾是郑炳根带到后屋来的，他也是红二师的重要骨干成员。得知反动军警到村里来抓捕陈荣发，郑炳根立即带上生活必需品外逃躲避，反动当局悬赏200元大洋通缉他。郑炳根是单身汉，潜逃后就一直没有回过村，至今下落不明。

很多红二师骨干成员被反动军警逮捕后，奋不顾身与敌人搏斗，壮烈牺牲。

1933年11月4日，兰溪县红军骨干胡凤金与林来斋、李水钊、何耀华、何鼎松、何锦有、何宝恒、何春高、何彩银、何锦良、沈春财、朱培水、王樟财、董德庆、郦桂铨、郦桂生、郦宝栋、郦樟松、郦马桂、张马根20人被捕。次日，兰溪县各地将抓捕到的红二师成员先后押送到罗埠派出所集中，罗埠派出所一下子就关押了40名红二师人员。罗埠派出所警察个个都很紧张，担心会出意外，便立刻对被抓的红二师成员进行了简单审问，随后雇了一辆汽车将其中的胡凤金、林来斋等20名红二师成员押解至衢州第三区保安分处审讯。

胡凤金、林来斋等20名红二师成员被押解上了同一辆大卡车，承担防守任务的10名警察就显得势单力薄了。警察们色厉内荏，装腔作势地吼叫着："不许说话！不许推推搡搡！"有的警察还动起了手，努力维持秩序。

红二师战士不由唾骂道："狗仗人势的东西，总有一天会得到报应的！"惹得警察们动了怒，下起狠手殴打红二师战士。

围观的群众见此纷纷指责："人家被抓已经够惨了，你们还要打骂他们，真不是娘养的！""犯法只有受法律审判的份，哪有受拳打脚踢的罪！""都是爹妈生的，积点德吧！"

胡凤金

大家你一句我一句发泄着不满，场面混乱起来。胡凤金心想，反正都是死，不如趁乱逃跑，还有一线活命的希望。他趁警察没注意到自己，迅速挤出人群跳下卡车，撒开腿沿着公路向山林方向奔跑。

胡凤金出人意料的逃跑，警察们浑然不觉。不料，围观人群中有人喊了起来："有人逃跑了！"警察们这才发现了向山林狂奔逃去的胡凤金，但他们不敢跳下车去追，因为车上还有另外19名"赤匪"呢！于是纷纷端起枪朝着胡凤金远去的背影疯狂开枪，"嗖嗖"的子弹向着胡凤金射去。胡凤金还在公路上飞跑，突然一个踉跄，他被乱枪击中了。他艰难地转过身，看了一看车上的战友们。子弹密集地射来，胡凤金的身上又中了几枪……胡凤金在距离罗埠派出所几百米的地方倒下了，倒在了血泊中。两个警察迅速赶了过来，确定胡凤金已经死了，于是一人一只脚把胡凤金倒着拖回卡车边，公路上留下了长长的血迹。

红二师的战友们看着刚刚牺牲的胡凤金。这个年轻人死不瞑目，瞪着大眼睛似乎在质问：这个世界为什么这么黑暗？围观的群众不忍心多看一眼被打成筛子血肉模糊的胡凤金的遗体，有的捂住了自己的眼睛。现场静得可怕。

胡凤金逃跑事件引起了国民党当局更大的恐慌。从此，每抓到红二师成员，警察就把红二师成员的手脚捆绑牢，还用绳索把他们串起来，使他们无法单独行动，以免发生像胡凤金这样的逃跑事件。

胡凤金逃跑事件发生后，国民党汤溪县县长林泽给浙江省政府、民政厅、保安处第三区保安分区发出电文作了报告："……于支夜12时，……职与张委员亦冒雨亲赴罗埠派出所，便于指挥。微是至上午12时，各路警团均汇集罗埠，共缉获林来斋、胡凤金、李水钊、何耀华、何鼎松、何锦有、张马根……等20名，先后分送至罗埠派出所，经张委员略加审问，随即专雇汽车一辆，由张委员率同徐、杨二探员，并由县长派省警卫团10名，将匪犯等押解赴衢。有赤匪要犯胡凤金1名，于赴解之隙，因人多拥挤，乘隙脱逃，即经当场格毙。现已将匪犯林来斋等19名，于微日下午2时专车押送第三区保安分处核收后，一面除由县长与警团继续严缉，并密为械备，妥慎防范外，理合将缉获赤匪经过情形，据实密陈"。

接到汤溪县长电文后，浙江省保安处随即指令："据报缉获匪犯林来斋、胡凤金、李水钊、何耀华、何鼎松（何锦松）、何锦有、何宝恒、何春高、何彩银、何锦良、沈春财、朱培水、王樟财、董德庆、郦桂铨、郦桂生、郦宝林、郦樟松、郦马桂、张马根等20名，于押解赴衢州第三区保安分处时，该匪胡凤金竟在途乘隙脱逃，殊属罪有应得，既已当场格毙，应予备案。仰即调查该匪胡凤金出身及家属情形，并取具验断书结呈核。一面仍饬属严缉余党，悉数解究。具报，毋稍懈纵。"

有的红二师人员被捕后，通过各种关系、途径获救。

汤溪石骨山背村的郑阿奶、郑树明、郑禄苟、郑树发、郑来法，郑家村的郑炳宁、郑美宁、郑樟奶、郑彩源、郑彩根、郑宝根等红二师成员被捕后，两个村的被捕人员亲属通过郑家村在汤溪县警察局当班的郑光发出面疏通关系，将他们营救保释了出来。

郑光发生长在郑家村，郑家村和石骨山背村村民几乎都姓郑，那些被捕人员绝大多数是他的长辈亲人。郑光发得知很多亲人被捕关在牢里，就谋划着怎么把他们都救出去。

这天，郑光发买通了一个狱警，进到关押处来探望亲人长辈。

"梆梆梆！"狱警用警棍敲了几下铁栅栏，喊了声："有人来看你们啦！"接着转身对郑光发说，"动作快点，别让我为难。"说罢就走开了。

"这个世道，做啥都要小心！你们犯什么事了？出事情了，找到我这里来，哎！我会想办法的，你们好好保重自己的身体！"

"我们又没犯什么法！"郑家村、石骨山背村被捕的红二师人员个个理直气壮。

郑光发帮亲属们写了申诉材料，郑家村、石骨山背村在家的亲人们则筹集财物用于疏通关节。果然没过几天，郑家村、石骨山背村被捕的红二师成员就全部获得了释放。

1934年1月3日，邵志熙在寿昌县西门桥头刑场英勇就义。

前赴后继 QIANFUHOUJI

  隐藏下来的红军战士们如革命的火种，在各地点燃革命的烈火。夏炳文、徐岳成、徐行等红二师骨干成员以各种方式开展革命斗争，一些战士后来还加入中共领导的金萧支队等革命队伍，投身武装斗争。在龙游，徐行等人积极成立共产党组织，发动、带领广大群众开展革命斗争，全力以赴为建立新中国而不懈奋斗，满腔热情迎接新中国的诞生。上佃铺徐樟苟坚决不自新，逃到临安於潜、龙游圣堂山躲藏，直到解放才回家，把珍藏身边近半个世纪的红军袖章捐献给龙游县政府。

  新中国成立之际，叛徒朱金奎死于非命，叛徒江天吉受到正义的审判被枪决。

十一、前赴后继

1

20世纪30年代初期，革命运动一波一波掀起高潮。国民党反动派集中兵力对中央苏区和各革命根据地进行围剿，对各地掀起的革命运动进行疯狂的镇压，白色恐怖笼罩全国。浙江是国民党反动统治的心腹地带，金衢盆地是国民党浙江省当局费尽心力打造的社会治安示范区，白色恐怖尤为严重。

红二师武装暴动被国民党反动当局扼杀，反动军警们疯狂地抓捕、屠杀红二师人员，郑秾、张自强、林来均、邱瑞沛、吴思荣、王福奎、黄庆云、周金海、吴守华、李林汝、苏小弟、章耀麟、邵志熙、周金标、刘协鑫、赖樟松、胡凤金、夏金祖18位烈士献出了宝贵的生命，而118名被捕的红二师骨干成员备受国民党反动派的摧残，其中42位还被押送到杭州陆军监狱和反省院坐牢两年至三年半之久。国民党当局妄想将红二师斩草除根，威逼红二师人员办理自新手续，但红二师战士们革命到底的意志不动摇，顽强地同敌人进行英勇斗争。

龙游县东乡上佃铺村的徐樟苟坚信红军的革命事业一定会胜利，决不去"自新登记站"自首。国民党当局前来抓捕红二师人员时，他逃进了山林。反动军警经常到他家里来搜查，还贴出布告，恐吓"逾期不办，按名拘究，决不宽贷"。徐樟苟带上红二师的符号，改名徐兴旺，躲避到临安於潜，在一家水碓里替人碾米度日，时隔两年后才与妻子通信。他虽然离乡背井，生活困苦，但仍然借机向群众揭露国民党反动派、地主恶霸剥削压迫穷苦人的罪行，宣传穷人只有团结起来打倒国民党反动政府、打倒地主恶霸才能有好日子过的道理。

1936年，徐樟苟潜回家中过年，敌人侦知后又来抓他。于是，他又带着红二师的符号逃到龙游圣堂山替人家看山棚。他经常夜不能寐，抚摸着心爱的红二师符号，心里一遍遍地念着："有这红色符号在，我就是红二师的一分子！困难终将过去，胜利一定会到来！"徐樟苟一直躲避到解放才回家。他始终把红二师的符号带在身上，珍藏了近半个世纪。徐樟苟的红二师标记至今收藏在龙游县党史集征研究室里，成为珍贵的革命文物。

龙游县东乡汪鹤年是红二师重要的骨干成员。当得到郑秾被捕、反动军警在疯狂搜捕红二师人员的消息后，他销毁了有关资料，潜逃到衢州杜泽明果禅寺内。反动当局悬赏100块大洋通缉他，但汪鹤年毫无畏惧，斗志不减，串联了红二师人员20余名，利用山区复杂的地形机智

红二师重要骨干汪鹤年奔走他乡多年，隐藏在衢江区杜泽明果寺内，联络20余人继续与敌人进行顽强斗争（《血沃龙丘》连环画）

灵活地继续与反动派进行顽强斗争，向民众宣传党和红军的政治主张，发动民众组织起来反抗剥削压迫，发展红军组织，搅得国民党龙游县政府、衢县县政府焦头烂额。直至1937年上半年，龙游县当局还在联合衢县政府纠集自卫队围捕他们。1937年1月，国民党龙游县县长周俊甫下达公字第1240号训令给县公安局局长叶虎："据密报，民国二十二年本县破获赤匪首领郑秾案内应缉在逃重要匪犯汪鹤年一名，现匿衢县境内杜泽地方明果寺内，啸聚徒众20余人复图活动等情。除函衢县县政府派队员协同查拿外，合函令仰该局长遵照，即便派探特驰往衢县县政府听候派队员会同严密查拿，以资归案法办。"后来，国共第二次合作，汪鹤年等人参加了新四军。

夏炳文是猪母山脚村（现兰溪市永昌街道井头童村猪母山脚自然村）人，担任红二师联络员，负责联络兰溪、汤溪的塌山金、百斗畈、马夫殿、山下畈、郑家、郦村、下叶、前张、杨麻车，龙游的后大路、上佃铺，以及寿昌的石木岭等地红二师人员，是红二师的骨干成员，掌握着红二师很多重要情报和信息。郑秾被捕的第二天晚上，上佃铺有人得到消息，连夜跑到夏炳文家报信。夏炳文感到危险即将来临，对妻子说："你马上把有关红军的东西都收集起来处理掉，我这就去通知其他人。"夏炳文摸黑到村里其他红二师成员家去通报信息，随后又赶到其他联络点通知红军人员躲藏起来。

1933年11月4日晚上，天下着雨，疲惫不堪的夏炳文迷迷糊糊地睡着了。妻子听到村里的狗叫得又急又凶，连忙叫醒夏炳文，紧张地说："狗叫得这么凶，会不会国民党真来抓人了？"夏炳文一骨碌跳下床，透过门缝看见许多人穿着蓑衣、戴着斗笠、照着手电筒急急往他家奔来。夏炳文对妻子说："不好！敌人来抓我了！你保重，我走了，方便的时候我会联系你的。"说完，抓起衣服拔腿就从后门往后山逃跑。夏炳文逃跑被发现了，有个警察紧追他不放，一边追一边喊："别跑！回来自首！你是跑不掉的！"夏炳文对自己村庄周边的地形非常熟悉，他拼命地往山间小道上跑，但那个警察仍在紧紧追赶，一边追一边喊叫着。跑了一段路，那警察脚下一滑，"啊吆"一声跌了个狗啃屎。等他爬起来，夏炳文早已跑得无影无踪了。国民党军警闯进夏炳文家，翻箱倒柜搜查。一个警察抓住夏炳文妻子的衣领，凶狠地问："夏炳文逃到哪里去了？快说出来！把红军的东西也赶紧交出来！""腿长在他身上，他要到哪里去，我怎么会知道？你说什么东西，我也不清楚。"夏炳文妻子回答。那警察恶声恶气地说："夏炳文是赤匪要犯，你去把他叫回来，把赤匪的东西全部交出来，把知道的事情都说出来，政府会原谅你们的，否则你和他就是死路一条！"一阵恐吓之后，国民党军警们两手空空地撤走了。他们掉头去抓村里的其他红军成员，但由于夏炳文报信及时，又是一次次扑空，一无所获。

夏炳文一路潜行，逃到金华浦江北乡，改名换姓在那里做短工打长工，一直坚持到1935年才悄悄回家。妻子见到突然出现在自己面前的丈夫，既高兴又担忧，问："你是回来自新自首的吗？"夏炳文摇摇头，坚定地说："我参加红军是发过誓的。我要对得起郑秾师长，对得起死去的红军战士，信守誓言，坚决不去自新登记。再说了，猪母山脚只有几户人家，都是青田籍人。青田人很讲情义，没有人会去给反动政府通风报信的，我进进出出防着点就是了。"妻子点点头："现在军警搜查好像松一些了，以后出门小心，多加个心眼。明天我到山林的田地边搭个草棚，你就住到那里去躲避躲避。"夏炳文点头同意了。此后，夏炳文深居简出，乡亲们见了他也不去举报，因此敌人一直没有发现他。解放后，夏炳文担任了太平乡莲塘头保第四行政村村长，参加了当地的土改工作，实现了农民翻身做主人的愿望。

2

汤溪北乡塥山金村的徐岳成，参加红二师时化名徐马昌，担任兰溪、汤溪区域红军组织的文书。他积极配合、协助郑秾开展革命活动，在塥山金、孙家圩、罗埠前王村等地发展了10多名红军人员。1933年11月4日晚，龙游、兰溪、汤溪、寿昌四县统一行动全面抓捕红二师成员。这天夜里徐岳成没在家，到了里郎古塘山下。他与孙马高等人发现国民党省防军、警察、自卫队成群结队进村抓人，当即商量："国民党军警来抓红军人员了，我们分散逃走，先躲藏起来，再设法弄清情况决定下一步行动。"徐岳成躲藏在山塘沿村附近的山林里，通过一个樵夫了解到郑秾被捕、国民党当局正在抓捕红二师其他成员的信息，就找到住在村边的一个青田老乡说："兄弟，国民党军警正在抓捕红军人员，拜托你马上去我家一趟，告诉我的妻子我不能回家了，叫她把藤篮里、抽屉里所有纸片赶紧都烧掉！""好的，你赶快走吧，我马上去你家！"

竭山金村即景，当年该村有许多人参加红二师
（2012年摄）

青田老乡拔腿赶往徐岳成家，把徐岳成的吩咐转告给了他的妻子。

徐岳成决定连夜出逃。他想到青田老家人讲义气，不会随意出卖他人，于是改名换姓只身潜逃到青田县与永嘉县邻近的仁庄一带。国民党军警赶到竭山金村没能抓到徐岳成，就凶神恶煞般在他家打砸东西，威胁逼迫他的家人："徐岳成是赤匪的头目，他手里一定有重要的文书，交出来！你们快把徐岳成叫回来自首，争取宽大处理，如果他不回来，被我们抓到，就只有死路一条！"然而，任凭国民党军警威逼利诱，徐岳成一家人总是一问三不知。国民党军警无计可施，只得离去了。此后，国民党汤溪县当局张贴悬赏布告：谁抓到徐岳成，奖赏大洋200块。

1934年1月，国民党浙江省保安处、汤溪县当局在游埠大乘庵（现在游埠小学）设立"自新登记站"，逼迫红军成员去办理自新手续。徐岳成父亲看一家人整天提心吊胆，心里非常难受，委托猫狸洞口村杜初典到青田叫徐岳成回家自新。杜初典好不容易在青田仁庄找到了徐岳成，对他说："岳成，你爸妈特地要我赶来叫你回去悔过自新。""我不能违背自己发过的誓言，决不屈服！拜托你回去告诉我的家人，自首不自首都是死路一条，我不能回去自首。我在仁庄的事，你一定要替我保密，不要告诉别人。"徐岳成说。杜初典赞同徐岳成的分析，并答应替他保密。

徐岳成在青田仁庄一带开始以行医为生。由于人生地不熟，而青田地区行医者又多，再加上他的医术粗浅，所以他的日子过得非常艰苦。

一天，徐岳成在行医时遇见在青田避难的红军第十三军二师骨干成员许起尧，一番交谈才知道，原来两人处境相似：徐岳成行医没有人脉，许起尧唱戏不入俗。两人经过商量，决定另辟蹊径，作画谋生。

徐岳成、许起尧逃难躲避于青田县仁庄，一方面为了生存奔波劳碌，一方面则仍在继续从事革命活动。经过缜密了解，他们得知仁庄一带有共产党的地下游击队，而且这支地下游击队与红军第十三军有联系。这让他们极为兴奋，心里燃起希望的火焰。他们在暗地里寻找当地中共党组织，期盼在党组织的帮助下与地下游击队取得联系。

白色恐怖仍在蔓延，穷凶极恶的国民党当局仍在搜寻、迫害红二师战士。

1936年10月，徐岳成的亲弟弟徐金发及徐岳成的家属到青田去与徐岳成相会。国民党汤溪县当局发现后，以为是徐岳成回家来带家属出逃，马上派警察跟踪，企图找到徐岳成的藏身之地。发现有人跟踪，徐金发警惕起来，在途中寻求亲友帮助，把跟踪的警察甩掉了。徐金发把哥哥徐岳成的家属安全送到青田仁庄，刚回到汤溪北乡塌山金村，国民党汤溪反动当局就派军警把他抓捕到罗埠派出所拘留讯问。

罗埠派出所警察问："姓名，年龄，籍贯？"

徐金发坦然回答："徐金发，22岁，汤溪县北乡塌山金村人。"

警察气势汹汹地追问："你叫徐金发，不是徐岳成？那你送的那几个人是你的什么人？送到哪里去？告诉你，欺骗政府罪加一等！"

"我确实是徐金发，不是徐岳成，你们可以到村里去问一问。我嫂子一家人走亲戚，怕路上不安全，要我护送，就这回事。我把嫂子一家人送出汤溪县，嫂子就叫我回来了，她们去了哪里，我还真不知道。"徐金发的回答无懈可击。

不几天，国民党警察经过调查，确认被他们抓来的是徐金发，不是徐岳成，就通过保释放徐金发回家了。徐岳成听说此事后，隐藏在青田三年不敢与家里的父母兄弟来往。徐金发被抓去讯问这年，徐岳成才24岁。

在青田，徐岳成拜当地有名的中医师俞秉之、王锡贡为师，在仁庄开设中药店。徐岳成原本就有一定的中医基础，在青田拜师后又虚心好学，医术水平提高很快。

1947年4月，徐岳成终于与中共领导的当地地下游击队取得联系。他以中医师的身份为掩护，担任中国共产党浙南区永嘉县委山口区和仁庄区仁庄支部书记。在此期间，他经常学习党中央从东北地区寄来的油印件《时事周刊》，从中了解共产党领导的解放区情况。根据党组织的指示，徐岳成建立联络站，承担接引共产党军队、监视国民党军队动向的任务，并开展革命的宣传发动工作。他经常冒着生命危险为子弟兵看病，一直到1950年1月才回汤溪老家，随后便担任了农民协会寺基乡百斗畈分会的民兵连长，积极开展斗地主恶霸、分田分地工作。

3

红二师人员被捕，营救活动也随即开始。

1933年11月4日深夜，中共包塘殿党支部书记王招进不幸被国民党反动当局逮捕。国民党当局从搜缴到的《中国工农红军第十三军第二师骨干成员名录》中获知，王招进是红二师骨干成员，便立即给他戴上手铐脚镣投入监狱。第二天，国民党兰溪县县长胡次威和刑事法庭审判人员、书记员等对王招进行严刑审讯。

问："姓名，年龄，籍贯？"

答："王招进，今年36岁，兰溪县人！"

问："你为什么要参加红军组织？在赤匪中担任什么职务？你是否共党分子？你的同党有哪些人？你们的武装暴动的具体计划有哪些？把你所知道的情况都交代清楚，争取获得宽大处理。如果招供不实，胡编假造，等待你的将会是皮肉之苦，到时候你还是得说实话。孰轻孰重你自己掂量掂量吧！"

王招进响亮地回答："我参加了红军组织是事实，但都是被你们逼的！如果生活得好好的，谁会冒险去参加红军组织？红军组织的情况我不知道！"

敌人恼羞成怒，恶狠狠地说："你嘴硬是吧！带下去，重刑伺候！"

敌人先给王招进上了老虎凳，每塞进一块砖头，行刑的警察都会大声地吼叫："你的同党有哪些人，你们有哪些行动计划？快说！"

"我不知道，没什么可说的！"王招进疼得满头是汗，直至晕死过去，但绝不吐露红二师机密。

皮鞭抽，烙铁烫，往手指甲里钉竹签，王招进受尽了各种惨无人道的酷刑，但他就只说："不知道就是不知道，我不能胡编乱造害人！"由于王招进严守秘密，中共包塘殿党支部没有遭到更为严重的破坏。

中共党组织在王招进被捕后，便开始了营救活动，当了解到王招进在当地人缘好的情况后，即决定采取联保的方法进行营救。党组织派相关人员去找后屋及邻近各村庄的乡绅、族长等地方头面人物，请求他们联保王招进。乡绅、族长们聚在一起，说起王招进个个称赞，都说他是个懂事明理的晚辈。

"这孩子他犯什么事啦？"一位乡绅问。

"也没什么大事，是政府搞错了，说他参加革命。"中共党组织派去与乡绅们商量的地下党员说。

"就是嘛，这么个乖后生，会犯什么事呢？我们可是看着他长大的！"乡绅、族长们都不认为王招进是个会"闯祸"的后生。

"能不能去县警察局把他担保出来？"地下党员试探着问，边问边取出一个包裹，"这些钱物就请你们拿去通关节，不够的话我们再想办法。"

"好说，好说！"乡绅、族长们一致同意联名保王招进。就这样，虽然花了不少钱财，通过联保的形式王招进最终被营救了出来。

王招进得到营救获释出来后，又投入了革命活动。

4

1942年10月，中共建（德）兰（溪）浦（江）三县边界工委书记马丁由地下党员祝成会做向导，代表金萧地委来到后屋村与中共包塘殿党支部取得联系，成立了由王招进、林云熙、金宝奶等人参加的党小组，并建立了金萧支队的一个联络点。同年11月，马丁委派何红、阎辉、蒋明达（中共路西工委书记）先后到后屋村开展金萧支队的组织工作，后屋的王招进、林云熙、郑樟来、金宝奶、陈兴水、周清古、金马松以及邻村的留志根、项培林、祝必金共10人参加了金萧支队，其中王招进、林云熙、金宝奶曾是红二师成员，郑樟来、陈兴水、周清古、金马松是红二师成员的亲属。根据组织安排，林云熙、王招进两人留在后屋村从事联络工作，其余的8人赴义乌被编入金萧支队参加抗战。3个多月后，郑樟来随部队北上抗日，其余7人回到了家乡组建游击队开展革命活动。

1946年初，金萧支队派中共金华地区临时工委书记、三五支队支队长鹰飞来到后屋村了解游击队发展情况，部署开展革命活动。同年8月，中共金（华）义（乌）浦（江）县委委员杜子文带着金萧支队严衢大队10多个队员，以后屋村为据点，在建德、寿昌、兰溪、衢州等地开展游击活动，王招进、金宝奶、陈兴水、金马松、周清古等游击队员积极配合，炸毁国民党的军车、袭扰国民党的驻军，还到处张贴揭露国民党反动派罪恶、宣传革命的标语等，搅得国民党当局寝食难安。11月，兰溪与寿昌的国民党当局纠集100多名自卫队员前来围攻严衢大队，在建德慈岩镇李村附近山岭上展开了激烈的战斗，后屋村游击队积极协同作战，打死20多个敌人，缴获步枪10余支。

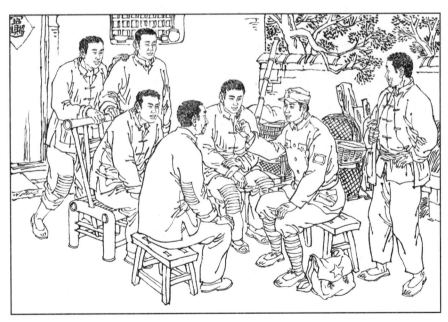

1942年10月，中共金萧地委派代表来到红二师发源地后屋村，与中共包塘殿党支部取得联系（《血沃龙丘》连环画）

1948年12月，后屋村游击队配合严衢大队攻克国民党寿昌县政府，解放了寿昌。

峥嵘岁月，汇聚起奋起革命的滚滚洪流；英雄儿女，书写着改天换地的伟大历史。

红二师师部秘书徐行曾经受郑秾指派，到杭州报考国民党中央军校。在军校，徐行不忘嘱托，一面刻苦学习，一面宣传进步思想，还发展了两名同班的青田籍同学为红军人员。红二师组织遭到破坏后，徐行在军校被捕，他编造口供糊弄国民党反动当局，被判坐牢4年。出狱后，徐行奔赴延安进入抗日军政大学学习。1936年学习期满后，他从延安出发，经西安、武汉八路军办事处到南昌四眼井的新四军办事处、中共中央东南分局报到，接受组织分派的革命任务：回到浙江龙游开展秘密工作，把原来的红军组织整顿恢复起来，在红军活动过的地方物色、培养革命积极分子，发展党员建立共产党组织；利用各种合法的群众团体，开展党群工作；进一步组织武装，开展游击战争，迎击日军，保护浙赣铁路线。徐行回到浙江龙游还有一项任务：由于1933年至1937年他被关在南京国民党监狱，与中共党组织失去联系，故需设法证明这段入狱经历，从而解决他个人的党籍问题。

1938年中秋节前，徐行回到龙游东乡隔塘村，遵照党组织的要求开展革命活动。这年10月，中共金衢特委派何甘霖（又名何霖）到徐行家，考察了解红二师遭破坏的情况及徐行的政治历史。一周后，中共金衢特委派特委组织部长林一心、宣传部长王超然（王扬明）一起到徐行家当徐行的入党介绍人，徐行当即填写了入党志愿书并举行了入党宣誓仪式。徐行此次重新办理入党手续，是为解决他的党籍问题，故而取消了预备期。林一心、王超然两人代表金衢特委给徐行布置了工作任务：召集原红二师人员，整顿原红二师组织；发展共产党员，壮大共产党组织；建立各种合法的群众组织等。

徐行回到老家后，就找到本村的林春有、龙游县城东郊桥下的缪自金两名原红二师成员。三位战友相聚，相拥而泣，一起回忆了参加红二师开展革命活动的情景，缅怀那些为革命献出生命的战友们，表达了继续革命的强烈愿望。徐行向林春有、缪自金介绍了全国和浙江的政治形势和他回龙游的主要工作任务。不久后，徐行重新吸收林春有、缪自金加入了共产党组织，在此基础上成立了中共塘头党小组，徐行担任组长。

塘头党小组成立后，徐行成立了"读书会"，活动场所就在他自己家。隔塘村和周边村的原红二师人员以及青壮年朱卸苟（朱彩明）、黄万春、刘冬苟（刘土法）、邱德盛（曼宜头）、邱德润、林田有等经常到徐行家看书。徐行将《西行漫记》《论持久战》和印有周恩来照片的《西安事变》等有关进步书籍给他们阅读，向他们宣传共产党的有关政策和抗日救亡的道理。在条件成熟后，徐行向要求加入共产党组织的原红二师成员、其他青壮年讲解《中国共产党章程》，严格按照入党程序吸收他们入党。至11月，塘头党小组已有党员10人，经中共金衢特委同意，中共隔塘支部成立，徐行任党支部书记、林春有任组织委员、缪自金任宣传委员。

隔塘党支部成立后，徐行又在七都先后发展了杨樟喜、朱锦文、林芳贤等人成为中共党员，成立了中共七都支部，杨樟喜任支部书记。不久后，中共桥下党支部也随之成立。

中共金衢特委委托徐行（化名齐光）单线联系领导隐藏在国民党浙江省保安司令部兵工厂内部的中共党支部。该兵工厂设在龙兴殿，共产党员开会均在野外墓地进行，以打牌为掩护，研究工作、布置任务，强调：如果国共分裂，就要破坏国民党要害部门的生产设备。

为加强党的统一领导，经中共金衢特委批准，1938年底在徐行家成立了中共龙游东区区委，徐行任区委书记，林春有任组织部长，缪自金任宣传部长。

至1939年3月，中共龙游东区区委已有党员约30人。随着党员的增多，党组织的壮大，中共金衢特委组织部长林一心、宣传部长王超然再次一起到徐行家，根据龙游的实际情况提出：可以成立中共龙游县工作委员会（简称县工委），把架子搭起来，主要任务是发展党员、建立党组织、宣传群众、组织群众。根据金衢特委的指示，龙游东区区委在徐行家召开成立中共龙游县工作委员会会议，参加会议的有徐行、小陈（特委巡视员）、林春有、缪自金、沈青之等。会议确定徐行任县工委书记，林春有任组织部长，缪自金任宣传部长，下辖组织有：东区区委和隔塘、七都、桥下、桥头口、周家、兵工厂等党支部，以及湖镇、桃源、沐尘、东坑等党小组。

从党支部的建立到县工委成立，龙游县共产党组织始终贯彻上级"积极慎重发展党组织"的方针，宣传抗日救国和组织灰色群众团体，开展了反抽壮丁、"二五"减租、反重租剥削、维护抗日民族统一战线、做开明地主思想工作等。县工委建立后着重开展了组织进步群众团体、举办民众夜校、读书会、宣传进步思想等工作。徐行、林春有还与下杨村的张进坤、赵瑞富等结拜为兄弟，成立"兄弟会"，以此秘密开展党的宣传教育工作、发展党员。1934年4月，缪自金代表县工委到原红二师活动区域马府墩、烟山一带宣传抗日思想，发展党组织，还秘密筹划猎枪队，购买了2支新马枪、20余发子弹，准备镇压叛徒江天吉。中共金衢特委得知龙游县工委计划惩处江天吉，认为不能公开干，否则容易暴露党组织，龙游县工委于是就把买来的枪与子弹送给了新四军。1938年冬至1939年春，中共龙游县工委在白娘殿举办抗日民众夜校，有20多名贫苦农民子弟参加，徐行、朱卸苟任教员。夜校以生活书店、新知书店的进步书籍《大众哲学》《读书生活》等为课本，教学员文化，宣传抗日进步思想，教唱《大刀进行曲》等抗日歌曲，还吸收要求进步的青年组织读书会，传阅《西行漫记》《论持久战》以及有关西安事变等方面的革命书刊。这些活动极大地激发青年积极投身抗日救亡运动之中。中共龙游县工委还积极做好抗日民族统一战线工作，由徐行出面与国民党龙游县县长徐人骧进行谈判合作事宜，并做通了七都乡乡长徐达权的思想工作。结果，徐行被七都乡公所聘请为壮丁政治教员与户口调查员，以此合法身份开展对当地驻军国民党第十六师官兵及地方乡、保长的统战工作。隔塘村一带驻扎着国民党第十六师，在徐行家居住的有国民党军营长、连长、副官、文书等人，徐行借机向他们赠送"抗日先锋"锦旗，宣传保护民众、枪口对外一致抗日的统战思想，减少国民党军队对地方的糟蹋。徐行和县工委的同志还做了陆家开明大地主叶文照的政治宣传工作，促使他同情劳苦大众、积极参与抗战活动。同时，县工委继续开展反抽壮丁、"二五"减租等革命活动，在当地人民群众中产生了广泛而深刻的影响。

徐行频繁开展革命活动，身份日益暴露，引起了国民党龙游县当局的关注。他意识到自己无法再隐蔽下去，于1939年5月将此情况向中共金衢特委作了反映，金衢特委随即将他调到中共兰溪县委任宣传部长，县工委书记职务由沈青之①接替。为了让沈青之更好地领导中共龙游县工委开展革命活动，徐行冒着随时被捕的危险，带着他跑遍了龙游有党组织和有党群关系的地方，帮助他熟悉情况。担任中共兰溪县委任宣传部长后不久，徐行又被调任中共武南县委书记、新四军武进支队政委等。新中国成立后，徐行历任中共宜兴县委书记、中共常州地委宣传部长、中共南京七三四厂党委书记、江苏省气象局副局长、江苏省电子工业局顾问等职。

穷苦的农民、手工业者、小商贩、小知识分子等社会阶层，在郑秾等共产党员的启发、宣传教育下有所觉醒了。他们纷纷参加红二师，在金衢盆地掀起一波波红浪，并经过革命活动的磨炼，坚定了信仰、明确了方向。虽遭受血腥的镇压，他们的肉体和精神都受到了酷烈的摧残，但红二师革命者们初心不改，为了解放劳苦大众，倔强地带着伤痕爬起来，擦干身上的血迹，挺起胸迎着风雨继续革命，直到最后的胜利。这，就是红二师的革命精神。

5

革命终究是会取得成功的，背叛革命也终究不会有好下场，对红二师造成严重破坏的朱金奎、江天吉两名叛徒的结局就很可耻。

---

① 沈青之：生卒年月不详，又名忻贤来，浙江鄞县人。抗日战争爆发后，在宁波参加中国共产党领导的进步团体"飞鹰团"，并成为进步刊物《野战》周刊发行人。后由党组织派往富阳、义乌等县政工队工作。1939年1月，任中共富阳县特别支部委员。同年6月，中共金衢特委决定其脱产从事地下工作，任中共龙游县工委书记。9月，离开龙游，分管衢州中学支部和淳安、寿昌等县党的工作。他来往各地，传达党的文件，进行党的发展工作。1940年3—6月，为筹备建立衢属特委，与金衢特委常委宿士平一起，巡视衢属地区的江山、龙游、淳安等县，调查了解党组织、党员情况，指导开展党的活动。因形势日趋恶化，于1940年8月奉命转移加入新四军。新中国成立后曾在武汉航运管理局机械厂工作。

朱金奎，今兰溪市游埠镇上宋村清塘坑人。在红二师发展过程中，他混入红军队伍，背叛革命充当特务、内奸，为国民党当局刺探红二师重要情报，对红二师组织造成严重破坏。在解放初，多行不义的朱金奎被乱刀砍死在兰溪与龙游交界处西畈村车壳岭上。奇怪的是，朱金奎是被谁砍死的，至今成谜。正所谓：恶有恶报，天理昭昭。

江天吉，今湖镇镇桥头江村人，是当地的一名恶霸、流氓，混入红二师后假装积极革命，取得郑秾、张自强的信任，任师部文书。1938年秋，途经兰溪的新四军得知江天吉叛变红二师的罪行后，曾派两位女战士前往抓捕，但被狡猾的江天吉逃脱。解放前夕，死心塌地与反动势力为伍的江天吉参加了叶鹤组建的土匪武装，任情报总站站长。1949年8月22日，江天吉被龙游剿匪军民抓获。经审讯，10月23日，龙游县公安局公布了江天吉的罪行：

> 查匪首江天吉，现年52岁，北区朝阳乡第八保桥头江村人。该犯出身流氓，为该乡三大恶霸之一，强奸妇女，无恶不作，并一贯反共反人民。民国二十二年曾为龙游县党部内探，破坏龙、兰、汤、寿四县组织。此外，曾杀害我党郑秾、黄庆云、苏小弟、邱瑞沛、章耀庭等12位同志。在民国二十六年，继续充当反动派之侦探，曾逮捕我地下党潘金水、巫枝林二同志。解放后，其反动行为不改，继续与人民为敌，参加匪首叶鹤土匪部队，任情报总站站长，并与其女婿胡景明组织土匪数十人举行暴动……

附江天吉行刑前笔录：

问：郑惠卿书记长派你干何工作？

答：没有，在民国廿二年三月我参加郑秾党内去了。

问：郑秾在何党任何职？

答：是红军十三军组织部干部。

问：你参加红军后来怎样？

答：我送女儿到上海工厂工作，返家时在杭州火车站被抓，被扣押在保安处，后省政府提去讯问两次。在第二次讯问时，逼我拿出名单及组织事实，我无办法就把事实说出，直到9月放我回乡。

问：你说出之后，那些党员怎样了？

答：被抓者10多人，后由省党部及其他机关多人来龙游县党部协办，判决在火车站枪毙。

从上述简短的审讯笔录，即可看出江天吉其人罪恶昭彰！

浙江省衢州市第三专区公安处关于对江天吉判处极刑的批示："江天吉一贯反共反人民，杀害我革命同志，破坏我党组织，为敌效力，应处枪决。"

江天吉于1949年10月24日被执行枪决。

浩气长存 HAOQICHANGCUN

　　长期的坚持不懈、艰苦卓绝的奋斗，终于推翻了国民党的腐朽统治，一个崭新的中国屹立在世界的东方。人们不会忘记为了国家富强、人民民主幸福而抛头颅、洒热血的先烈们，把革命先驱的光辉事迹记录了下来，也铭刻在心里。金华、兰溪、龙游、建德等地纷纷设立纪念碑、纪念馆等缅怀先烈，让人民永远记住历史上先辈的顽强不息、敢于斗争、不怕牺牲和矢志不渝的高尚品质。红二师的革命精神成了当今弥足珍贵的财富，先辈们的牺牲精神、奉献精神激励着后继者们为建设强大的祖国而不懈努力，成为新时代建设者们的不竭动力。

十二、浩气长存

1

郑秾生平年表

1894年，郑秾，学名桂山，乳名木星，生于浙江省青田县仁庄乡罗溪村贫农家庭。

1911年，郑秾离开了家乡，由远方叔叔介绍，前往上海到黄浦江边从事搬运工行业并参与码头大罢工。

1914年，法国政府在上海招募华工，郑秾不堪地主、豪绅的压迫，毅然应召去做华工。在法国挖战壕，倍受欺凌。

1922年，郑秾和堂叔郑连美、同乡郑立明等人到苏联莫斯科帮二哥郑桂南做皮鞋，和一些温、处籍留学生往来密切，特别与永嘉籍留苏学生谢文锦（共产党员）交往甚密，由此接受革命思想，并期间加入中国共产党。

1924年，郑秾报名加入留苏的外国人员招募红军，获准参加苏联红军。

1926年，郑秾于苏联红军退伍，从苏联回到老家和吴柳钗结婚。

1927年，浙南一批有志青年邀请郑秾再次赴苏"经商"。期间，郑秾经常与共产党员和进步人士交往，探讨革命前途。

10月，中共兰溪县包塘殿支部成立，中共浙西特委书记、兰溪特支书记姜寿庭，又名姜挺，前来兰溪县传达贯彻中央八七会议精神。

1928年，在苏联召开的中共六大闭幕后，郑秾与温、处籍留苏学生返回祖国，回到青田老家。

1929年， 郑秾在青田阜山召集罗溪一带的"兄弟会"成员70多人，动员说：我们是男子汉大丈夫，跪着不如站着死，跟着红军轰轰烈烈干一场。

1930年春， 郑秾领队"兄弟会"在青田县阜山参加浙南红军游击队。

3月9日胡公冕率部到永嘉、仙居交界的黄皮寺，成立浙南游击队指挥部。

5月9日浙南游击队编为中国工农红军第十三军，军部设在永嘉县五潲，军长胡公冕，政委金贯真，政治部主任陈文杰。

5月24日郑秾调入军部工作，和红一团、瑞安北区农民赤卫队从桐田出发，攻进平阳城，缴获了守敌的部分枪支及县政府大印等，打开监狱，释放被抓的群众。但由于缺乏实战经验，未能集中力量全歼守敌，敌人得以喘息之后又疯狂反扑。红军回师五潲。

5月底红军攻打平阳城战斗中，郑秾和部队被冲散，失去联系，潜回家中隐蔽。当时正值青黄不接，家中生活发生困难，郑秾向堂兄郑木清（恶霸地主）求借不成，反遭秽言辱骂，郑秾发火，失手将郑木清的家丁郑××打死，吊在郑木清家的门楼上。第二天，尸体被发现，即一面向国民党政府报告，一面追捕郑秾。郑秾不能在家立足，去寻找红军。

8月，全军各团改为师编制。郑秾因作战勇敢，又是中国共产党党员，被调任为师组织部干部。

9月22日，郑秾随红一团攻打黄岩乌岩镇，战斗失利，伤亡较重。郑秾再度回老家潜伏，坚持斗争。

1931年， 年初（农历1930年底），原籍青田人、清同治年间迁兰溪孟湖乡定居的林云熙、郑炳根赴青田仁庄探亲，遇上郑秾，得知兰（溪）、龙（游）一带青田籍移民甚多，旋即和他俩一起来到兰溪，住于后屋村陈荣发家，在包塘殿开设拳堂，发展红军组织。

初春，郑秾在兰溪西乡以及龙游东乡一带，以"江湖郎中"的身份，一边走乡串村为群众剔除病痛，一边宣传革命思想。

2月，中共包塘殿党支部书记王招进和郑秾到龙游七都乡隔塘村，动员林有仁、邱瑞沛参加红二师组织。

3月初，叶长福在下库西角山上背松树下山跌倒，被树砸伤两个手指。刚巧，郑秾为叶包扎好伤口，交谈中得知同是青田老乡，介绍叶参加了红军。

到8月份，龙游县发展红军顺利，郑秾先后介绍了寺底袁的王福奎、溪底杜村苏小弟、金村的周樟标、后大路村的周金海、下库村的张自强等参加了红二师组织。

8月，在今游埠镇江村郑家自然村和山塘沿自然村之间的林来均家设立红军联络站。

同月，郑秾来到寿昌县大店口乡石木岭村活动，秘密发展郑安良、朱继赛、周大清等为红军，石木岭闾长邵志熙也参加了红军。消息一传开，在水碓底、大店口、梅岭等村庄也先后有95名农民加入红军队伍。

9月25日晚，石木岭红军在瓦塘背召开大会，郑秾任命邵志熙为区委部指挥，周大清为秘书。

秋末，郑秾指导张自强在民校夜校的基础上，创设拳堂，考察、物色对象，发展红军组织。

秋末，郑秾在下王的郑家沙塘沿，秘密打出红十三军第二师的旗帜，郑秾自任师长。

秋末初冬，郑秾和红军骨干成员李林汝、林来均等在兰溪西乡一带发动佃户开展轰轰烈烈的"二五"减租运动，以胜利而告终。

1932年，2月，潘金水吸收官村乡冷水的私塾教员、中医师赖樟松加入红二师。

春，兰溪西乡猪母山脚的王叶樵陪同郑秾到七都上佃铺林远仁家，以林家为驻点进一步开展革命活动，林春有、朱卸苟、徐樟苟、吴守华、梅秀英、徐进魁（徐行）、刘协鑫、夏贞祖等人加入红二师组织。

3月，朝阳乡桥头江村人江天吉，参加了红二师组织，后当上师部文书。8月，江天吉送女儿去上海读书，回来路过杭州时，被浙江省保安处逮捕，供出红二师的情报，叛变充当了内奸。

3月底，在兰溪西乡上王山背召开龙、兰、汤、寿四县红二师骨干成员100余人会议。郑秾通报了红二师组织发展情况，分析革命形势和斗争的方式方法和策略，统一大家思想认识。这是红二师的誓师大会。

从此红二师工作重心从兰溪包塘殿转移到龙游县东乡隔塘村。郑秾根据参加红二师人员分布情况，确定骨干分别担任红二师师部领导，设立红二师区委部正、副指挥和村委部正、副指挥及农村部指挥，刻制了"中国工农红军第十三军第二师本部"以及区委部正、副指挥，村委部正、副指挥和农村部指挥等印章。

8月，郑秾在湖镇乡彭塘村砖窑召开骨干会议，宣布成立红二师，号召"有钱出钱，有武器出武器"，并就搜集购买步枪、手榴弹、大刀、梭镖等武器作出安排。

9月12日，永嘉县楠溪派来3人，一位姓王，一位叫周俊乡，还有一位叫李逸民。当晚在杨麻车自然村李林汝家召开会议，由吴思荣、吴思昌、王招进、胡文金、徐岳成、李林汝、林来均等12人参加。此事说明红二师已经与浙南原有的红军组织取得联系。

到10月份止，郑秾到圩头乡上杨村开展革命活动，发展吴守华、鄢金海等为红军骨干，仅上杨村就有100余人参加红军。

11月，在龙游东乡上佃铺召集龙、兰、汤、寿四县红二师骨干成员会议，骨干100余人参加会议。由张自强主持会议，郑秾在形势报告中提出红二师要和方志敏领导的红军会师，要把龙、兰、汤、寿金衢盆地地区和闽浙赣根据地连成一片，建立苏维埃政权。会议还对各地红二师组织建制、序列作了系统安排和部署。

12月，七都乡张王村人，曾做过小学教员的章耀麟（又名耀庭）由游启炎介绍参加红二师，担任主管军粮职务。

1933年，春，郑秾师长和师部秘书徐进魁（徐行）等到江西省弋阳、横峰一带寻找方志敏联系部队。

3月初，郑秾派张自强、鄢金海，赴江西省玉山县等地再次寻找方志敏无果。

5月，郑秾为培养红二师军事人才，决定派徐进魁去杭州报考国民党中央军校，学习军事知识。

7月下旬，正值秋收大忙之际，割稻客装束的红二师骨干150余人从龙兰汤寿四面八方汇集到龙游东乡大宇殿内召开会议，中心议题是各个县积极做好武装暴动的一切准备。会议时间开得很短，听完了郑秾的动员报告之后，马上散会。

8月，郑秾和林云熙等赴桐庐等地筹措枪支、弹药、匕首等武器。张自强、邱瑞沛等赴社阳好坑、曹平山、九里坪等地察看地形，建立根据地和游击区。

8月，郑秾和张自强等研究决定，下达联络暗号："黎""同""白"。"黎"即黎民百姓；"同"即同志，自己人、红军；"白"即国民党白狗子，敌人。

10月中旬，郑秾、张自强及龙游地区的红二师骨干在希唐村油车屋召开会议，检查武装暴动准备情况。

24日，浙江省保安处密令龙游县长："缉捕红二师人员，并派本处探员徐东山、钱伦全智办。"

29日，周金海到朝阳乡桥头江等处了解红军情况，被叛徒江天吉用酒灌醉，江天吉窃录了"红十三军第二师骨干成员名录"，向国民党龙游县政府报告。

30日中午，郑秾、张自强、吴守华、苏小弟、赖樟松等在彭塘村砖瓦窑召开会议检查暴动前各项工作落实情况，决定于11月6日（农历九月十九日）在三叠岩庙会起事。

30日傍晚，江天吉赶到彭塘，找到郑秾谎称朝阳乡桥头江那边红军组织召开重要会议，请郑秾出席。郑秾和江天吉一齐奔赴桥头江渡船埠头时已经深夜，特务徐东山、钱伦全和雇好的帮凶江金茂、毛樟友、江寿根早已埋伏在船内等候，以毛樟友背郑秾涉水上船时，特务猛用有生石灰包，砸到郑秾脸上，又快速把装有石灰粉的麻袋套落在郑秾头上，连夜解赴龙游县城。

31日凌晨，园民党龙游县政府会同县党部，警察局、基干队派出武装人员，分四路缉捕红二师骨干成员。

同时，兰溪也派了12名军警前往郑秾居住近一年的陈荣发家抓人，扑了个空。当天晚上，因人通风报信，陈荣发就带着妻子、子女和弟弟陈兴聪在外躲避。

同日，红二师骨干吴守华、赖樟松、汪顺有、林樟树、沈道有、王树福、吴树高、吴老岳、吴金兰、林春有、王老克、苏小弟、周樟标、邱瑞沛、朱卸苟、周金海、张自强、王福奎18人被捕。

11月1日，浙江省保安处派张一虬前往龙游缉办要案，令县长蒋元薰接洽随时协助。

2日，被捕红二师成员有刘林生、魏立德2人。

3日，国民党当局在龙游召开龙游、兰溪、汤溪、寿昌四县县长会议，密谋统一行动抓捕红二师人员方案。

同日，浙江省保安处科员张一虬，省党部委员赵见徵向省主席鲁涤平、保安处长俞济时呈报：自首分子江天吉密报："郑秾已于10月30日缉获，张、赵合同龙游县长蒋元薰，详见破获证据，有：无产簿一本，内叙化名、姓名、年龄、籍贯、住址、职业6项，簿内共列658名；登记表1232张，内列中俄姓名、年龄、籍贯、住址、职业、介绍7项，空白表18张，零星字条中列姓名56（重复18人）人，另有妇女部登记簿1本，内列妇女85名，总计共1355名。"

4日深夜，龙游、兰溪、汤溪、寿昌四县国民党军警统一行动抓捕红二师人员。

这天夜里下着雨，兰溪县县长胡次威带领基干队及保安队，在叛徒朱金奎的引领下来到下叶、杨麻车、后胡等村，把张樟财、张耀玲、叶樟林、叶作贵、叶根林、叶志堂、叶福华、李林汝、胡凤金等人抓走。

兰溪、汤溪的另一路的省防军和基干队，在汤溪县长林泽的带领下，先后抓走后屋村的毛忠芳、周樟福、周樟禄、郑永根、王招进，寺口村的钱炳根、钱松吉、钱松林、钱松涛，石骨山背村的周樟春、郑阿奶、郑树明、郑禄苟、郑树发、郑来法，以及郑家村的郑炳宁、郑美宁、郑樟奶、郑彩源、郑彩根、郑宝根、林来均，马夫殿脚村的吴思荣等红二师骨干成员。

被抓的人先关在寺口村大厅等处，天亮后分批押解到游埠或永昌警察所集中。游埠警察所关押着从各地抓捕的红二师人员40余名，除2人被保释放外，其余的人都押解到龙游住了一夜，分批次车押解到衢州第三区保安分处。

4日晚，国民党寿昌县政府派出大批军警到石木岭村追捕红军。由于事先得到消息，红军外出隐蔽，敌人扑了个空。

6日，共捕获龙游县红二师成员严盛富、黄庆云、刘朝基、张顺川、李清楷、傅石根、夏贞祖、张樟松、章耀庭、张樟荣、劳顺芳、沈香科、周凤翔、徐樟生、余仁开、张开方、刘协鑫、刘焕连18人。

7日，红二师成员胡石原、吴寿彩、严老三、苏老八、叶樟英（女）、孙樟荣、张庆苟、杨茂苟、刘耐根、翁培明、鄢金海、毛阮松、童卸苟、林金发、严日余、林荣贵16人被捕。

同日，龙游县长蒋元薰，县公安局长楼筱琨向浙江省保安三分处鲁仲修呈报："本日解保安处匪犯吴守华、赖樟松、王福奎、周金海、张自强、夏贞祖、周金标、刘协鑫、章耀麟、张樟松、李清楷、沈孙科（沈香科）、余仁开、苏小弟、邱瑞沛、刘林生、朱卸苟、沈道友、王树福、刘朝基、张樟荣、周凤翔等23名行过龙游火车站里许，其中有吴守华等多人竟敢扭断绳索向警士夺枪抗衡图逃法网，正在危急之际迫不得已开枪格毙吴守华、周金标（周樟标）、刘协鑫（刘叶新）、赖樟松、王福奎、张自强、周金海、夏贞祖等8名，其余邱瑞沛等15名另换解文，改派团警解赴衢县。"

同日，浙江省保安处委员赵见徵，省党部委员何秉达、省政府委员张一虬会同龙游、兰溪、汤溪、寿昌四县长共同签署招抚自新布告。

同日，龙游县长蒋元薰令基于队分队长周宗岳、团丁王裕帮、楼斌等17人，押解红军骨干苏小弟、朱卸苟、张樟松等15人解赴衢州第三区保安分处。

8日，红二师成员陈卸牛、何清林、季妆金、季小苟、季忠根、周正喜、周阿美、祝德才、陈良钦、何月弟等12人被捕。

同日，国民党龙游县长蒋元薰令警士陆国良等12人押解红军骨干鄢金海、胡石原、林金福、毛阮松、吴寿彩、严老三、翁培明、张灰苟、童卸苟、杨茂苟、陈卸牛、苏老八12人至衢州受审讯。

9日，被捕红二师成员，从寿昌解来龙游拘押2名：邵德呈（新富）、陈文斌。

10日，龙游红二师成员：邵招珠（女）、王金妹（女）、江根土3人被捕。

11日，浙江省民政厅厅长吕苾筹下达205522号指令给龙游县长：此次破获"赤匪"首领郑秾一名，登余党张自强等20余人，重要文件多件，协缉得力，应予嘉奖。

11日，省政府委员何秉达，张一虬、县长蒋元薰公布应缉重要"匪犯"名单，计有杨寿春、巫枝林、季永昌、汪岳年、叶仁、徐樟苟、廖贵发、王春富、王长芝（王金山）、吴樟培、黄昌金、吴有根、潘金水（潘塘洋）吴中柱、王如方、黄阿树、赖雨云（赖如云）、王樟春、姜馊馊（姜衡）、汪岳标、罗成荣21人。

12日，石木岭红军骨干吴延林在衢州被捕，关押在衢州第三区保安分处。次日，邵志熙不顾个人安危，以石木岭闾长身份毅然去往衢州保释吴延林，当晚投宿龙游县城朱姓客栈。国民党暗探、邵的同乡陈三苟发现邵志熙的行踪，向反动派告密，邵志熙不幸被捕。不久，朱继赛、周新富等石木岭红军骨干也相继落入敌手。朱继赛、吴延林、周江美、周新富等红军骨干被押至杭州陆军监狱监察。

至此，兰溪被捕28名，龙游60余名，汤溪20余名，寿昌10余名，各县先后被捕共计118名。

26日，上午9时，龙游县政府刑事法庭，县长蒋元薰、书记员季贻勋，对章耀麟、邱瑞沛、黄庆云、苏小弟进行审讯，四人异口同声地说："没有什么话说，通知家属收尸好了！"。

上午10时，"已将赤匪黄庆云、苏小弟、邱瑞沛、章耀麟4名，奉蒋委员长核准，验明正身就地枪决"。

14日，林来均、吴思荣、李林汝分别于汤溪西门、兰溪城关、游埠马鞍山英勇就义，壮烈牺牲。

15日，浙江省保安处训令法字170号，由本处科员汪宗孟率探警押解郑秾，令龙游县长蒋元薰点收，派队妥解适当地点，执行枪决洗好相片呈报。

同日，郑秾在龙游西门英勇就义，壮烈牺牲！

1934年，1月，浙江省政府委员何秉达，浙江省党部委员姜卿云，龙游县县长蒋元薰第72号布告，于1月1日在希唐乡吴氏宗祠及龙游城内县党部两处设立办事处，办理自新登记，到1月30日止，决不展期，再不办自首。

1月3日，邵志熙在寿昌西门外宋公桥头刑场英勇就义。

6日，龙游县公安局长蒋藩呈报龙游县政府，张贴自新布告，钧府秘字第33号训令，自新布告75张已分别张贴，张贴地点列单上报。

12日，龙游县政府公函公字第1239号称：应缉拿的"赤匪"重要逃犯汪鹤年一名，现匿贵县（衢县）杜泽地方，明果寺内哨聚徒人20余人复图活动。特照查照，并派方正、陈钟山二名密探前来，希派队协同查拿。

10月23日，龙游县政府民字第2866号训令，令第二区区长，令仰该区长查明仍在地方79人其故意不来自首，希图继续反动，应即密报拿究。

1935年，1月6日，龙游县公安局还张贴匪徒自新布告地点清单。胁从匪徒自新布告75张分别张贴。开具张贴地点清单：大东门9张、大北门6张、大南门5张、大西门4张、小西门2张、小北门2张、小南门2张、县政府前3张、县党部前3张、汽车站6张、火车站5张、地方银行前3张、老凤祥前4张、运动场5张、广和门前2张、司巷口2张、河西街5张、石板街1张、百岁坊3张、盐店门口3张。此外布告在全县各区乡均有张贴。

1937年，1月12日，龙游县长周俊甫，再次令方正、陈钟山、前往衢县联系，派队赴杜泽明果寺捕捉汪鹤年。

4月5日，龙游城区公安局长叶虎签1407号训令，公安局侦探长陈天祥，探警江天吉、方正等4人出探，得眼线徐志升密报，"共匪"红二师案内的重要"逸匪"潘金水匿住汤溪南乡俭泽山坑；巫枝林已潜回家，职亲率警长彭兴、警士徐同猛、金雄飞、钱才柱、刘忠良、探警江天吉等一起上山，并已捕获。前省政府悬赏各200元通缉在案，请该项偿金迅赐发给。

2

十八位红二师烈士简介

郑秾烈士简介

郑秾（1894—1933），乳名木星，原名桂山，1894年4月16日出生于丽水青田县仁庄镇罗溪村贫农家庭。1922年，他赴苏联跟胞兄郑桂南做皮革，其间与留苏学生、中共党员谢文锦（永嘉人）来往密切，接受革命道理，加入中国共产党。1926年回家结婚，1927年再次赴苏联经商，1928年回国后在家务农。1930年2月，党中央派金贯真、胡公冕、夏文杰等人在永嘉建立中国工农红军第十三军，领导武装暴动和攻打浙南一些县城。这支人民武装的崛起，有力地打击了浙南的反动派政权，打击了封建地主势力，威震瓯江南北。郑秾于这年春参加了红十三军。5月红十三军攻打平阳城以后，郑秾曾回家看望了妻子吴柳钗和生下刚满月的儿子郑谷敏。1930年初冬节，红十三军在攻打黄岩县乌岩镇的战斗中严重失利，部队损失惨重。

清朝末年，浙南地区括苍山下的青田、永嘉等山区县农民纷纷离乡背井，来到地多人少的兰溪、龙游、汤溪、寿昌黄土丘陵地带种地谋生，因而在兰溪、龙游交界处居住着很多青田籍人。1931年初，郑秾和从兰溪西乡去青田仁庄探亲的林云熙、郑炳根一起来到现在的兰溪市永昌街道东山边行政村后屋自然村，以医病卖药为名，居住在陈荣发家，在中共包塘殿党支部精心安排下在包塘殿内设立"拳堂"，以教武术为名发展红军人员，图谋重树红十三军大旗。他奔波在兰、龙、汤、寿等县境内，凭借同乡、朋友、亲戚等关系，以行医、教武术为掩护，向贫苦农民宣传革命道理，介绍俄国人革命胜利的道路，赞扬江西、浙南红军的功绩，秘密发展红军队伍，在两年半的时间里就组织发展了1599名红军，举起了中国工农红军第十三军第二师（以下简称红二师）的旗帜。正当红二师队伍积极筹划武装暴动之际，因内奸出卖而遭到国民党反动派全面破坏。郑秾于1933年10月30日夜晚被捕，于同年12月15日10时在龙游西门外英勇就义。1982年4月2日，经浙江省人民政府批准，

郑稼革命烈士证明书（家属提供）

郑稼同志被追认为革命烈士。

革命烈士张自强

　　张自强（1908—1933），本名张国华，今龙游县湖镇镇下库人。家庭出身贫苦，15岁初小毕业后执教村塾。1931年8月，由郑稼介绍参加红二师，化名张自强，积极投入革命活动，不久加入中国共产党，先后任红二师大队长、副师长。他以民校、夜校为基础，依据青年的特点和爱好创建拳堂，借机吸收青壮年加入红二师。1932年11月，龙游东乡上佃铺召开有龙游、兰溪、汤溪、寿昌四县骨干100余人参加的会议，张自强主持会议，由郑稼作形势报告，为武装暴动作动员。3月初，张自强、鄢金海等赴江西玉山等地寻找方志敏，未能如愿。

　　1933年夏，张自强辞去小学教员的工作，全力以赴开展革命工作，他身穿短装，脚着草鞋，挑着货郎担，编唱顺口溜，以此宣传发动民众参加革命。8月，张自强与邱瑞沛等人赴社阳好坑、曹平山、九里坪等地察看地形，为建立革命根据地和游击区做准备，在与郑稼等研究后下达统一的联络暗号"黎""同""白"。10月，与郑稼及龙游县红二师骨干在希唐榨油屋召开会议，检查武装暴动准备情况。10月30日中午，张自强与郑秾、吴守华、苏小弟、赖樟松等在彭塘村松树林中的砖瓦窑里召开最后一次碰头会，落实三叠岩暴动中的具体行动措施。同日晚，因叛徒、内奸的出卖，郑秾在桥头江埠头渡口不幸被捕，张自强也于次日凌晨被抓。11月7日，反动当局把张自强等23人解赴浙江省保安处衢州三分处审讯，在龙游火车站外候车时，张自强发出暗号，与吴守华等扭断绳索，徒手和反动军警夺枪搏斗，因寡不敌众，壮烈牺牲。

革命烈士周金海

周金海（1883—1933），原名日星，今湖镇镇七都村人，祖籍江山。小时候以讨饭为生，9岁时与家人失散，在七都村被一位会武功的青田籍单身男子收留，从此以帮人做工为生计，并跟养父学武功，还学会了青田话。周金海生性耿直，急公好义。20岁时养父去世后，又和安徽凤阳人学武，兼学医术，8年后在杭州以教武功为生。结识郑秾后，在郑秾的介绍下加入了共产党，以收徒授艺、治病济世做掩护，开展革命活动。1931年参加的红二师，任师部通讯参谋，成为红二师主要骨干之一。1933年10月31日凌晨被捕，同年11月7日被押送去省保安处衢州三分处审讯，途经龙游火车站外候车时与同吴守华等8人扭断绳索，徒手与国民党军警夺枪搏斗，壮烈牺牲。

革命烈士邱瑞沛

邱瑞沛（1900—1933），又名周志远，今龙游县湖镇镇隔塘村人。幼年上过私塾，成年后务农为主，会拳术。1931年2月由林存仁介绍加入红二师，化名雄达、树培，任师交通参谋之职。加入红军后，他经常以"赶会赌博"为名，往返于上海、杭州、兰溪、汤溪等地从事交通联络工作。1933年10月31日在家被捕，囚于龙游监狱，备受酷刑，但他坚贞不屈，拒不招供红二师秘密。同年12月26日，被国民党龙游当局杀害于龙游大西门外。

革命烈士章耀麟

章耀麟（1911—1933），又名耀庭，今龙游县东华街道张王村人，家境殷实。家有兄弟三人，章耀麟为老大。高小毕业后，先后在本村和邻村，担任小学教员。1932年由游启炎介绍参加红二师，主管军粮后勤。从此，他弃教从事粮食"贩卖活动"，为筹措红二师准备暴动的军粮呕心沥血。1933年11月6日不幸被捕，囚禁于龙游监狱，受尽酷刑，坚贞不屈。同年12月26日，被国民党龙游当局杀害于龙游大西门外。

革命烈士王福奎

王福奎（1903—1933），又名岩壁，今龙游县湖镇镇邵家村人，祖籍青田。幼年上过私塾，通晓刀笔，常替穷苦百姓书写诉讼状，专和豪绅作对。1926年10月，北伐军挺进龙游，他投身军营，懂得一些军事常识。王福奎武艺高强。为人豪爽，结交广泛，爱打抱不平。1932年由郑秾介绍参加红二师，任团长职务。他借管水碓之便，开办"拳堂"传艺，结交正义之士，发展红军人员。1933年10月30日，郑秾被叛徒、内奸江天吉出卖被捕。获此消息，他即回家把红二师成员名册及文件等材料尽数焚毁，随即被早已埋伏在他家周围的国民党军警逮捕。11月7日和张自强、吴守华等被押送省保安处衢州三分处审讯，在龙游火车站外候车时扭断绳索，徒手与武装军警夺枪搏斗，壮烈牺牲。

革命烈士刘协鑫

刘协鑫（1891—1933），乳名金贵，又名逸鑫、叶心、王胜生，今龙游县湖镇镇后大路人，家庭富裕。有较高文化程度，为人热忱和善，乐于助人，凡青黄不接时节，贫苦百姓向他求借，都尽力相助。1932年由林进有介绍参加红二师，任营长职务。刘家屋大院深，单门独户，坐落地处偏僻的衢江畔，凡外地红二师主要成员来龙游找郑秾联络，都在他家落脚碰头。1933年11月6日，刘协鑫遭逮捕，次日，反动当局把他和张自强等押送到省保安处衢州三分处审讯，在龙游火车站外候车时扭断绳索，徒手与武装军警夺枪搏斗，壮烈牺牲。

革命烈士苏小弟

苏小弟（1882—1933），原名洪林，谱名隆权，今龙游县湖镇镇溪底杜村人，祖籍福建。小时候读过书后在家务农。他为人随和热情，曾在东阳、义乌、汤溪及本地开拳堂授徒，颇有名声。1931年由郑秾介绍加入红二师，任连长职务。从此，苏小弟以自己的小百货店作为红军联络点。他以贩卖"兰头三七"专治跌打损伤的江湖郎中身份开展活动，在龙游、兰溪、汤溪、寿昌四县对发展红军组织出力颇多。1933年10月30日中午，参加在彭塘砖瓦窑召开的秘密会议，接受三叠岩暴动任务。同年10月31日不幸被捕，囚禁于龙游监狱，备受酷刑，凶残的敌人拔掉他的10个指甲，双手鲜血淋漓，痛彻肺腑，但他严守红二师秘密，宁死不屈。在其妻黄卸美等家属探监时，他还特地叮嘱："你们回去，不要再来了。我有些'当票'放在中堂的'杠几'（俗称长条桌）里，你拿出来还给他们。"黄卸美含泪告别丈夫，回家将长条桌内的红军名册、文件等用火烧掉。同年12月26日上午10时，被反动当局杀害于龙游大西门外。

革命烈士周樟标

周樟标（1907—1933），原名富贵，今湖镇镇金村人。1931年由郑秾介绍加入红二师，化名周樟标，任排长职务。加入红军后，积极开办拳堂，发展红军组织。1933年10月31日被捕，11月7日被反动派当局军警押送省保安处衢州三分处，在龙游火车站外候车时与其他难友一起扭断绳索，徒手与武装军警夺枪搏斗，壮烈牺牲。

革命烈士吴守华

吴守华（1895—1933），又名春林，今龙游县东华街道上杨村人，祖籍遂昌。其兄弟六人，因系"外来户"受人欺凌。他发奋读书，以优异的成绩考入省立八师。毕业后，受聘于远离家乡的摸环小学（今龙游县摸环乡摸环村）任教。在回村办学，把自己家的房屋腾出来做学堂，自任教师和校长。他知识渊博，教学有方，声名鹊起，入学求教者激增，邻村不少父母慕名送子弟到他学堂就读。1927年吴守华加入中国共产党，1932年参加红二师，化名周一公。他参加红军后，以教员身份办民校，教民众识字，以"天下为公"思想宣传革命，还创办"拳堂"发展和壮大红军组织。1933年春，他专心革命事业。同年10月31日凌晨被龙游国民党当局逮捕入狱。11月7日，他与张自强等被军警押送省保安处衢州三分处审讯，在龙游火车站外候车时与张自强等和武装军警徒手夺枪搏斗，壮烈牺牲。

革命烈士赖樟松

赖樟松（1903—1933），又名裕财，别名继松、纪松，今龙游县溪口镇冷水村人。溪口中和小学毕业后，曾任小学教师。当他目睹穷苦老百姓受疾病困扰，无钱医治时，就潜心自学中医，良好的医德医术深得乡亲爱戴。1932年初由潘金水介绍参加红二师，以行医为名从事革命事业，成为红二师在龙游的重要骨干。1933年10月30日中午，赖樟松与郑秾、张自强、苏小弟等人在彭塘村松树林开会部署三叠岩暴动计划，10月31日凌晨，被国民党当局逮捕，关进龙游监狱。11月7日，被押送到省保安处衢州第三分处审讯，在龙游火车站外候车时扭断绳索，奋力与押解武装军警展开夺枪搏斗，壮烈牺牲。

革命烈士夏贞祖

夏金祖（1900—1933），原名夏贞祖，今龙游县湖镇镇马报桥村人，以打砻为生。打砻户大多是地主豪绅，夏金祖倍受欺凌，还常被拖欠克扣工资。1932年，由周正荣介绍参加红二师，化名周二五，从此他为地主豪绅打砻户时假装"热忱"，借此了解敌人动向，为红二师收集信息。1933年11月6日凌晨，夏贞祖的家被国民党龙游当局派来的武装军警团团围住，他持械拼斗，终因寡不敌众，被打昏后被捕。11月7日，国民党龙游当局为防不测，把张自强和夏贞祖等23人押赴省保安处衢州三分处审讯、途经龙游火车站候车时动手和武装军警夺枪搏斗，壮烈牺牲。

黄庆云

　　黄庆云（1886—1933），龙游县湖镇镇隔塘村人，红二师骨干。参

加红二师后，动员妻子卢文
凤、儿子黄茂聪、黄万聪、黄
小初、侄儿黄茂荣、侄媳妇沈
招娣等人参加红军组织。1933
年11月6日被捕，同年11月26
日上午10时与苏小弟、邱瑞
沛、章耀麟牺牲于龙游大西
门外。

黄庆云陵墓（2012年摄）

革命烈士林来均

　　林来均（1882—1933），原名林来照，又名林来君，化名林来斋。
1882年10月10日出生于现青田县仁庄镇八源村农民家庭。幼年丧父，于
清朝同治年间随叔父林金明逃荒到汤溪县北乡荒山上安家落户。他自幼
聪明过人，虚心好学。在小学毕业后，学会了中医医术，被誉为"土郎
中"。后来又学会砌灶和替人择婚嫁丧葬良辰吉日等，在当地享有威
望。1931年初，郑秾跟随姑表亲林云熙（林来均的胞兄）和郑炳根到
现在的兰溪市永昌街道东山边村后屋自然村，居住在陈荣发家，在后屋
的包塘殿内以设"拳堂"教武术为名，发展红军人员。在林云熙的引荐
下，郑秾结识了林来均，被吸收为骨干人员。林来均经常活动在兰溪、
龙游、汤溪、寿昌四县，开展革命活动。1931年8月，组织决定在林来均
家设立联络点。由于受到混进红二师组织内的青帮小头目朱金奎暗中监
视，林来均于1932年大年除夕夜外出避难。1933年7月下旬，红二师骨干
在龙游东乡大宇殿召开会议，筹划三叠岩暴动，林来均参与谋划。1933
年11月4日晚上，他潜回家看望病入膏肓的大儿子林汝根，不幸被捕。
1933年12月14日，国民党反动派把林来均押到汤溪县城西荒山上枪杀。
1951年9月14日，浙江省专员公署追认林来均为革命烈士。

革命烈士李林汝

李林汝（1909—1933），又名李林水，今兰溪市赤溪街道柳塘村杨麻自然村人。1930年冬，由林来均介绍加入红二师，成为红二师骨干。李林汝有相当的文化基础。1931年秋收后，下朱井头村恶霸地主童凤生拒不执行"二五"减租规定，李林汝与郑秾、林来均等红军骨干发动佃农开展面对面的斗争，取得胜利。1932年春，兰溪西乡的土豪劣绅勾结水亭警察局，把"二五"减租运动中的积极分子叶志亮、夏金楷和李林汝被抓去问罪，经郑秾、夏炳文等营救获得释放。他在下叶、伍家圩、郦村一带发展红军人员100余人。1933年11月4日晚上，李林汝不幸被捕，同年11月14日在游埠镇辽溪桥村西北方向的马鞍山英勇就义。

革命烈士胡凤金

胡凤金（1900—1933），又名胡文金，今兰溪市永昌街道后胡村人。1931年11月，由许起尧介绍参加红二师组织，化名赵弼芭。为掩护开展地下活动，与许起尧、胡凤林、胡凤湘、胡宝根、周有樟、周有高、胡锡元、胡锡忠、李汝招（又名李水钊）等人组成"新聚会十响班"，借此晚上坐唱开展秘密组织活动。1933年11月4日晚上，汤溪警察局和浙江保安司令部军警大队，踢开后胡村祇恭堂的大门，抓捕了睡在里面的胡凤金。第二天早上，在罗埠汽车站附近他乘上押解车子时逃脱，但不幸被敌人开枪击中，牺牲在罗埠公路旁。解放后，被追认为革命烈士。

革命烈士吴思荣

吴思荣（1907—1933），又名吴阿奶，今兰溪市游埠镇百斗畈村马夫殿脚人。1930年冬，在林来均的介绍下参加红二师，成为骨干。1931年下半年，他在马夫殿内设立"拳堂"。由于他有武功基础，在"拳堂"扮演师兄的角色，在周边的塌山金、百斗畈等村庄发展了红二师人员。1933年11月4日晚，吴思荣不幸被捕，于同年12月14日在兰溪城关英勇牺牲。

革命烈士邵志熙

邵志熙（1883—1934），又名新富、德呈、星红，今建德市航头镇石木岭村人。参加红二师后，化名邵志熙。他是红二师骨干人员，石木岭红军负责人。清末为秀才，后毕业于杭州法政专门学校，任石木岭闾闾长。1931年由邵志熙介绍，在石木岭和水碓底秘密组织红军近100人。1931年9月25日晚，红军宣誓大会在石木岭瓦塘背举行，邵志熙在会上宣读红军名册，进行编班。此后，多次前往兰溪、龙游等地参加红二师骨干成员动员会，准备武装暴动。1933年11月，红军组织因被叛徒出卖，大批同志被捕。邵志熙冒着生命危险去衢州营救同志，11月13日夜宿龙游时不幸被捕。1934年1月3日，就义于寿昌西门外。

邵志熙革命烈士证明书（家属提供）

附 录

1. 郑秾在兰、龙、汤、寿等县组织红十三军
第二师的经过

（1931—1933年）

郑秾同志简况

郑秾，乳名木星，字桂山，男，1894年4月16日出生，家庭出身贫农，系青田县山口区仁庄公社罗溪村人。

郑秾于1922年去苏联跟胞兄郑桂南做皮革，期间和留苏学生、中共党员谢文锦（永嘉人）来往密切，接受革命道理。1926年回家结婚。1927年再次赴苏经商，到1928年回国后在家务农。[①]

1930年2月，党中央派金贯真、胡公冕、陈文杰等人在永嘉建立中国工农红军第十三军（以下简称红十三军），并领导武装暴动，攻打浙南一些县城。这支人民武装的崛起，有力地打击了浙南的国民党反动政权，打击了封建地主势力，威震瓯江南北。郑秾于1930年春在青田阜山参加了红十三军。[②]1930年5月红十三军攻打平阳城以后，郑秾回家看望妻子吴柳钗和生下刚满月的儿子郑谷敏。[③]

---

① 青田县人民政府文件 青政字〔1982〕第50号。
② 毛岩飞、戴龙山的回忆资料。
③ 郑秾亲属吴柳钗、郑谷敏等回忆资料。

1930年初冬季节，红十三军在攻打黄岩县乌岩镇的战斗中遭到严重失利，部队伤亡较多。整个红十三军活动至此基本结束。参加红十三军的同志极大部分各自回家务农，有少部分同志仍在当地坚持斗争，也有的投靠同乡亲友，奔走异地他乡，潜伏下来准备为红十三军重整旗鼓。①

清朝末年，浙南地区"村村饿殍相枕藉，十家九室无烟炊"，包括苍山下青田、永嘉等山区县的农民纷纷离乡背井，到地多人少的兰溪、龙游、汤溪、寿昌黄土丘陵地带种地谋生，因而在兰、龙交界居住着很多青田县人。1931年初郑秾和从兰溪西乡去青田仁庄探亲的林云熙、郑炳根两人一起来到兰溪，隐蔽在包塘殿陈荣发家。②

郑秾在包塘殿落脚后，于1931年下半年又回到家乡，想把妻儿带到兰溪居住。因岳父母的反对，郑秾在岳父母家住了几天，又只身回到兰溪。③

郑秾深受浙南地区红十三军活动的影响。到兰溪后继续从事革命活动，为红十三军重整旗鼓呕心沥血，奔波在兰、龙、汤、寿等县境内，依靠同乡、朋友、亲戚为渠道，以行医、教武术为掩护，深入广大农村，向贫苦农民宣传革命道理，介绍苏联革命胜利的道路和江西、浙南红军的功绩，秘密发展红军组织，在两年半多时间里就组织发展了1599名红军，④重新举起中国红军第十三军的旗帜，称为"中国红军第十三军第二师"（以下简称红二师），郑秾自任师长。正当红二师积极筹划武装暴动之际，因内奸出卖而遭受国民党反动派政府的全面破坏。郑秾于1933年10月30日被捕，于同年12月15日10时，在龙游西门外英勇就义。1982年4月2日，经浙江省人民政府批准，郑秾被追认为革命烈士。⑤

---

① 李立敬、李益龙的回忆资料。

② 夏炳文、陈兴汝、林汝根等人的回忆资料。

③ 郑秾亲属：吴柳钗、郑谷敏等回忆资料。

④ 衢县革委会文件、衢革〔1971〕20号附件①②③④综合。

⑤ 敌伪档案：民国二十二年十二月十二日浙江省保安处训令批示，法字第170号。

红二师的建立

20世纪30年代初，金衢地区革命一度趋于低潮，广大农村灾害为虐，哀鸿遍野，又捐税极多，租重利高，广大贫苦的农民深受剥削和压迫。郑秾到兰溪西乡之后，以包塘殿为据点，1931年秋天到龙游东乡以隔塘、希唐、下库、上杨村为落脚点。串村走户行医，并设"拳堂"教武术，接触群众，宣传革命道理，讲江西、浙南等地红军打土豪分田地，攻打县城，开仓济贫的革命行动。还以"一根筷子容易折，一把筷子折不断"的通俗比喻，形象宣传"团结起来有力量"的道理。他向乡村的一些小知识分子、小学教员、失学青年介绍俄国十月革命和马克思列宁主义，推荐进步书籍，散发革命传单，秘密举行发誓仪式接纳红军战士。他在宣传组织农民中，竭力主张坚决打倒土豪劣绅、资本家、国民党反动派，推翻封建主义、帝国主义在中国的统治，走俄国人的道路，暴力夺取政权，在农村彻底进行土地革命，实现耕者有其田，首先要实行"二五"减租。这些主张赢得广大贫苦农民、手工业者、知识分子乃至城镇的小商贩们的拥护，这是红二师建立的思想基础。①

张自强用过的墨盒（档案资料）

郑秾于1931年春天在兰溪西乡发展了青田籍陈荣发、林来均、林云熙、郑炳根、吴思荣、杨进成等为红军骨干，再由这些骨干亲戚介绍亲戚、朋友介绍朋友的方式，几乎在兰溪西乡的每个自然村都发展了红军。

1931年8月郑秾来到龙游东乡隔塘，在青田老乡家落脚，吸收了隔塘的邱瑞沛、七都的周金海、上佃铺的张冬苟、下库的张自强、希唐的梅

---

① 徐岳成、夏炳文的回忆资料；上杨村、希唐曾参加红二师老人座谈会记录。

秀英、上杨村的吴守华为红军骨干。接着由这批骨干，四处活动发展红军组织。①

随着红军组织日益发展壮大，为了便于领导，1932年春，郑秾把活动的据点从兰溪西乡包塘殿转移到龙游东乡隔塘，并根据参加红二师人员分布情况，确定骨干分别担任红二师师部领导、红二师区委部正副指挥、村委部正副指挥、农村部指挥，刻制了"中国红军第十三军第二师本部"区委部正副指挥、村委部正副指挥和农村部指挥等印章。红军战士平时分散，在家务农，战时集中，参加战斗。红二师的主要任务是：团结教育群众，秘密发展红军组织，平日练习拳术，利用一切机会和土豪劣绅进行斗争。积极准备武装暴动，争取联合方志敏领导的红军，开展游击活动，建立扩大闽浙赣革命根据地。②

证件（档案资料）

红二师发展的对象，一般是受剥削受压迫的贫苦农民，还有乡村中的手工业者、小知识分子、小学教员、青年学生。根据118名骨干人员家庭出身分析，贫农占81.3%；从总名册全部红二师人员家庭出身分析，贫农占85.2%。

要求参加红二师者，要有两名红军介绍，再填报名册。年龄一般限制在13岁以上，40岁以下的青壮年青年妇女也可以参加。参加者要保守组织秘密。

被新吸收的红军还要举行带有江湖侠士色彩的发誓仪式。一般是焚香摆酒，要参加者跪下，对天发誓，其誓言大致是："一拜天，二拜地，

---

① 徐岳成、夏炳文的回忆资料；上杨村、希唐曾参加红二师老人座谈会记录。

② 衢县革委会文件、衢革〔1971〕20号附件①②③④综合；徐岳成、夏炳文的回忆资料；上杨村、希唐曾参加红二师老人座谈会记录。

三拜要同心。我参加红军永不反悔，永远走这条路。保守组织秘密，遵守纪律，决不叛变！如有反悔，肉烂东，骨烂西。"然后，发誓者对天分吃香灰酒，也有的吃鸡血酒或鹅血酒，表示对红二师的坚贞，表示对革命到底的决心。发誓后给参加红军者颁发红色布质的符号，上印"中国红军第十三军第二师本部"字样并盖有"潘清堂记"的印章正式注入无产簿前，每人交纳组织费四角银洋，也有的交一元至一元二角。①

开展组织活动

红二师的建立，在金衢盆地上点燃了革命的熊熊烈火。一方面为发展组织开展宣传活动，一方面为保护农民的利益，同国民党政府、土豪劣绅作斗争。

郑秾和红二师的主要骨干，根据不同对象进行相应的宣传。对群众讲江西红军就要"反"来了，参加红军的人不仅不要外逃，而且还有好处：打倒土豪，可以分到田地。对一般中下层的骨干讲，谁发展红军10人，谁就当组长；谁发展红军100人，谁就当"百总"；谁发展红军1000人，谁就当"千总"。土地是农民梦寐以求的，为了实现耕者有其田的理想，安居乐业，农民群众积极加入红军。当年上杨

1984年，部分老红军战士在兰溪市孟湖乡合影（档案资料）

村有百余户人家，除了3户有钱人家外，户户都有人参加红二师。希唐叶如森全家7个成人有6个参加了红二师。②

---

① 杨瑞玉、徐岳成、林春有等人回忆资料。
② 上杨村、希唐曾参加红二师老人座谈会记录。

1931年秋收后，郑秾、林来均、李林汝等红军骨干在兰溪西乡发动农民实行"二五"减租。下朱井头恶霸童凤生依仗恶势力阻挠"二五"减租，郑秾组织一批红军，带领贫苦农民向童凤生开展面对面的斗争，取得减租斗争的胜利，当地佃农纷纷挑箩背袋向童凤生等财主退找租谷。

1932年春，兰溪西乡的一些土豪劣绅企图把正在掀起的"二五"减租群众运动扼杀掉，勾结水亭警察局以莫须有的罪名把"二五"减租运动中的积极分子李林汝、叶志良、夏金楷三人抓去，并扬言这三人是结伙闹事，要判刑问罪，郑秾、夏炳文等人组织了包塘殿、猪母山脚等村的红军进行一系列营救活动。迫使反动政府宣布三人无罪，予以释放。

1933年9月初，龙游东乡白洋殿演戏，浙赣铁路上有一伙人硬要把一个卖茶的妇女带走。郑秾发动一批红军同这伙强抢民女的家伙进行搏斗，把这个妇女救了出来。[1]

一场场斗争的胜利，在实践中使农民领会了团结起来确实有力量，组织起来确实有奔头，这就有利于红二师组织的发展、革命活动的开展。

红二师在群众中扎根后，郑秾、张自强等因势利导，召开了一系列会议。规模较大的有三次会议：第一次会议于1932年3月的一个晚上，在兰溪西乡上王山背召开。这是红二师的誓师大会，参加会议的有来自兰溪、龙游、汤溪、寿昌各地的红军骨干100余名。会议一开始，焚香摆酒，凡参加者对天发誓，接着由郑秾演说，主要是叫大家看到红二师的力量，教育骨干如何保守组织秘密及如何开展斗争等问题。这次会议后，就将红二师开展活动的中心转移到龙游东乡隔塘去了。第二次会议于1932年11月在龙游东乡上佃铺野外召开，有龙、兰、汤、寿4个县的骨干100余人参加会议。张自强主持会议，郑秾做形势报告，提出红二师要和方志敏领导的红军会师，要把龙、兰、汤、寿和方志敏领导下的闽浙赣根据地连成一片。第三次会议于1933年7月在龙游东乡大宇殿召开，这一次到会人数最多，有150余人，龙、兰、汤、寿等县都有人参加。会议

---

① 徐马昌、夏炳文、朱卸苟、王万春等人回忆资料。

中心是动员红军积极准备武装暴动，并要大家提高警惕，注意保密。会议时间很短，听完了郑秋的动员报告之后，马上散会。①

筹划武装暴动

红二师计划在1933年农历九月十九日龙游三叠岩庙会之际，集合各处红军举行武装暴动，首先夺取希唐区和邻近各乡公所自卫团、保安队及县警察局的枪支弹药，武装自己，然后袭击龙游县城。

为了完成这个武装暴动的计划，大宇殿会议前后，郑秋、张自强、林来均、邱瑞沛、林云熙等一些主要骨干工作极为紧张。在召开大会前，郑秋和林云熙等人去过桐庐筹备武器，拿来了一些匕首和手榴弹。大会后，郑秋率张自强、邱瑞沛等人到社阳九里坪、曹平山一带察看地形，准备武装暴动后在这一带山区建立新的根据地。为了长期开展游击战争，郑秋十分注重军事，责令在各地设立的"拳堂"，抓紧进行军事训练。为了让红二师取得方志敏领导的闽浙赣根据地的支持，郑秋专门去闽浙赣边区寻找方志敏。

由于时间紧迫，工作千头万绪，活动地区又近江西，国民党反动派戒备森严，特务猖獗，形势十分紧张，因而红二师主要骨干开展活动十分隐蔽。

身带手枪的郑秋，在白天有时乔装成行医郎中，身着长衫，头戴礼帽，手提药篮，为缺医少药农民治病；有时头戴笠帽，卷起裤腿，脚踏草鞋，背上锄头，出没在田间地角；有时乔装为小贩，挑上货郎担，穿村走巷，高声叫卖，接触群众，联系红军。晚上，他奔走在一个个偏僻的山村。有时在"拳堂"教练武术，有时在红军骨干的家里三五人一起促膝密谈，分析形势，商量如何落实暴动计划。农历九月初，郑秋在希唐榨油屋召开会议，说："再过两个星期，我们就要动手了，大家把大刀、鱼叉、竹叶枪当武器，一声令下要齐心，先把希唐区公署打掉，再去冲击龙游县政府，把枪支弹药都缴过来。"

---

① 隔塘座谈会记录，沈先知、林春有、朱卸苟、徐马昌回忆资料。

张自强辞去小学教员的工作，挑起货郎担，奔波在准备暴动的第一线。他和郑秾等一起编了顺口溜《三字经》："天晃晃，地晃晃，大恶霸，活阎王……"来鼓动红二师战士。还规定了联系暗号："同""黎""白"。"同"即"同志"，当听到"同"字，就是自己人了，可以亲密无间地谈了；"黎"即黎民百姓；"白"即国民党军队、敌人，听到"白"字，大家都要提高警惕了。①

遭到全面破坏

1930年冬至1934年10月间，蒋介石纠集重兵，向中国共产党领导的中央革命根据地、鄂豫皖等革命根据地进行了五次反革命军事"围剿"。各革命根据地的军民为粉碎蒋介石的五次反革命军事"围剿"，浴血奋战。龙、兰、汤、寿等县的国民党政府，为了配合蒋介石反革命军事"围剿"，强化其法西斯专政，疯狂镇压革命同志。

红二师在组织发展中，一般是通过同乡、亲戚朋友的关系，不免造成人情关系掩盖了组织关系，致使青帮分子江天吉混进了红二师，还一度充当了师部的文书。正在积极准备暴动的关键时刻，江天吉充当了敌人的内线，一面伪装积极，骗取郑秾、张自强等人的信任，一面暗中监视红二师骨干的活动，向敌人密报。国民党浙江省保安处对红二师加强侦缉，给龙游县长的密令中指出："顷据密报：'龙游等县，近有共产党秘密组织，系青田人郑秾负责领导，郑某时常往返沪杭，近又回龙。请缉究等情。'"在同一个密令中又述："查该县接近赣东，当此边防吃紧之时，逆党阴谋，无时或懈，该郑秾既有秘密活动，组织共党情形，自应严密缉究……"②1933年10月24日，浙江省保安处密令龙游县长，并派干员驰往龙游伙同江天吉，策划逮捕郑秾。

---

① 上杨村希唐曾参加红二师老人座谈会记录，张樟强、林春有、徐马昌、夏炳文等人回忆资料。

② 敌伪档案：民国二十二年10月24日浙江省保安处密令龙游县长法字第121号。

　　暴动前的一周，即1933年10月30日（农历九月十二日），敌人一方面布置船只和5名武装便衣特务在桥头江埠头渡口等候，另一方面由江天吉以桥头江红军开重要会议为名，诱捕郑秾前往，晚10时许把郑秾从彭塘骗到桥头江渡口逮捕。

　　郑秾被捕的次日凌晨，由江天吉引路，反动派出动了大批警察等武装人员，分别在隔塘、七都、下库、上杨等地先后逮捕了红二师的骨干张自强、邱瑞沛、周金海、王福奎、吴守华等20余人，并从张自强、王福奎家搜去红二师的名册和许多重要文件。

　　据国民党龙游县长蒋元薰、浙江省保安处科员张一虬11月2日给国民党浙江省执行委员会、省政府、省保安处的呈报公函所称："……郑秾获案后，搜获余党张自强等20余人，暨重要文件及名册多件。此案于兰溪、汤溪、寿昌治安大有关系，……计划甚大。党徒众多，计划暴动一触即发……"又叙："详察破获证据，计有无产簿一大本，内叙化名、姓名、年龄、籍贯、住址、职业6项。簿内共列658名。登记表1232张，内分中俄姓名、年龄、籍贯、住址、职业、介绍7项，间有首项为性别而非中俄字样者，此项登记表中有空未填写者18张。此外尚有零星字条，内列姓名56人。又有妇女部登记簿一本，内列妇女姓名85名，总计1355名。至于搜获宣传文件，为数不多，仅有民国二十一年5月1日出版的《青年之光》一份；1932年4月2日出版之《互济生活》第十三期一份；1932年5月20日中国革命互济会总会所印之《为拥护苏维埃政府对日宣战告劳苦群众》传单一份；1932年3月15日中国革命互济会总会所印之《互济会是什么样的》传单一份；1932年4月23日中国革命互济会总会所印之《红色五月的宣传大纲》一份；民国二十一年4月27日所印行之《东方新报》一份；《国民党四字经》两份；《国际歌》两份。又红布符号5方，盖有'中国红军第十三军第二师本部'字样及'潘清堂记'篆文印章各1枚。'区委部正副指挥、村委部正副指挥、农村部指挥'木戳1盒。"

　　蒋元薰、张一虬提出要从速从严处置已被捕的红二师骨干，要把此案当成要案大案来办。为此，国民党浙江省执行委员会、浙江省政府、浙江省保安处派了大批干部进行办理。又密令四县县长于11月4日到龙游商议同时分头缉捕"要犯"办法，并确定应予缉捕的标准为四条：（1）向系军人；（2）知识分子；（3）曾介绍多人入党者；（4）在组织内担任职务者。龙游当夜按照红二师成员分布区域分为四路由县长亲自督队出发，红二师成员又被抓捕30名。溪汤、兰溪、寿昌也黄夜分头搜捕，兰溪被捕红军20余名，汤溪20余名，寿昌10余名。各县先后被捕红军人员共计118名。对要捕没有捕获的红二师骨干，龙游的王长芸、汪鹤年、梅秀英，汤溪的徐马昌、兰溪的郑永泉等20余名，均由国民党省政府悬赏通令高价购缉。①

后来，龙游、兰溪等县县长虽已更换，但敌人对红二师人员还是侦缉不止。从1933年10月起，直到1937年上半年止，几乎每年每月都接二连三发布道道公函、训令、密令、指令，重金购买眼线，侦缉追捕。龙游县政府还于1937年1月12日发布公函追捕汪鹤年，②1937年4月1日和3日派出大批伪警察由探警江天吉带队，先后逮捕了潘金水、巫枝林。③国民党浙江省政府于1933年12月12日在龙游、兰溪、汤溪、寿昌四县到处张贴"自新"布告，规定凡参加过红二师组织的人员，在1934年1月份内办理"自首自新"，还在龙游县府、龙游希唐、兰溪游埠、寿昌水碓底、汤溪设立5个"自首登记站"。在敌人的威胁、恐吓下，有980名红军人员办理了"自首登记"手续。

进行顽强斗争

郑秾、张自强、吴守华等红二师主要领导和骨干、战士，面对敌人的捕杀、通缉、追捕、威胁办理自首等，进行了顽强的斗争。

郑秾被捕后被连夜押送龙游，立即刑审。郑秾面对阴森的审讯室，坚贞不屈，顽强斗争。龙游县长向省政府主席鲁涤平的呈报中

---

① 敌伪档案：民国二十二年10月24日浙江省保安处密令龙游县长法字第121号敌伪档案《铲共丛论》。

② 敌伪档案：民国二十六年1月12日龙游县府致衢县县府公函公字第1239号。

③ 敌伪档案：伪龙游县府公安局民国二十六年4月3日审讯笔录。

说："……郑秾获案，自承共产党不讳，余情不肯直供。"①同年11月2日，郑秾由龙游押送杭州，经省保安处审批，并报蒋介石亲自批准后被押回龙游执行枪决。临刑时，郑秾视死如归，对着刽子手激昂地说："你们只能杀死我郑秾，但中国红军是杀不完的！"并高呼"中国共产党万岁！""中国红军万岁！"表现了一个革命者宁死不屈的英雄气概。

1933年10月31日（农历九月十三日）黎明，龙游警察包围了下库村张自强的家，逮捕了张自强。敌人凶神恶煞地拷打他，叫他交出红二师花名册，并号叫："不交出名册、不交代就枪毙你！"张自强脸不改色心不跳，怒目横视凶恶的敌人。②

11月7日下午6时，龙游县警察局派自卫队基干分队把被捕的张自强等23名红二师骨干押解衢州第三区保安分处。在龙游火车站候车时，被押解的吴守华等人暗地扭断捆绑绳索，向警察和基干队夺枪反抗，豁出命来开展拼搏。因敌众我寡，吴守华、张自强、王福奎、周金海、赖樟松、周金标、夏贞祖、刘叶新8人当场被警察开枪杀害。③

兰溪县的胡凤金，在被押解途中逃脱，被敌人杀害于金华罗埠的公路旁。林来均、吴思荣、李林汝、邵志熙分别被杀害于汤溪、兰溪、游埠、寿昌等地，他们临刑时坚贞不屈的英雄气概，让当地群众深受教育和鼓舞。

11月26日上午9时，红二师主要骨干黄庆云、苏小弟、邱瑞沛、章耀麟在龙游县政府刑事法庭验明正身执行枪决前，个个坚贞不屈，毫无惧色。当县长问："今天奉蒋委员长的命令，要将你枪决，你还有什么话吗？"四位同志都一样回答："没有什么话！"④还有红二师不少骨干，在广大群众的掩护下，千方百计保存革命力量，隐居异地他乡继续和敌人开展顽强的斗争。

---

① 敌伪档案：民国二十二年11月2日龙游县政府给浙江省政府主席呈报函。

② 张樟强、张冬苟、朱卸苟、林春有等的回忆资料。

③ 敌伪档案：民国二十二年11月27日龙游县府快邮代电。

④ 敌伪档案：民国二十二年11月26日龙游县府刑庭执行笔录。

龙游东乡的汪鹤年，是红二师的重要骨干，被通缉外逃多年，斗志不减。他隐蔽在衢县杜泽明果寺内，串联了20余人继续开展革命活动。①

白色恐怖下的红二师战士，勇往直前永不反悔坚持革命。不少同志改名换姓，离乡背井，仅龙游县就有208位红二师战士没有去办理自首手续。

上佃铺徐樟苟坚决不去自首，他带着红二师的标志符号，辞别了妻子，逃到临安於潜改名徐兴旺，在一家水碓里替人碾米度日。时隔两年才和妻子杨瑞玉通信。1936年徐回家过年，敌人扬言要抓捕他，徐兴旺又逃到龙游圣堂山，替人家看守山棚，直到解放才回家。徐兴旺夫妇信赖红二师，坚信红军会胜利。他俩把红二师的符号珍藏了近半个世纪。②红二师虽然遭受破坏，但红二师革命活动和斗争精神在龙、兰、汤、寿地区留下了不可磨灭的印象，红二师主要骨干郑秾、张自强、邱瑞沛、林来均、吴思荣、王福奎、黄庆云、周金海、吴守华、李林汝、苏小弟、章耀麟、邵志熙、周金标、刘叶新、赖樟松、胡凤金、夏贞祖18位烈士的英勇事迹将世世代代传诵下去。

中共金华地委党史资料征集小组办公室

1982年12月4日

［编者按："对郑秾在兰、龙、汤、寿等县，组织红十三军第二师的经过（1931—1933年）"，这篇文章是对郑秾领导的红十三军第二师结论性的文章，后来的烈士评定、人员确定和英勇事迹等基本上以此依据为主。本次撰写我们把此收纳文中，以免以讹传讹。］

---

① 希唐曾参加红二师老人座谈会记录。

② 徐兴旺妻子杨瑞玉回忆资料。

2. 对红二师革命事迹回忆

郑秾秘书徐行的回忆录

　　郑秾同志又名郑桂山，浙江省青田县罗溪人，1896年诞生在一个贫苦农民家庭，小学文化程度，但极聪明。

　　郑秾同志到上海后，先是做苦工谋生。1914年爆发第一次世界大战，法国政府在上海招募华工，他应征去法国挖战壕。1917年苏俄无产阶级革命成功前后，因他的妻舅和胞兄都在苏联做皮鞋工人，郑秾联系其他一些工人同志转到苏联去当红军。据说，他当时还是克里姆林宫近卫军的战士，在苏联加入的共产党。所以，郑秾会讲简单的俄语，也熟悉苏联红军的生活状况。1928年，约在中共六大在莫斯科闭幕之后，他与东北及山东籍同志10余人退伍回国。

　　郑秾在参加革命时改名的。同志们问他："为什么农字左边要加一个'禾'字？"他回答说："我不是山区砍柴的樵夫，而是种稻谷的农夫。"他和爱人吴柳钗生有一个男孩，孩子出生只有一个月左右，郑秾同志不堪当地地主豪绅的压迫，忍痛离开自己可爱的生长地。当地乡、保长几次动员自卫团要抓捕他，郑秾同志手举柴刀，高高站在山顶上吆喝道："谁敢动手，就先砍死谁。"他练过中国武术，一两个小伙子是不能近他的身的。他离开青田加入浙南农民武装暴动，家里留下老婆和儿子。当地恶霸地主，还要迫害他的父母与妻子，他们家弄得饥寒交迫，困苦到无可容身的地步。

　　郑秾同志回到浙江，在红军第十三军第一师工作。当时第一师的活动地区，以温州为中心，包括平阳、丽水等县。红十三军军长为胡公冕，是黄埔军校学生。据我所知，郑秾曾多次带邱瑞沛到杭州拱宸桥汇报工作，可能就是军部的秘密机关。

　　约在1929年，郑秾同志率该师的一部分举行暴动，攻入平阳城，开仓济贫，把粮食与银行现钞分配给贫苦农民和手工业工人，对其他资本家商店秋毫无犯。这一革命行动，赢得广大贫雇农、手工业工人、革命知识分子乃至小商贩和城市贫民的拥护。终因敌我众寡悬殊，红军遭到失败。当时，江苏省南通、海门一带，有中国红军第十四军组织群众暴动，也遭到失败。

在浙江平阳领导农民暴动失败后，1930年，郑秾就潜伏到浙江兰溪、建德的七里垅、沙湖镇一带，进行秘密活动，向农民宣传，组织农民，组织地下红军——红十三军第二师，任第二师师长。红军士兵人员背上的笠帽写的是"天下第一军"。对外不公开红十三军第二师的番号。红十三军第二师属当时上海中央局郊区党委领导。（1930年3月，当时的浙江省委委员、原浙南党领导人龙跃同志在答复我查询时，曾证明红十三军在瑞安、平阳一带活动。——作者）1932年夏，郑秾同志率领"天下第一军"千余人，与"浙江省保安队"激战于建德七里垅、沙湖镇，先后凡两昼夜，终因反动派增援兵力数倍于红军，寡不敌众而失败。红军作战英勇顽强，就连蒋介石的亲信、保安司令俞济时也不得不承认，"农民军枪弹虽少，抵抗力却很强。"

这次暴动失败后，郑秾同志转入地下，到龙游、兰溪、金华、衢县、寿昌一带，重新宣传农民群众，秘密组织红军，少数小学教师、手工业工人也来参加。其组织方式方法，先是宣传马列主义和俄国十月革命成功，及中国共产党领导下的中央红军在江西苏维埃区作战的胜利消息。在此思想基础上，个别秘密发展红军成员，然后按自然村的大小或毗邻的自然村的人数多少，编成班、排、连、营、团等。在金华七都公社白地圩的大宇殿和今社阳公社的九里坪开过500人的骨干成员大会，在社阳医疗站的巫枝林就参加过这种大会。可惜上述组织计划还没有实现，就被国民党反动派破坏，当时的革命文物古迹被掠夺一空。当时，参加红军二师地下组织者，均需填一张最简单的志愿书，交极少的活动经费，每人发给一块小红布，上面写着"红十三军第二师"字样。曾经参加红二师的徐兴旺同志，现仍保留着这块小红布。徐现年74岁，住金华七都公社后大路大队上佃（铺）生产队（浙赣铁路十里铺站附近）。

1932年深秋，郑秾师长及其秘书徐进魁赴江西联络方志敏，未果，返浙途经江山新塘边一带，也发展少数红军成员。

金衢盆地，地邻闽浙赣边境，闽浙赣边区苏维埃主席方志敏在当地农民中享有崇高的威望，江西中央红军作战之勇，更是人人皆知。当时红军挺进师师长粟裕同志率领的主力游击队活跃于闽浙赣边区，牵制国民党军的兵力。闽浙交界泰顺一带红军，直逼浙江七溪。另一方面，方志敏同志部下刘毓政委率领的红军独立团，扩大游击区到浙江江山一带，攻克常山县城。这些都对郑秾领导的地下红军组织扩大游击区到金衢盆地各县以及壮大人民武装力量等行动，起了声援作用。1933年，郑秾师长与骨干邱瑞沛、周金海、张自强等同志，曾计划在农历九月十九日，趁三叠岩庙会农民集市之日，集合各处地下红军同志，举行武装暴动，首先夺取希唐区署和邻近各乡公所自卫团、保安队、警察局的枪支弹药，武装自己，拉起队伍，袭击龙游县城，结果未遂。

上述主力红军与地下红军相结合，武装斗争与政治斗争相结合，非法斗争与合法斗争相结合，城市工人、学生的民主运动与农村红军运动相结合，对江西苏区中央红军反"围剿"，做出了有力的配合。

郑秾同志领导的地下红军运动迅速开展起来，他本人的威望在贫苦农民、工人中日益增高。反动派把"郑秾"两个字看作眼中钉，一直在阴谋策划破坏红二师这个组织，于是郑秾同志的活动方式也随形势变化而变化。

郑秾同志勤俭朴素，不吸烟、不喝酒，革命意志坚定，忠于党，忠于红军运动事业。他有时乔装为走方郎中，手提藤篮，为缺医少药的农民治病；忽而乔装为小贩，穿大村走小巷，高声叫卖，售价比别人便宜；忽而乔装为农民，挑担叫卖农产品。他接触农民的机会很多，宣传穷人要团结起来，"一把筷子难以折断"，讲得通俗形象，农民很易领会。郑秾同志会中国武术，他把青年农民中红军积极分子组织为"拳堂"，晚上教练武术，现在隔塘六大队许多60岁以上的农民都参加过"拳堂"。

我原任师部秘书，帮助郑秾同志抄写文稿，也替农民写诉讼状稿，和恶霸地主进行合法斗争。1933年春，国民党中央军校招生，郑秾同志对我说："你要离家去投考，如考取，就在里面发展红军成员，我在原地编好队伍，你们先学点军事常识，不一定等到毕业，就可能通知你们回到龙游，领导农民暴动。"他还送给我几块银圆做路费。我在杭州预招中被录取后，赴南京复考，被正式录取。我的保证人干卓，是黄埔军校第二期第一名学生，莫斯科孙逸仙大学学生，左派国民党中央委员、上将，曾因共产党嫌疑被蒋介石拘禁审查过，当时任国民党中央军事委员会的《军事杂志》编辑。在军校，我发展了同班同学季炳权和刘吟两人为红军成员。他们二人都是青田县人，季是十三都人，当过小学校长，年龄比我大。刘吟是中学生。我们三人同干卓比较接近，时常登门拜访他，向他学习了不少军事知识。原先在浙江金衢盆地各县红军中，除郑秾师长外，几乎没有人懂得军事的。

1933年秋，"闽变"发生，蒋介石派出大量兵力去"讨伐"十九路军。报载，闽北、泰顺一带红军项英、刘英、粟裕率领的主力红军甚为活跃，直逼兰溪（是地下红军组织之一）。反动派生怕主力红军配合地下红军举行起义，因此阴谋策划，设置圈套，谋害郑秾同志。龙游县党部农会主任张宗海收买了兰溪青帮头目朱金奎（绰号朱讨饭）及其青帮分子江天吉（龙游县桥头江人），配合国民党浙江省党部、浙江省政府第二科、浙江省保安司令部各派员组成的浙东事件处理委员会的叛徒、特务，假称晚上在江天吉家晚饭后开会，有些同志要求参加红军，以此欺骗郑秾同志。郑秾同志被骗去参加，江天吉等叛徒、特务送他至村前上摆渡船，船离岸较远，假称水浅靠不拢，姓毛的船老大说："我背郑医生上岸。"刹那间，将预备好的石灰麻袋硬套在郑秾同志头上。这样，郑秾同志完全落入虎穴。这是1933年10月3日发生的事。

与此同时，这批叛徒、特务骗来政治交通周金海到三叠岩附近的彭塘，搜查红十三军第二师的秘密机关，抢夺全部红军名单登记表和志愿书及《争取苏维埃在一省或数省的首先胜利》小册子。敌人得到地下红军的名单，如获至宝，国民党地方武装和特务、叛徒到各农村搜捕红军男女成员。强奸掳掠、敲诈勒索，搞得鸡犬不宁。逃的逃、捕的捕、自杀的自杀，株连而死的也很多。

郑秾同志在狱中表现非常顽强，在法庭审讯时，他骂法官说："你们花天酒地，腐败无能，不抗日，只剿共，是民族罪人……"对同时被捕的小学教师杨秀华说："我们死了，后面还有亿万人民起来革命。"家属送去吃的东西，他都分给同监的难友吃，鼓励和增强难友对敌人斗争的勇气。

1933年12月12日，郑秾师长遇难。同时遇难者还有邱瑞沛、刘协鑫（后大路人）、周金海（下潘人）、张自强（下库人）、杜卸弟（又名苏小弟，溪底杜人）、王岩壁（又名王福奎，寺底袁人）、杨秀华（杨村人）、夏金祖（邵家人）、周樟松（金村人）、章耀庭（张王人）、邱根生（兰塘人）、吴春林（吴守华，杨村人）、赖樟松（冷水人）等同志，分批在浙赣线龙游火车站和东狱殿山被国民党反动派杀害。郑秾同志慷慨就义时，高呼："打倒蒋介石反动派，共产党万岁！红军万岁！"

此外，还有下库闾门里的张春发自杀，隔塘黄乃雄被仇人诬告对庭也遭杀害，军校学生季炳权、刘吟在志愿书上填的介绍人化名戴天仇，在龙游当地遍查无此人，幸免于难。参加过红十三军第二师现尚健在的，除前面提到徐兴旺外，记忆所及，尚有林春有等人。林春有，上佃铺生产队北面二里隔塘大队人，1938年参加中国共产党。因为红军和党组织被破坏，他曾经被捕过两次，现年69岁。还有吴樟培，住金华汤溪区东祝公社派溪童。巫枝林，住金华湖镇区社阳公社。

当时国民党反动派还在有地下红军组织的村庄搞"自首"，不论是否参加地下红军，男、女、老、少都被召集到祠堂或小学去听"教诲"，红军人员须填写印好的所谓"自首书"，用这些卑劣毒辣的手法，残害人民，镇压革命力量。

在林彪、"四人帮"横行之时，金衢盆地参加过地下红军乃至1938年参加中国共产党的同志，无论在党或脱党，无论办过一般自首手续与否，无论本人与家属，无论健在或英勇牺牲或去世的同志和家属皆以揪叛（徒）为名，被打成"叛徒""反革命"或"叛徒""反革命"的家属，其行为卑劣无耻。然而历史是歪曲不了的，革命先驱者的功绩永存！

红二师骨干徐岳成的回忆录

我把1930年我所记忆得到的，郑稃所领导的工农红军的事实经过，整理如下：

郑稃，又叫郑木星，是青田县仁庄罗溪人。他的家庭成分是贫农。在国民党反动派统治时代里，是受国民党统治和地主阶级残酷剥削，生活贫困已极。据说，1923年，在生活贫困之下，迫不得已乞求亲友借贷出国经商到达苏联，在苏联经商四年之久，参加革命至1926年回国。在家仍是无钱，过着贫困生活，更觉侮辱，更受压迫。于1927年秋，有永嘉县楠溪地区胡公冕所领导的中国工农红军武装部队，经过青田县西部仁基村，郑稃从此参加中国工农红军，更被人嫌疑轻视。在土豪劣绅压迫之下，不能立足，跑到平阳县地区组织工农红军武装部队，被国民党破坏失败后再次回家。

回家后，不能维持家庭生活，向其堂兄郑木清（地主成分）求借。因其祖遗产业、土地、房屋皆被郑木清霸占多年，本来就心怀其恨。可是，郑木清非但不借，反而破口辱骂，气得郑稃七孔生烟、火冒三丈，于当天晚上，将郑木清的狗腿子郑某某打死，吊在郑木清家门楼上。第二天，郑木清发现该命案现场，就知道是郑稃干的，就向国民党政府控告举案，追踪郑稃的下落。

1928年春，郑稃为了躲避此事，潜逃到淳安。先后在淳安、桐庐、昌化、于潜等地区，在地下组织工农红军。不久，又被当地国民党反动派、土豪劣绅发现而破坏。失败后，于1931年春到达兰溪。上述情况是我当年听林春有所说起，以及我在青田避难期间侧面了解到的一些情况。

1930年12月，郑稃因革命失败由淳安等地来兰溪，初住在孟湖公社马蹄山后陈荣发家，开始在这里开展地下红军组织活动。当时参加的有陈荣发、林云熙、王叶樵、留培彩等人。以后，又发展郑家林来均（系林云熙的胞弟）参加。郑稃于1931年秋，把发展重点放到郑家村山塘沿林来均所在自然村。林来均先后发展了吴世昌（林来均的女婿）、吴世友、李林汝、郑妹义等人参加红军组织。我是1931年初间在山塘沿村由林来均和杨进成介绍参加的。我于1931年也介绍了堨山金村的董德和、董德沛、王樟清、朱玉水、郑金根等人参加红军组织。

此外，孙家圩的孙招高、孙勇祥，罗埠前王村的李永明、林阿泽等也都是我介绍参加红军的。伍家圩下叶村的叶兰汀是由李林汝发展，吴世友则从杨塘方向发展，郑秾自己从兰溪发展延伸到龙游地区的清塘坑、后大路、樟树下、桥头江等地方。以亲戚介绍亲戚、朋友介绍朋友的形式，队伍日益扩大。

凡参加者，多是被剥削、被压迫的佃农、自耕农为主，其次是中贫农阶级的知识分子。参加者需要由介绍人了解其出身、家庭历史、个人思想纯洁与否等一般的个人信息，还要求参加者保守组织秘密，遵守组织纪律和规则，通常由两人介绍。对土豪劣绅、地主阶级一律不予吸收，如右塘下村吴延隆要求参加，最终没有吸收他参加。对于参加的中贫农、佃农参加以后，要经过两至三个月的考验，再发给他红军符号。符号有战队和士兵二种。参加战队的人要交四角钱的组织费，士兵则要交一元二角的组织费。其年龄要求通常是18岁以上、40岁以下的青壮年，青年妇女也可参加。郑秾平时对同志谈得比较多的是俄国十月革命和马克思列宁主义的真理。组织纲领是坚决打倒资本家和土豪劣绅，推翻封建主义、帝国主义、官僚资本主义，建立以毛泽东、朱德为首的无产阶级新民主主义中国。目前要达到实行"二五"减租的目的，将来要实现耕者有其田，要平均地权。郑秾曾经与我说过，红军组织要从龙游发展到江山、玉山地区，与江西方志敏的队伍连接。郑秾经常拿来一些有关宣传无产阶级革命，打倒蒋介石卖国贼、打倒土豪劣绅，建立无产阶级自由、独立、民主国家等进步书籍让我看，让我从中了解到当时中国革命的新形势。

郑秾借助国民党《二五减租条例》，以当时合法的农民协会为旗帜，组织农民开展明暗相兼的革命活动。他自己则以行医为掩护，便于开展组织活动。我记得是1931年秋，下朱井头村童凤生不接受"二五"减租有关条例，拒不退回佃农多交的租谷，郑秾就组织红军骨干林来均、李林汝等人，在包塘殿地方发动农民协会会员与红军成员去该地主家进行面对面的斗争，并向金华地方法院涉讼起诉，赢得了这场官司。迫使童凤生第二天如数退回佃农们多交的租谷，使这一带较早地实行了"二五"减租，深得当地穷苦农民的赞扬，参加红军的人员逐步增加。

半年多时间，红军成员迅速发展，遍及孟湖公社的包塘殿、后胡、西湖（何）、炳塘、上孟塘、下朱井头、猪母山脚、钱（前）塘下、杨柳塘塍、凉亭下；杨塘公社的杨塘、杨塘山背、柳塘、杨麻车；金胡公社的和尚桥、猫狸洞口；下王公社的郑家、里郎、古塘山下、揭山金、马夫殿、山下畈、上王、水碓山沿；中洲公社的伍家圩、下叶、郦村、二石五、湾龙桥头；游埠公社的孙家圩、清塘坑、田岗、余家垅、山树垅；黄家公社的大圆畈、唐家等处。此外，罗埠区的湖田、前王、章树；龙游方向的桥头江、后大路、樟树下、地圩、下潘、七都都有人参加红军组织。当然，还有我不了解的地方。当时的组织是纯洁的，还没有编制，也没有武装起来，也没有职别，就是这样一个组织活动。

1931年秋，在郑秾的领导下，汤溪罗埠地区唐家村林岩载发动农民实行"二五"减租，被当地土豪劣绅破坏泄密，汤溪县派兵将林岩载拘捕法办，并放火烧掉了林岩载居住的茅屋。林岩载受尽刑罚，拒不承认自己参加红军组织。在监狱里三个月，郑秾千方百计营救，最后林岩载出狱后又继续开展红军组织和发展活动。

1932年3月的一个深夜，在下王公社上王山背召开一次誓师大会，大会由郑秾主持召开。郑秾在会上要求大家保守组织秘密，打倒土豪劣绅，消灭剥削阶级，推翻封建主义、帝国主义和官僚资本主义，实行"二五"减租，争取无产阶级独立自由。集体宣誓后，大家一致表示坚决拥护，并且一起吃香灰酒。深夜12时会议将结束时，有下王王政新（俗名小根喜，系汤溪县谷北乡的劣绅，又是伪村长）从游埠回家，路经这里，被步哨扣留。王政新向大会出具以生命担保的保证书，表示决不破坏机密，最后得到郑秾同志同意，才放他回家。王政新被吓后病了一场，后来也没有破坏活动。还有其他地区会议我不了解。

1932年8月中旬，有永嘉县楠溪地区派来工农红军领导干部李逸民、周俊乡、老王三位同志，由林来均召集了一次干部会议，在杨麻车李林汝家召开。参加会议的有我和李林汝、吴世友、杨进成等10余人。郑秾因在龙游有事没有来参加会议。会议由李逸民致辞，议题是要为龙、兰、汤三县的组织编制成立筹备委员会。因郑稑没有到会，会议也未实行建立筹备委员会的会议议程，只听取了李逸民关于贯彻马列主义革命精神的报告，然后散会。

1933年9月17日，龙游县桥头江村江天吉叛变，出卖组织，这不是郑稑警惕性不高，相反是轻视他们，致使组织遭受破坏。1932年4月，郑稑将组织名册从马蹄山陈荣发家转移到江天吉手里。对这件事，林来均曾与我谈过，这是郑稑没有提防江天吉是位资产阶级家庭出身的人。事实上，非但郑稑自己的生命送到他手里，就连整个组织也都遭受破坏。江天吉与清塘坑老周（朱金奎）互相通气联络，是他们将组织名册向国民党浙江省政府出卖的，后来多数人都知道。郑稑是1933年10月30日傍晚被江天吉欺骗引诱，从湖镇过来，在桥头江埠头渡口的沙滩上被便衣队捆起来，当即就解送龙游伪军法处，而江天吉假意脱逃。农历九月十七日夜里，游埠地区全面统一逮捕，伪省防军难道就知道哪个地方有红军、哪个地方无红军，有这样清楚的吗？很明显地证明是按名册按村逮捕的事实。在一个夜里，游埠地区就有60多人被捕，都是参加组织者，如马夫殿脚的吴思友、杨麻村的李林汝、山塘沿的林来均，都是在这天晚上被捕的。

后来，郑稑在龙游就义，李林汝在游埠马鞍山就义，吴思友在兰溪城关就义。据说，吴思友临刑时还高呼"中国共产党万岁！"。林来均在汤溪就义。后胡的胡凤金在汤溪罗埠汽车站被就地枪决。

被捕者，后来放的放、判刑的判刑、枪决的枪决、坐牢的坐牢。如我们碣山金村的董德金、董德沛、王樟清、朱玉清四人，被捕后，被判处五年监禁，后来解到杭州伪反省院坐牢两年半释放回家。未被捕的四散潜逃，脱离组织。9月17日夜里，我恰在里郎、古塘山下到应魁家中，与孙马高等四散脱逃。我得知全面被捕无错的情况，就一直潜逃到青田去，由此脱离组织，断了线索。国民党布告通缉，我就隐蔽在青田，三年不敢通信。1933年春，省伪政府在游埠大乘庵（现在游埠小学）办理自新登记，我父暗托猫狸洞口村杜初典到青田叫我回家自新。我想既然脱逃了，决不屈服自新，也不敢回来。实际上，我也没有自新的余地。

1936年10月，我胞弟徐金发送我家属到青田时，伪政府还派警察前来，以为金发是我，把金发捕到罗埠派出所，拘留讯问，后来确认不是，才被保释放回家。

上面叙述的事实情况，是我了解的部分，是不全面的。时间已经过去了39年之久，有些事情和谁参加的，姓名都回忆不起来，或也有差错的地方。大概事实是这样，给领导当作调查的参考。

1962年9月12日，先后有衢县编辑委员会来信两件，信的内容是："关于郑秾同志所领导的无产阶级工农红军第二师组织情况，领导关系情况，及被国民党破坏情况，尚缺资料加以记载，希望你将所了解部分，详细撰写份回忆录，提早寄本会，不胜感激。"我当即遵照他们的函件内容于10月20日写好与上述同样的一份回忆录，寄给衢县县志委员会，作为编辑参考资料。

1963年，正月十二日，我到青田去省亲的时候，郑秾的胞兄郑桂南特来访问这一情况。他说上级到青田调查郑秾的革命情况好几次，在平阳县起义武装革命失败都有线索根据，在兰溪这方面起义革命，如何失败牺牲，没有根据。当时我也对他谈过郑秾在龙游、兰溪、汤溪、寿昌等县组织红军，开展革命活动的有关情况。我在青田住了几天，回来之后，于1963年冬，郑秾的儿子郑谷敏（系当地分支书记）来信说，关于他的烈属问题尚缺少兰溪方面革命牺牲的资料，要求我给他写一份详细资料。后我又写了一份同样的回忆录寄给他们。他收到后，又来信说，已送到青田县委，并说可能县委还要派人来调查，后来没有来过，就这样一回事，我也未知如何。

撰写人：徐岳成（参加红军时我的原名徐马昌）

1969年4月27日

陈荣发妻子徐春娣的回忆录

徐春娣系陈荣发的妻子，郑秾刚来后屋村时就住在她家，时间达一年之久。她和丈夫都参加过红二师组织，在郑秾被捕后，与丈夫一起带着子女和小叔子陈兴聪潜逃到淳安表哥家，隐姓埋名，至家乡解放才回家走亲。后又作为千岛湖移民到江西落户，直至去世。以下是党史办人员采访她时的回忆录：

我叫徐春娣，今年60岁，原来住浙江省兰溪县包塘殿脚。陈荣发是我的丈夫，他已经于1957年病故了。我现在住江西省资溪县泸阳镇排上大队吴家村。

关于郑秾情况：原名郑桂山，我记得他有四五个名字，具体记不起来了。他大概是在1930年12月从处州来的，是一个人来的。记得当时后屋村留培彩（做道士的）参加地下党，国民党反动政府要抓他，留培彩就逃到祖籍处州去。1930年留培彩又回兰溪家里，由他陪郑秾一起来我家。留培彩是陈荣发姐夫的弟弟。当时郑秾还讲："毛主席派我来工作的。"来时都是在我家落脚的，有时也到金华、桐庐、分水一带去。来我家也是两三个月一次，都是在外面搞革命工作。住我家时，白天给人家看病，晚上在我家对面山里的坟堆里进行开会，身带一只藤篮。当时我也参加过开会，听他讲："毛主席来是打倒地主的，我们贫民有屋住，有土地，就有地位啦，有出头之日。毛主席打天下，穷人就有出头之日。如被国民党统治，穷人就死路一条。"

在正式参加红军时，我按郑秾的要求，买来了一只鸡、二斤猪肉，晚上半夜时进行敬天地仪式，即宣誓。宣誓时，用香火敬土地，并且宣誓："我们参加革命，要一心一意，如有反悔，断子绝孙。"开完会后，郑秾就用一张白纸，上面有字，卷起来，用火烧掉。参加会后没有几天，就发来了红布符号，上面有方印，长方形的。郑秾讲，这符号是从桐庐、分水那里领来的，领来时放哪里不知道。当时，郑秾经常到桐庐、分水去，都是他一个人去的，林来均可能也去过。

当时我还看到郑秾有一本参加地下红军的名册放在我家。这本名册开始是放在我家一个稻草堆底下的，用一个酒坛装好封起来的。大概在1933年种田时，郑秾将这本名册拿到龙游去放的，就在下半年郑秾就被国民党反动政府抓去了。

1933年农历九月时，龙游来了一个人到我家，来告诉我们，郑秾被抓去了。这天中午，大家连饭都吃不下。晚上，我们全家人都离开了家，第二天就有12个人来我家进行搜捕了。农历十月十一日，我和陈荣发以及小孩逃到淳安表哥周金水家住下，并且改名换姓。

1969年12月16日

红二师骨干夏炳文的回忆录

夏炳文（1907—1991），兰溪市永昌街道井头童行政村猪母山脚自然村人。曾任红二师交通联络员职务，红二师骨干之一。以下是1982年1月21日在访问他时的记录：

我叫夏炳文，今年76岁。我记得郑秾是民国十九年12月来我们这里的。他刚来时，住在我们一畈之隔的后屋村陈荣发家里。当初来的时候是说来这里医病卖药的，后来才知道是来组织红军的。我是由陈荣发介绍参加红军组织的，那时参加红军要把三代人的情况都报上去。郑秾于1932年春夏之交介绍我入党。当初，红军开会大多放在我们村后小山上的松树林中，开会时有人望风站岗，防止被陌生人发觉。起初，参加的人不多，有留培彩、林来均、王招进、许起尧、陈荣发、林云熙、我和郑秾共七八个人。后来郑秾就安排我一个职务，担任四县联络员。负责联络的地方有当时兰溪、汤溪的竭山金、百斗畈、马夫殿、山下畈、郑家、郦村、下叶、前张、杨麻车，龙游的后大路、上佃铺以及寿昌的石木岭等地方。郑秾自己有一把手枪，通常随身带着。他曾经多次与我说："吃饭吃差一点不要紧，但要吃得饱。晚上走路要走得快一点，因为我们没有武器。"凡是龙游、兰溪和寿昌开会，都由我去通知。说实在，我走路的功夫是很不错的。郑秾曾经教我学过拳术，学点武功可以防身。

溪童村有个恶霸讼师叫卸牛，向水亭警察局控告我们这里有红军秘密活动，要发动农民暴动，要求"二五"减租。结果，省防军派人来我们村抓人，把叶志良、我父亲夏金楷和在我村活动的李林汝三人抓了去，并直送金华。四天后，金华中级人民法院来传票，要我们家人去答辩，是郑秾陪我去的。通过答辩，法院当场以"无原告实际人"无罪释放。

1933年下半年，郑秾与林云熙去过桐庐，拿来了一些匕首和枪支弹药之类的武器准备暴动。

郑秾被捕后，上佃铺还有人连夜来通知我们这一带要小心，防止敌人来突然抓人。后来真的来抓了。那天晚上，天下着雨，我听到有狗叫声，从门缝里看见许多人往我家方向走来，我就从后门往后山逃跑。有一个人随即追了过来，紧追不放，还好那人跌了一跤，才让我脱身。第二天，我逃到浦江北乡，一直到1935年才回家。所以我没有去过游埠的塔圆殿自新登记过。

1951年11月，我担任了太平乡莲塘头保第四行政村村长，参加当地的土改工作。1952年2月至5月，上级派我去还乡团活动很猖獗的（现在的水亭畲族乡）横塘、杨宝塘下、范坞等地方搞土改，结束后回家，走合作化的道路，担负起一位共产党员的光荣职责。

1969年12月

红二师邵瑞玉的回忆录

我名叫邵瑞玉，今年68岁，19岁时参加郑秾的红军组织，参加红军时用的化名是张玉卿。我表母叶朝行是兰溪水亭人，郑秾曾经在她家住过。由于表哥经常同郑秾在一起，就叫我也参加红军。我丈夫林樟苟，后改名徐兴旺，同我一起参加的红军。我们参加红军的时候，要履行按手指印、发誓的手续，然后发来印有大红的红军第十三军第二师符号。女人的符号是长方形的，男人的符号是正方形的。后来郑秾还叫我们动员亲戚朋友参加红军组织，我村里有些参加过红军的人事先都到我家来过。郑秾对他们说："参加红军为了分田地，打财主，人人有田种。还要实行'二五'减租。"据我所知，我们邵家村参加红军的有三四十个，其中女人也有七八个。上佃铺我的哥哥、弟弟、嫂嫂都参加了红军。我们参加红军比兰溪那边迟半年多。

我们参加红军将近一年的时间后，即1933年农历九月十二日，郑秾被捕了，红军组织遭到破坏。我的哥哥、弟弟、嫂嫂都去悔过，也包括我。我的自首号是244号。我的丈夫徐樟苟没有去自首过，他逃到临安的於潜区潜阳公社民辛大队，在那里的水碓里替人家碾米度日。时隔两年，改名徐兴旺和家里人通信。1936年回家，反动派又要抓他，他又逃到龙游圣堂山替人家看守山棚，一直到1949年才回家。

因为我丈夫一直在外潜逃，没有也不情愿自首，他却把那红色的布符号保存到现在，今年1月交徐行同志带交浙江省革命文物纪念馆。我参加红军时发来的红色符号是在解放初交给龙游县陈永祥同志的。

1982年8月

张自强哥哥张樟强的回忆录

我的弟弟张自强，26岁时被国民党反动派在龙游枪杀。他在那年五月结婚，农历九月十三日被捕，十一月初七在龙游火车站牺牲。

张自强读过6年书，曾当过小学教师。24岁参加郑秾的红二师。参加红军后，以货郎担身份来掩护，从事革命活动。

1982年8月8日

龙游隔塘林春有的回忆录

我今年72岁了，19岁时参加郑秾领导的红十三军第二师。郑秾是青田人，他的叔伯娘舅林远仁是我们隔塘人。郑秾从兰溪西乡包塘殿来到隔塘娘舅家里后，就开始通过亲戚、同乡关系来发展红军组织。先是邱瑞沛、张自强等参加，后来我的表哥徐行（又名徐进魁）也参加了这个组织，改名为储少白。我的表哥今年73岁，现在在江苏省电子工业局工作，大约是在民国二十一年春节后参加郑秾的红二师组织。这年4月，徐行当上了郑秾的秘书。那时候，我经常去徐行家玩，也经常看见郑秾在他家里。他俩多次动员我参加红军组织，当时我年纪虽轻，但不识字，由于动员的次数多，我也参加了。参加时，我也进行了发誓和喝香灰酒等仪式，由张自强主持，时间大概是民国二十一年11月。

我们去上佃铺野外参加过一次大会，人数有100多，听说兰溪、汤溪、寿昌等县的人都来。坐在我边上的是一位汤溪人。开会的人当中，也有女的，但不多。会议的精神是准备与江西的方志敏的队伍联合起来，打国民党反动派，并且也要求大家提高警惕。

　　我们隔塘参加郑秾红军的人很多很多，与郑秾平时的宣传有很大的关系。他常与我们说："参加红军打土豪，分田地，没有土地的分土地，有土地的保土地。"郑秾白天去外地医病，配了药常不收钱，其实是借此来宣传革命，组织和发展红军人员。晚上去"拳堂"教拳，我也去学过，但学不好。周金海的拳术学得很好，他的老婆也会看病，其实他俩夫妻最终的目的也是帮助郑秾发展和巩固红军队伍。

　　1933年下半年，我们的红军组织由于叛徒江天吉叛变，遭到了破坏。

郑秾儿子郑谷敏的回忆录

　　听我母亲活着的时候说：我1930年5月份出生，出生一个多月后，父亲就外出去金华、龙游、兰溪等地。父亲外出后，当地的恶霸地主们冷酷地对待我们母子俩，加上生活困难，已经无法在罗溪继续生存。后来，母亲只好带我逃避到现在的吴岸公社应庄墙大队岩门村外祖母家。

　　第二年，我父亲又回家过一次，到了岩门外祖母家，准备将我和母亲接到兰溪居住。外祖母身边只有我母亲一个女儿，不同意我们外出居住到兰溪。我父亲对我外祖母和母亲讲述了好多革命的道理以及革命的大好前途，说他在兰溪一带朋友很多，我外祖母更加不同意我和母亲远离家乡到外地。加上国民党当地伪政府知道我父亲回家，要来抓我父亲，父亲只得东住一夜西住一夜地躲避着，因此没住几天，就独自到兰溪去了，以后就没有再回家过。

　　到了1933年传听的消息：我父亲在龙游牺牲。在那暗无天日的日子里，我和母亲忍受着极大的痛苦，过着非常艰苦的生活，再无法活下去了。在万般无奈的情形下，我母亲只好带着我改嫁到吴岸公社朱岸村，是养父周钱方将我抚养长大。

　　听我已故的伯父郑桂南对我说：我父亲第一次是1924年去苏联参加红军，是红军克里姆林宫近卫军，在那时入的党，1926年回国。第二次是1927年去苏联工作，至1928年回国，参加胡公冕部队。在1928年4月份攻打平阳县，然后攻打丽水。

1982年7月12日

永嘉县岩坦戴龙山的回忆录

1930年左右，红十三军驻青田县阜山地区，我这一分队负责放哨。青田人郑秾等70余人来报到，要求参加红十三军。他还对我们说："如果红十三军在这里再驻一天，明天将有100多人来此报名参加部队。"结果，当夜接到报告，说国民党有一连人驻在南岸地方，我们就开往南岸去缴这连国民党军的枪支去了，之后就立即赴平阳参加战斗。

1982年7月12日

青田县山口公社毛岩飞的回忆录

在1930年三四月间，郑秾（木星）动员我去参加红十三军，两人一道去青田阜山公社阜山大队这个地方去报到，报到处由雷昌星负责。当时，红十三军是胡公冕当军长，青田地区是由一位姓俞的首长负责。我们一道去平阳打仗，平阳一仗失败后就逃回了家。后来又打永嘉，经过温溪山底，我就回家了。后被国民党抓去坐了9个月的牢。

当时在永嘉、平阳一带打仗，木星负责100多人的任务，什么官职我不清楚。郑木星第一次到苏联去，约3年回家。在苏联和谢文锦一起，是否参加共产党我不知道。只听他讲共产党怎么怎么好，宣传党的有关资料。永嘉打过仗以后，他就到桐庐分水及龙游等地去了。

1982年7月10日

烈士林来均儿子林庭松的回忆录

先父林来均，原名来照。1882年10月10日出生于青田县西都村的一户农民家庭。幼年丧父，随叔叔林金明逃荒到汤溪县郑家村（现属兰溪市下王乡）安家，靠租种他人土地，垦荒扩种度日。先父幼年聪明过人，虚心好学，有了小学文化以后，跟随青田籍中医胡医生学医。学会了一些中医秘方，免费治疗无名肿毒以及一些小毛病，被誉为"土郎中"。

　　1930年冬，红十三军第一师攻打黄岩县乌岩镇，战斗失利，军、师主要领导人员相继牺牲，幸存者郑秾隐蔽于自己的家乡青田县罗溪村，偶遇回原籍青田探亲的兰溪孟湖乡村民林云熙。在谈论中，知道兰溪、汤溪交界处居住着一批青田籍贫困移民，利于开展革命工作。郑秾遂秘密来到兰、汤一带，从青田籍移民中发展红军。先父林来均就在此时和其他10余名同乡较早地被吸收入伍，并成为红二师的骨干力量。他们利用各种形式，发动、组织群众，开展革命活动，红二师迅速得到发展。以包塘殿、郑家、山塘沿为中心的13个乡76个自然村先后吸收600多名战士，扩大了革命武装。接着提出了打土豪、实行"二五"减租的口号。农民在共产党领导下，纷纷建立农民协会，进行抗租反霸斗争。先父跟随郑秾师长活动于龙游、兰溪、汤溪、寿昌一带，不顾疲劳，不畏艰险，为扩大红二师、为建立革命根据地作出贡献。

　　后来，青帮分子江天吉参加了红二师，由其师父兰溪青帮小头目朱金奎（朱讨饭）的引荐，充当了浙江省保安处密探，成为可耻的叛徒。由于红二师未能及时了解这一严重情况，以致红二师的领导和战士被捕。汤溪县政府贴出布告，红二师成员必须在规定期限内自首登记，交出武器、弹药、编制符号，抗拒者就地枪决，并在游埠塔圆殿（现游埠区校所在地）建立自首登记站。在敌人的威胁、诱骗下，红二师部分人员向敌人投降自首并参加了自新教诲班的"学习"。先父林来均在极其严重的白色恐怖中，革命意志坚定，不动摇、不退却，抗拒履行"自新手续"。他改名换姓，离别妻子儿女，远离他乡。先后流动于兰溪的官塘、洲上、香溪以及建德、淳安等地，或进砖瓦厂做工，或上山砍柴以度日。

　　汤溪县政府捉不到我父林来均，遂贴出"捕获林来均者，赏大洋五百元"的布告，经常来我家搜查，我大哥林汝根被折腾得卧病在床。一天夜里，先父来家看望汝根，不料被在汤溪县警察局任职的同村郑某告密。这天深夜，百余人突然包围郑家村。先父来不及逃离村子而被捕，关押于汤溪县政府。敌人软硬兼施，先后用了"老虎凳"、拔指甲、酒精灌鼻等重刑。但先父宁死不屈，对红军的组织人事机密坚决不吐露一字。先父于1933年11月26日被敌人枪杀于汤溪西门外，时年52

岁。经当地亲朋好友收殓，埋葬于郑家村的小山坡上。

1951年9月14日，浙江省第八专员公署追认先父林来均为革命烈士，发给烈士证书，并在郑家村所在的寺基乡举行追悼大会，由乡长郑月松致悼词。1983年7月1日，中华人民共和国民政部颁发革命烈士证书。

红二师骨干董德和的回忆录

我于1930年农历10月初参加红军组织，是由本村徐岳成介绍的。由于井塘下人张马根等红军人员夜晚割粟警告恶霸地主事引起的一场争斗，汤溪县北乡伪乡长张明明、西张村绅士张宝源等人联名告密。他们控告我们参加地下红军，割粟是集体行动，想造反。1932年大年除夕夜，汤溪县派伪警察局警察来我村抓人。我们父子四人均被抓去，经伪县府审讯。我们始终没有承认此事，三个月后，由下章村村长老根头、下王乡伪乡长小樟喜、河北乡伪乡长米古头三人从伪汤溪县政府保出了我们父子四人。

1970年10月17日

红二师成员叶志堂的回忆录

我是今兰溪市游埠镇下叶人，76岁。1930年由李林汝、杨家奶两人介绍我参加红军，化名钱文忠，在组织内没有职务。加入红军组织后，曾经到灵光殿里宣过誓，誓言的内容是："一拜天，二拜地，三拜自愿投共产党，日后不准反悔。有反悔之心，遭雷打火烧，肉烂东，骨烂西。"宣誓会由郑秾和李林汝主持，会上郑秾要我们保守组织秘密，不准与任何人讲，连自己的父母妻子都不能讲。就我们下叶村，大约有63人参加过红二师组织，大多由李林汝和杨进成（杨家奶）二人发展起来。先后在灵光殿里开过三四次会，开会时由本村叶福康通知。郑秾在下叶村，大多住叶伍古家里。

1933年农历九月十七日晚上，伪兰溪县县长胡次威带来20多个基干队员于半夜来我村抓捕红二师人员。那天晚上，雨时下时停，这些基干队员在下雨时都戴着一顶大笠帽，身带手枪，把我们村搞得鸡犬不宁。被抓的张樟财、叶耀玲、叶樟林、叶作贵、叶根林、叶福华和我共7人被押解到游埠警察所，在警察所里，一同被抓的有40多人。在游埠释放了叶樟财，因为他没有参加过红军。到龙游住了一夜，第二天用汽车把我们被抓的人押解到衢州保安处徽州会馆关了13日。在衢州会馆里，被关的人共有77人，其中44人被送往杭州，这些人大多被判刑坐牢。还有30人，其中被释放的有13人，包括我们村的张樟林、叶耀玲、叶作贵、叶根林4人（因为前3人也没有参加过红军组织）。他们4人被拍了照片后释放回家，我和叶福华两人被送杭州陆军监狱。留在会馆的17人大多被枪杀。

解到杭州陆军监狱，我被判两年零六个月，后解到国民党浙江省反省院六个月。

1969年12月12日

红二师成员叶耀基的回忆录

我们下叶村的红军人员大多是由李林汝和杨家奶两人发展起来的。李林汝是下叶人的外甥，杨家奶在下叶大地主叶志贤家帮长工。他们先发展叶耀高和叶兰汀参加红军组织，随后又会同叶耀高、叶兰汀等人陆续发展了60多人。

那天晚上我没有被抓，只是于1933年12月份，由地主叶志贤发来通知，要我们到游埠塔圆殿去自新。叶志贤在村里说："你们明天不去自新，要枪毙的。自首了就没事。"

第二天，天下着雪。陪我们去游埠自首的下叶村大地主伪村长叶志贤和伍家坪的伪村长伍文萃两人，要我们去游埠自首的人每人出一角钱，雇四个人把他们抬到游埠去。连同伍家坪，前去游埠自新的人达六七十个人。

1969年12月12日

红二师骨干胡景兰的回忆录

我叫胡景兰，又叫杨家奶，今年64岁。解放前，原住今兰溪市赤溪街道柳塘行政村杨麻车自然村。从9岁时就在下叶村地主叶志贤家做长工。

1931年初，同乡人李林汝介绍我参加红军，化名杨家奶。我参加过十几次会议，大多在陈家殿和灵光殿里召开。由于叛徒江天吉叛变，郑秾被捕。1933年9月17日晚上，国民党来抓我们红二师人员，我刚好那晚不在下叶，没有被抓去。但我的老上级李林汝不幸被捕，后来被国民党反动派枪杀。

我逃到兰溪灵洞的西山寺挑石灰大约两年后，国民党就不抓人了，我就到郑家姑母家做长活。1940年到孙家坪村张金珠家招亲。

1970年10月1日

烈士李林汝叔叔李土根的回忆录

我的侄儿李林汝1931年初加入红军组织，在本村和邻村发展红军。1933年9月17日夜里，由伪兰溪县县长胡次威带来60多人来永昌方向抓捕红军人员。其中到我们村里来抓红军的人有20多名。就在这天晚上，李林汝被抓，第二天被送往衢州，在10月10日被国民党反动派押解到游埠马鞍山枪杀。

1970年8月18日

红二师成员孙马祥的回忆录

孙马祥，今兰溪市游埠镇孙家坪村人。回忆时间：1970年60岁时。

1932年9月，我22岁时，2岁的儿子孙樟松生病，去接徐马福医生看病。徐医生问我为什么拖得这么迟才来就诊，孩子的病不轻，是很危险的。我直言回答是因为家里穷没有钱才拖着没有及时来就诊。徐医生看我可怜，就没有收我多少医药费，我很感激。经一番交谈，徐医生突然问我参加红军否，而且还讲了好多参加红军的好处。当时我就答应了他，表示愿意参加红军组织。

这天晚上，我来到了徐马福医生家报名参加红军组织。当晚，在徐医生家门口宣誓，誓言是："今天我孙马祥参加红军，天机不可泄漏，父母妻子都不能知道。如天机泄漏，天雷击顶。如被国民党抓去，死不招供，死一不死二。"徐医生还给我取了一个化名，叫孙鹤林。发誓后，徐医生还教我怎么样对暗号。到茶店喝茶，看到茶客用手将茶杯扣住的人，就可能是红军。对话时问他："你是廿一二八否？"如果对方答出来就是红军。

1932年11月下旬，徐医生送来一块有4寸长、1寸来宽的红布符号，上面有"士兵"二字，下面一些符号认不得。参加红军组织后，我没有参加过什么会议。只是在1933年农历九月的一个晚上，国民党派人来我家抓我，还好我不在家，没有被抓去。于是我就东躲西逃地过着战战兢兢的流浪生活。9月19日那天，担任周边四个自然村主邻长的孙亦椿指点我与同村参加过红军组织的孙招高两人，去龙泉打短工。两个月后，我的父亲孙金庆寄来一封挂号信，叫我们回家。因为我们怕回家后会被国民党抓去，没敢回家。后来那位主邻长也寄来一封挂号信，信里挑明向国民党自首，就无事的，不再追究。我们两人才半信半疑地回到孙家圩老家。

一回家，我们俩就跟着主邻长去游埠塔圆殿（址在今游埠中心小学）办理自新手续。说实在，去参与自新者，心里都没有滋味，低头耷脑的。凡自新者，都要填写一张自新书，胸前挂自己的名字，然后拍张照片，贴在自新书上。后来一直没有来查过我。

衢县徐苟叙的回忆录

我又叫许苟叙，今年62岁，现在住衢县云溪公社黄甲山大队。我在19岁的时候，在兰溪县中洲公社下叶等地方帮工，一直到日本佬退去为止。以后就回到自己家里继续给人帮工。

我21岁（1930年）的时候，曾同中洲下叶的叶讨饭，还有荣古的儿子俗名癞痢头以及江山的马根等三四个人一起参加中国红军。在参加时，我们每人交4角钱，收钱的这个人的姓名我忘记了。后来发到一块红布做的红军符号。参加红军后，曾经同他们一起，在野外的田畈里开过一两次秘密会，内容是咱们团结起来，打倒地主，好分土地。

1970年3月17日

红军后代许柏成的回忆录

我的父亲许起尧（1911—1973），乳名奶美，道士出身，今兰溪市永昌街道东山边行政村后屋自然村人，祖籍青田。1927年10月，中共浙西特委书记来兰溪传达会议精神，在兰溪西乡水亭区发展了一批农民协会。明里是农民协会，暗地里是中共支部。在我们后屋村，也组织了一个农民协会——中共包塘殿党支部。王招进是包塘殿党支部书记，林云熙、金宝奶、留培彩和我父亲是党支部委员，其中留培彩兼党支部文书。

1931年初，郑秾来后屋村落脚于本村陈荣发家，以在包塘殿设立"拳堂"教武术为名，隐蔽下来，开始在这里发展红军组织，我父亲也成为红军成员，后成为红军的骨干。除了配合农民协会开展"二五"减租外，还在隔壁的后胡村创建"新聚会十响班"，来发展红军成员，开展红军组织活动。后胡村有近20人参加了红军组织。

1933年11月4日晚上，浙江省省防军和地方基干队50多人来后屋村一带抓捕红二师人员，我们后屋村的王招进、毛忠芳、周樟禄、周樟福、郑永根被抓，隔壁的寺口、石骨山背等也有十几人被抓，被抓的人先关在寺口村的大厅里，然后于天亮后分批送游埠或永昌。另一帮人在隔壁的西何、后胡等村抓走了十来个人，就包括与我父亲一起的"新聚会十响班"成员胡文金和李水招。我父亲那天深夜刚从后胡村回家，走在路上时，刚好遇到一帮人来抓人。因为夜黑，又下着雨，加上他们没有认出我父亲，而问他"许起尧家住哪里？"我父亲灵机一动，就指着远处的家说在那里。等他们走远了，我父亲就拼命地往外跑，跑到了在今赤溪街道下汤村做道场的爷爷那里，暂时躲过那个夜晚。第二天一大早，就逃到了金华铁木山我舅舅家，在他家的谷柜里躲了近7天。后来通过联系，村里参加红军没有暴露目标的林云熙受我爷爷的委托，到我舅舅家陪我父亲逃往青田，两人足足走了六七天，逃到了林云熙青田的祖籍仁庄一带。后来又与逃到青田的红军骨干徐岳成一起跟一位中医师学中医，先后在青田隐蔽了三年零六个月。

我父亲出逃后，汤溪县在我们一带贴出悬赏布告：谁通报许起尧下落，赏大洋50元，活捉赏100元。我爷爷身边只有这么一个儿子，长期不在家总不是办法。后来打听到追查宽松一点，就与当地的一些地保和乡保联系，他们答应我爷爷帮助了结此事，才让我父亲回家。后来我父亲分别在兰溪和汤溪各坐了10天牢，补办了自新手续，然后通过东山边村的保长童卸奶、太平祝村的保长祝卸根等联保，才长期在家生活。

我父亲在七八岁时，就去了不远的下孟塘学演戏，十五六岁时到名气较大的周春聚舞台学过演戏。20岁时参加红军，在后胡村"新聚会十响班"当导演演唱主角。

父亲跟爷爷学过道法，又单独搞婺剧导演，既能演前台又能坐后台而当奏乐主角。先后在金华铁木山、白龙桥、长山，建德的大雁山，龙游的新王、灵山溪口等地教过婺剧，也曾在本乡的山童、夏李、后胡等村的"十响班"任教过。主要剧目有《百寿图》《火烧红梅寺》《卢俊义上梁山》《牛头山》《张松献图》《薛刚反唐》《王小二磨豆腐》等，琴棋书画齐全，被当地人称为"土才子"。20世纪50年代，还代表游埠区去杭州参加汇演，他送演的戏剧《雪里梅》和《十八姥姥背娇娇》获得优秀表演奖。

"文化大革命"期间，父亲还在后胡村俱乐部当过婺剧导演。他还有一项绝技——"翻九楼"，即用九架八仙桌直线往上叠，四角用杉木固定，然而通过"后跪翻"的形式从下至上，直到第九架方桌，在桌面上翻36个筋斗后从上面打筋斗下来。

我父亲的戏班子经常在龙游、兰溪、寿昌等地表演，也经常有金萧支队人员出没于他的戏班里，为其提供食宿，确保他们的人身安全，继续发挥一位共产党员的应做的贡献。

《石木岭红军》一文（节选）

寿昌大店口石木岭红军是原红十三军一团成员青田人郑秭秘密发展起来的。

1931年初，寓居兰溪孟湖乡的青田籍人林云熙、郑炳根回老家青田县仁庄探亲，郑秾在与他们的交谈中，得知兰溪、寿昌、龙游一带有许多温、台、处籍的移民，便和林云熙、郑炳根同赴兰溪。郑秾到兰溪后，利用老乡身份，以行医和教拳术为名，深入贫苦群众，宣传革命真理，秘密发展红军。在兰溪、寿昌、龙游、汤溪四县交界地区的34个乡（镇）169个村庄中，秘密发展了1599人参加红军，组成了红十三军第二师，自任师长。红军队伍日益壮大，郑秾组织红军骨干，发动农民群众开展"二五"减租，并积极准备武装暴动。

1931年8月，郑秾从兰溪来寿昌石木岭活动，秘密发展红军。当时，石木岭只有四五十户人家，大多是温、台、处等地的移民。郑秾刚到石木岭村时，住在同乡郑富奶家。通过教拳术和替穷苦人看病，秘密发展了郑安良、朱继赛、周大清等人参加红军。一日郑秾给石木岭闾长邵志熙看病时，乘机向他宣传革命道理，动员他参加红军。邵志熙曾是前清秀才，后毕业于杭州法政专门学校。他追求进步，有正义感，在与郑秾的接触中，接受了革命思想，毅然参加了红军。邵志熙参加红军的消息传开，在石木岭一带的村庄中引起极大的震动，于是水碓底、大店口、梅岭等地先后有95位农民纷纷加入红军队伍。随着红军队伍的壮大，郑秾任命邵志熙为区委部指挥，周大清为秘书，以加强红军的领导。

1931年9月25日晚，石木岭红军在瓦塘背举行了成立和宣誓大会，参加会议者有郑秾、邵志熙、周大清、郑富奶、郑安良、周江美、徐林标等百余人。郑秾在会上讲述了他在苏联的见闻和参加红十三军的亲身革命经历，指出革命就是要打倒帝国主义，推翻国民党反动派及其走狗地主阶级的统治，实行"耕者有其田"。他用"一双筷子易折断，十双筷子折断难"的比喻，鼓励参加红军的同志，团结起来坚持斗争，不要害怕，要有信心。随后，邵志熙宣读了参加红军的人员名单，宣布正式成立石木岭红军，并给每人发了红军的证件。证件用红布制作，4寸长，3寸宽，印有"中国红军第十三军第二师本部"字样，盖有"潘清堂记"篆体长方形印章，分士兵和战队两种。随后，进行集体宣誓。最后郑秾交代了红军的联络暗号，对骨干和兵士分别称为"借块洋钱""借个角子""借个铜钿"，并要求大家严守秘密。石木岭红军成立后，按红二师总部的决定，便积极准备武装暴动事宜。红军骨干邵志熙、周大清、郑富奶、吴延林等人，在石木岭附近的清塘源、西金坞、米塘珑等地多次秘密开会，研究贯彻红二师骨干会议精神。

1933年7月，郑秾再次召集红二师骨干100余人在龙游东乡大宇殿秘密开会，部署暴动计划。决定乘农历九月十九（11月6日）龙游三叠岩庙会之际，举行武装暴动，计划在攻打龙游县城，夺取警察局枪支后，开展游击战争，创建游击根据地。

国民党四县（县长）秘密会议的第二天，寿昌县政府军警便来石木岭村追捕红军。由于事先得到消息，红军外出隐蔽，才使敌人扑了个空。11月12日，石木岭红军骨干吴延林在衢州被捕，关押在衢州第三区保安分处。次日，邵志熙受吴母及石木岭红军委托，不顾个人安危，以石木岭闾长身份毅然去衢州保释吴延林，当晚投宿龙游县城朱姓客栈。国民党暗探、邵的同乡陈三苟发现邵志熙的行踪，向反动当局告密，邵志熙不幸被捕。不久，朱继赛、周新富等石木岭红军骨干相继陷入敌手。旋即，浙江省第三区保安分处电令寿、龙两县将邵志熙作要犯处理。11月30日晚上8点，邵志熙被寿昌县基干队押回寿昌县城。1934年1月3日，邵志熙在寿昌县西门宋公桥头刑场英勇就义，时年50岁。朱继赛、吴延林、周江美、周新富等骨干被押至杭州陆军监狱，被判刑监禁。12月12日，国民党浙江省政府在兰溪游埠、寿昌水碓底、龙游县政府等处设自首登记站，强追红军一般成员"自首登记"。

3.　与红二师相关的伪敌档案

训　令

浙江省保安处　关于抓捕郑秾的训令
浙江省保安处训令　法字第121号

【密】令龙游县县长　顷据密保："龙游等县，近有共党秘密组织，系由青田人郑秾负责领导。郑某时常往沪杭，近又回龙，请缉究"等情，查该县接近赣东，当此边防吃紧之时，逆党阴谋，无时或懈，该郑秾既有秘密活动，组织共党情形，自应严密缉究。兹派本处探员徐东山、钱伦全二名，驰往侦缉，合行令仰该县县长遂即饬属，随时协助侦缉。务将该匪等人及其余党机关，悉数破获，解究具报，毋稍纵误。

此令

处长　俞济时

中华民国二十二年十月二十四日

龙游县政府 为呈报破获反动组织并将匪首郑秾等获案搜出重要文件呈乞

鉴核由

案奉

浙江省保安处训令法字第121号内：

顷据密保："龙游等县近有共党秘密组织，系由青田人郑秾 云云"此令等因。

奉经饬属协同省探秘密搜查，当将匪首郑秾获案，自承共产党不违，余情不肯直供，现已解送保安处讯办。当日陆续搜获余党张自强等二十余人暨重要文件及册单多件，此案与兰溪、汤溪、寿昌治安大有关系。该匪党计划甚大，党徒众多，现正会同保安处科员张一虬研讯全案，详情容候续报。除分呈外理合备文　　　呈报仰祈

鉴核谨呈

浙江省政府主席　　　　　　　鲁涤平

浙江省民政厅厅长　　　　　　吕苾筹

浙江省第一特区行政监督专员　汪□□

浙江省第三区保安分处处长　　鲁仲修

龙游县县长蒋元薰

中华民国二十二年十一月二日

浙江省保安处　关于解郑秾回龙游就地处决的训令

浙江省保安处训令　法字第170号

令龙游县县长

　　案查前据本处探员在该县缉获匪首郑秾一名，业经讯明该犯组织伪军，图谋大举属实。并已电奉蒋委员长核准，处以死刑。应予押赴就地执行，以诏炯戒。除将犯验明正身，提交本处科员汪宗孟率带探兵押解外，合行令仰该县长遵即点收，派队妥解适当地点，执行枪决。仍将遵办情形具报备查。　此令

　　计附人犯郑秾一名

处长　俞济时

中华民国二十二年十二月十二日

浙江省政府第22号　关于落实通缉在逃红军人员资金的训令

令　民政厅吕苾筹

　　保安处长俞济时

　　财政厅周骏彦

　　案查赤匪首要郑秾，在龙游等县秘密组织红军第十三军第二师，图谋暴动一案，参加分子达一千三百余人，活动地带遍及龙游、兰溪、汤溪、寿昌四县，幸破获尚早，未酿巨患。现在匪首就擒，其他要匪百余人亦先后缉获，分别处办，以消匪源而消除隐患。

　　兹据本政府秘书处签呈，查明应行通缉各犯三十名等项拟其尝格，分别列表，请予通缉，并请将是项赏金由省库开支。仍依向例，由人民直接拿获悉数尝给。其通风报信因而拿获，或由军警拿获者，减半给尝，等情。经于本政府委员会第640次会议提出讨论，拟决"照准"，代录在卷。

　　除令保安处并令财政厅知照外，合行抄发。

　　民政厅保安处

　　原表令仰该厅

　　转饬所属一体协

　　处长即便知照

厅长即便知照

缉查获解究其报　　此令

浙江省政府　鲁涤平

浙江省民政厅 关于对相关县县长及其下属人员实行奖惩的训令

浙江省民政厅训令　法字第571号

令龙游县县长

案查前奉

省政府秘字第3944号训令，以缉办赤匪首要郑秾在龙游、汤溪、兰溪、寿昌等县组织红军一案情形，呈奉蒋委员长复电"（略）龙游、汤溪、兰溪、寿昌四县县长事前漫无察觉，应查明情节分别严予处分，以为玩忽职责者戒"等因，饬遵照办理，具复核转等因。奉此。

遵经本厅以"查此次郑秾等在龙游、兰溪、汤溪、寿昌等县，秘密组织红军，始于民国二十一年，以龙游东乡一带为根据地，该县参加人数七百余人，该前县长徐人骥在任年余竟未觉察，实为异常疏忽，拟予记大过二次。兰溪利用帮匪，被勾引参加者达四百余人，该前县长黄人望亦属疏于防范，拟予计大过一次。至现任龙游县县长蒋元薰，兰溪县长胡次威均到任不久，此次缉办又甚努力，拟均免议。汤溪县长林泽上年曾破获一部分，获犯十余人。寿昌匪数仅只三人，且该两县长于此次侦缉人犯亦颇努力，拟请从宽申诫。再查龙游东乡一带，为该县公安局第二分局管辖区域，该县前公安局长楼筱琨暨第二分局之长吴振源均负有责任，该前公安局长楼筱琨虽已另案调省，拟追计大过两次。该前分局长吴振源现调任定海第四分局长，并予记大过两次，籍示惩处"等语，复请鉴核示遵在案。兹奉指令密字第3745号内开：

"察核所拟处分，尚属妥洽，应准照办。除呈报蒋委员长外，仰即知照"等因，除注册外，合函令仰该县长分别转行该前县长徐人骥知照，并咨定海县长转饬该分局长知照。

此令

厅长　吕苾筹
中华民国二十二年一月卅日

浙江省保安处　关于联保连坐处分的训令
浙江省保安处训令　法字第745号

令龙游县县长

案据寿昌县县长潘绍隽呈称：

"案奉钧处训令，卫甲子第000050号特奉

省政府秘字第4033号密令，饬将龙游等县破获红军组织案内各重要匪犯之联保各户，予以连坐处分，并于办联保切结等因，奉查本县同办联保切结，业已办理完竣，惟查修正浙江省县保卫团施行细则第六章奖惩规则尚未颁以前。关于重要匪犯之联保各户，予以连坐处分。其如何处分？是否可依照行政执行法办理？仰可照旧施行细则第二十六条第三项之规定处于三十日以下之拘役，或五十元以下之罚金？理合具文呈请，仰祈鉴核亦遵"。

等情：据此，查龙兰汤寿赤匪一案，前奉省政府令饬将各要犯联保连坐处分等因；当经待饬遵照办理在案。兹查联保连坐处分办法，在旧保卫团施行细则第26条，本省有明文规定。惟是项细则业经修正，旧细则已经明令废止，自难通用。在修正细则中，对于是项奖惩办法另行规定，现正在拟订，尚未颁行。关于是案各要犯之联保各户，准暂照行政执行法分别处办。据呈前情，除指令并分令外，合行令仰该县长迅即遵照前令各令分别处办，具报为要。

此令

处长　俞济时

中华民国二十三年二月十二日

浙江省保安处　关于朱金奎上任的训令
浙江省保安处训令　法字第8289号

令龙游县县长

顷据探员朱金奎呈称：

"窃探朱金奎，乳名老周，籍隶兰溪西乡游埠清塘坑人，务农为业。可怜无知愚民不浅，事务于民国十六年间被共逆诱骗，稍一不慎即

误入歧途，厥后知觉已悔之不及，斯时，虽百野外之狼，幸不作负隅之虎，嗣后，兰溪暨龙游两县政府，当清乡时届会同派兵到探家捉拿数次，不独探一人受累，以致全家受惊，所以探对共逆之仇不共戴天之。认为政府效劳破获共逆将功赎过之计，唯若无门径，以致延长数年。有志未遂至二十年间，由钧处第四科方特务员介禄及省政府秘书处林科员仲华，带同钧处探员徐东山来兰溪办案，由徐东山介绍投诚已蒙照准，唯自首证未发给。但瞩探在兰溪、龙游、寿昌、汤溪等县密查共逆知情报告等。因探遵即向各处暗中侦查，至廿一年间，探得现已法办之共逆首领郑秋，在兰溪、龙游等县秘密组织活动机关，探即来杭密报楼探长，当由楼探长代齐呈报前竺处长在案（有案可稽）。至二十二年间，探得共逆首领郑秋，确在龙游地方活动，当即报告。奉钧令徐东山等前来缉拿，由探作线领导共同破获共逆机关数处，并缉获首领郑秋及重要共逆多名。共逆证物多件在案，蒙钧长给赐鸿恩，补充第四科为临时探员，实感德康经近恩。探缉捕郑秋时，如兰溪县基干队及龙游县公安局不知底蕴，苟且派兵前来探家缉拿并携去杂物，未曾奉令撤销。安知将来不缉捕于后，此探所以日夜深思忧患。未已百中不揣，冒昧呈情饬县撤销交案，以便安心为政府效劳。"

等情：查该朱金奎因加入赤匪通缉一节，本处无案可稽。唯去年十一月本处派员赴龙游等县破获赤匪郑秋等一案，事前系据该朱金奎与江天吉二人之密告，适驰往缉之时，先后获匪一百余人，得朱金奎之力不少。事后经由处呈准，省政府核给奖金，并留本处充当密探。查其充当密探之后，亦颇安分守法，所请撤销前案，自应照准。除批示并公令外，合行令仰该县长知照。

此令

处长 俞济时
副处长 宣铁吾
民国二十四年一月四日

衢县县长 关于派叶虎去明果寺查捕汪鹤年的训令

衢县县长训令 公字第1240号；

令城区公安局局长叶虎

据密报，二十二年本县破获赤匪首领郑秋案内应缉在逃重要匪犯汪鹤年一名，现匿衢县境内杜泽地方明果寺内，啸聚徒众二十余人，复图活动等情。除函衢县县政府派队协同查拿外，合函令仰该局长遵照。即便派探特驰往衢县县政府听候派队会同严密查拿，以资归案法办。

此令

县长 周俊甫

中华民国二十六年一月十二日

指 令

浙江省政府关于派何秉达赴龙游协办的指令

浙江省政府指令 秘字第3477号

令龙游县县长蒋元薰

呈一件，呈报破获反动组织并将匪首郑秋等获案，搜出重要文件呈乞鉴核由：

呈悉。查此案业经本政府指令派科长何秉达驰赴该县会同缉办，在案。仰即知照！

此令

中华民国廿二年十一月八日

主席 鲁涤平

浙江省民政厅 关于龙游县拿获郑秋及骨干予以嘉奖的指令

浙江省民政厅指令 字第20522号

令龙游县县长蒋元薰

呈报破获反动组织并将匪首郑秋等获案，并搜出重要文件，呈乞鉴核由：

呈悉，该县长此次缉获赤匪首领郑秾一名，获余党张自强等二十余人，重要文件多件，协缉得此绩，应予嘉奖。除注册外，仍仰督同随时侦缉，纵将余党悉获，解办具报。

此令

厅长 吕苾筹

中华民国二十二年十一月十一日

浙江省保安处 关于回复汤溪县缉获红二师成员汇报电的指令

浙江省保安处指令 法字第7879号

令汤溪县县长

代电一件，为报缉办赤匪经过情形鉴核由，林泽代电悉：据报缉获匪犯林来斋、胡凤金、李水钊、何耀华、何锦松、何锦有、何宝恒、何春高、何彩银、何锦良、沈春财、朱培水、王樟财、董德庆、郦桂铃、郦桂生、郦宝栋、郦樟松、郦马桂、张马根二十名，于押解赴衢州第三区保安分区时，该匪胡凤金竟在途乘隙脱逃，殊属罪有应得，即已当场枪毙，应予备案。仰即调查该匪胡凤金出身及家属情形，并取具验断书结呈核。一面仍饬属严缉余党，悉数解究。具报，毋稍懈纵。

此令

中华民国二十二年十一月十六日

布 告

浙江省三委布告 为布告破获匪案暨招抚自新由

保安处委员

省党部委员

省政府委员

兰溪实验县政府　　　汤溪县政府

寿昌县政府　　　　　龙游县政府

布告事：照得赤匪为祸，烈于洪水猛兽，究其所将使中国整个民族完全消失。现在赣、鄂、湘，豫诸省人民生命财产遭极度之摧毁，闯险

之祸稍为尤甚，言之大可寒心。我浙江省社会安定，人民乐业，断不容
赤匪群入，阴图破坏。此次龙游县境内东乡一带，破获反动组织，搜获
名册证籍，籍感匪党阴谋，企图于兰溪、龙游、汤溪、寿昌四县毗连地
点定期暴动，由青田人郑秾主持其事。今幸首恶就逮，余党渐获，为浙
东去一大患，即为全浙人民生命财产加一保障。现此案业经次第讯明，
间有凶狡之徒，顽性难化，格毙无赦。其余情真罪确、法难原宥，自应
分别严惩。少数幸逃法网赤匪将悬赏购缉，务必获案就办。此外无知愚
民，罔知事理或被金钱诱骗或被暴动威胁致将名单误交匪手，罪因可
诛，情可哀矜，如果深自悔悟，剖诚自白准援。

南昌行营颁布招抚投诚赤匪办法，责成其父兄邻右二人以及房族长
或本区公正绅者具结担保，由县发给自新证后交具保人领回监督。如此
办理，网开一面务期感化，渐兴维新。至于安分良民与本案有涉，自宜
安其生业，仍遵同办各户联保切结规定，互相督促，毋再疏忽，致酿大
患。本委员疾恶如仇，视民如饬。法所必诛，不稍宽假。保护善类，无
微不至。凡尔庶众渐体斯忌，切之特布。

委员　赵见徵

委员　何秉达

委员　张一虬

县长（各县县长署名）

中华民国二十二年十一月七日

浙江省政府　关于处决红军骨干黄庆云等四人员的布告

案奉

浙江省第三区保安分处处长鲁仲修，有代电开二："省政府敬秘三电
开'该县获匪黄庆云、苏小弟、邱瑞沛、章耀麟即章耀庭等四名'奉委
员长蒋核准就地枪决"等因，仰即执行枪决，仰将遵办情形及执行日期
分报备查等因。

奉经遵提黄庆云、苏小弟、邱瑞沛、章耀麟（即章耀庭）等四名验
明正身，即日执行枪决。除电复外，今丞布全县各色人等一体周知。

此布

县长　蒋元薰

十一月廿六日上午十时执行

中华民国二十二年十一月廿六日

国民党浙江省省党部委员何秉达　省政府委员张一虬　龙游县县长蒋元薰
公布龙游县应缉捕重要"匪犯"名单

计开：

杨春富、巫枝林、季永昌、汪鹤年、叶仁、徐樟苟（徐章苟）、廖贵发、王春富、王长芝（王金山）、吴樟培、黄昌金、吴有根、潘金水（潘塘洋）、吴中柱、王如方、黄阿树、赖雨云（赖如云）、王樟春、姜馁馁（姜衡）、汪岳标、罗成荣

委员　何秉达　张一虬

县长　蒋元薰

中华民国二十二年十一月　日

浙江省政府　关于通缉在逃红军骨干及一般成员限期自首的布告
浙江省政府布告　秘字第6号

为布告事：照得本年十一月间，龙游县境破获赤匪机关，搜得匪党名册，察觉兰溪、汤溪、寿昌各县，亦均有匪徒分布活动。案内首要分子，业经多数缉获，分别法办。其余除少数在逃要犯，仍应按名严缉外，所有无知盲从，或被胁加入者，均准回家各安生业，亦经本政府委员会会同各该县长，出示晓喻在案。兹应行悬赏通缉者，龙游有杨寿富、王长芝、巫枝林、潘金水（潘塘洋），兰溪之郑永泉等五名，各悬赏二百元；龙游之季永昌、赖雨云即赖如云、汪鹤年（汪岳年）、汪鹤标（汪岳标），汤溪之徐马昌、叶耀高、叶兰汀、徐樟有，兰溪之商嘉通九名，各悬赏一百元。此外龙游之叶仁、吴樟培、吴樟苟、吴中柱、廖贵发、王长春、王春富、卢成荣（罗成荣）、吴有根、黄品金（黄昌金），汤溪之郑贡元即郑妹义、龚景成、徐炳炎，兰溪之吴思昌、徐海君、陈昇等十六名，各悬赏五十元。以上各犯，由人民直接拿获送案

者，赏金全数发给；其通风报信，因而拿获，或由军警缉拿者，减半支给。仰各界民众切实检举，俾得早日缉获，以除害马而安良民。本政府为爱护人民，维持安宁起见，特派委员前来，会同各县长，分赴各处，广为劝导。凡尔等曾被赤匪胁诱名列匪册者，应各悔悟前非，切戒不再与匪为伍。本政府爱民如饬，一律宽其既往，准许自新，免于追究。自新期间，准予一月三十日为止。仰各于期间内向委员请求办理。倘仍徘徊歧途，不自来归，显系甘心为匪。罔知改悔，一俟期满，即当按名拘究，决不宽贷。幸勿自误，致贻伊戚，仰各周知，特此布告。

浙江省政府主席　鲁涤平

委员　吕苾筹　周骏彦　陈布雷

曾养甫　蒋伯诚　蒋锡候

王澂莹　杨锦仲

中华民国二十二年十二月

浙江省两委及龙游县政府　关于未登记自首红军限期自首的布告

布告　第72号

浙江省政府委员

浙江省党部委员

龙游县政府

布告事：查得匪首郑秋，前在龙游、兰溪、汤溪、寿昌等县胁诱人民为匪，一时无知愚民盲从甚众，省政府本除暴安良之旨，将首要匪犯，缉拿严办。其曾被胁诱者，因属犯法，情实堪怜。特派委员等分赴各县，招抚悔悟诸人，准予自首免罪，限定以一个月为期，自1934年1月1日起至1月30日止。委员等奉派以来，即自省来龙，于1月1日在希唐镇吴氏宗祠及城内县党部两处设立办事处，着手办理。曾派员分往各乡镇广为宣传，期切实盲从悔悟诸人，均有自新之路。日来自首者，极为踊跃，10日之间，总计有七百余人。委员等因于一月以内，须办完四县事务，是以在龙游不能久留。1月10日，将办事处结束。11日后，即转往汤溪、兰溪办理。所有龙游境内，或因逃亡在外不及赶回自首者，如果悔悟有心，委员等亦何忍置至不顾。现经与县长熟商，在10日以后仍可向县政府请求办理，或即经赴游埠本委员办事处自首，但1月30日之期决不展限，逾期即不再办理自首。望善体委员等爱护尔等之至意，各自悔悟来归，切勿因循自误，致贻后悔！

切切此布！

委员 何秉达
委员 姜卿云
县长 蒋元薰
中华民国廿三年一月

代　电

龙游县政府　关于捕获郑秾的汇报电

案奉

浙江省保安处训令，法字第一二一号内开：

"依据密报，'龙游等县，近者有共党秘密组织，系由青田人郑秾'云云……此令"等因。奉经饬属协同省探密搜查，当将匪首郑秾获拿，自承共产党不违，余情不肯直供，现已解送。

保安处讯办，当日陆续搜获余党张自强等二十人，暨重要文件及册单多件。此案与兰溪、汤溪、寿昌县治安大有关系，该匪首计划甚大，党徒众多，现正会同保安处科员张一虬研讯全案。详情容候续报，分呈综合审文。

呈报仰祈　鉴核

谨呈　浙江省政府　鲁涤平
浙江省民政厅　吕苾筹
浙江省第一特区行政督察专员　汪□□
浙江省第三区保安处　鲁仲修

龙游县县长 蒋元薰
中华民国二十二年十一月二日封发

汤溪县政府抓捕红军人员情形的汇报代电

省政府、民政厅、保安处、第三区保安分区为密电

呈报本县破获赤匪多名，并缉获情形祈察。核由

浙江省政府主席　鲁滌平

浙江省民政厅长　吕苾筹

浙江省保安处长　俞济时

浙江省第三区保安处长　鲁仲修

钧鉴：【密】

本月三日二十时奉令保安处钧处江西秘密电开：本处派员在龙游破获赤匪机关，及要匪多名，并搜获匪册，内列名者，多系兰、龙、寿、汤四县，仰该县县长于支日密往龙游，共商缉办方法，毋误延等因。奉此，县长遂于支晨亲往龙游会晤：钧府省政府委员何秉达、省党部委员赵见徵、暨保安处委员张一虬一起，并兰溪胡县长、龙游蒋县长，共商缉办方法。当经在龙游决定，并有何委员等电奉钧，省政府核准付予全权，由各委员分赴各县主持办理，会县指挥一切。县长即与张一虬委员，率同徐、杨二探员，于是日傍晚返汤。遂召集警卫负责人吴密商计议，当即决定分四路出发。由公安局长徐世达与总团部督察长潘永和、县基干队独立分队长贾凤飞，分别担任，一律限于支晚12时，亲率警团前往，按函搜获名册，从事缉捕。县长与张委员亦冒雨亲赴罗埠派出所，便于指挥。微是至上午12时，各路警团均汇集于罗埠，计共缉获匪犯林来斋、胡凤金、李水钊、何耀华、何鼎松（何锦松）、何锦有、何保板、何春高、何彩银、何锦良、沈春财、朱培水、王樟财、董德庆、郦桂铨、郦桂生、郦宝林、郦樟松、郦马桂、张马根二十名，先后分送至罗埠派出所。经张委员等略加讯问，随即专雇汽车一辆，由张委员率同徐、杨二探员，并由县长派省警卫团十名，将该匪犯等押解赴衢。讵有赤匪要犯胡凤金一名，于赴解之隙，因人多拥挤，乘隙脱逃，即经当场格毙。现已将匪犯林来斋等十九名，于微日下午二时，专车押送第三区保安分处核收后，一面除由县长令饬警团继续严缉，并密为械备，妥慎防范外，理合将缉获赤匪经过情形，据实密陈。仰祈府、所、处察核示遵。

汤溪县县长　林泽

民国廿二年十一月六日

龙游县公安局关于吴守华等八名脱逃被格毙的汇报电

省党部赵委员

省政府何委员

保安处张委员

龙游县蒋县长

钧鉴：本日下午六时，奉解共匪邱瑞沛等二十三名赴衢县，行过龙游火车站里许，其中有吴守华等多人竟敢扭断绳索，向警士夺枪抗衡，图逃法网。正在危急之际，迫万不得已，开枪格毙吴守华、赖樟松、王福奎、张自强、周金海、夏贞祖、周金标（即樟标）、刘协鑫（即刘叶新）八名。其余邱瑞沛等十五名另换解文改派团警解赴衢县。

第三区保安分区验收无误，有格毙共匪吴守华等八名，合函电请。

龙游县公安局局长 楼筱琨 阳叩

中华民国二十二年十一月七日

龙游县政府关于吴守华等八名脱逃被格毙情形的代电

龙游县政府代电 【密】

浙江省执行委员会

浙江省政府主席　鲁涤平

浙江省保安处处长　俞济时

浙江省民政厅厅长　吕苾筹

钧鉴

案据龙游县公安局楼筱琨阳代电称，本日下午六时奉解共匪邱瑞沛等二十三名云，苴验等情。据查，吴守华等，证据确实：在反动组织中担任重要职务属实，就逮之后，拒解图逃，致被格毙，亦有情势所遇。除余犯另解衢县，暨向委员、县长等苴验提匪吴守华、赖樟松、王福奎、张自强、周金海、夏贞祖、周金标（即周樟标）、刘协鑫（即刘叶新）八名，委系拒解格毙外，理合电请鉴核，再此电并用龙游县政府（印）

合并陈明

委员　赵见徵　何秉达　张一虬

龙游县县长　蒋元薰　同叩

中华民国二十二年十一月八日

国民党浙江省执行委员会浙江省政府政府主席鲁涤平快邮代电 龙游县县长、委员 赵见徵 何秉达等 快邮代电

龙游蒋县长并与赵委员见徵、何委员秉达等均览庚电悉：该吴守华、赖樟松、王福奎、张自强、周金海、夏贞祖、周金标（即周樟标）、刘协鑫（即刘叶新）八名既据查明系属赤匪分子，在反动组织中担任重要职务，证据确凿年就逮后尤敢拒解图逃，致被格毙，实属罪有应得，应准备案。至余邱瑞沛等十五名既据送解第三区保安分处，应候该处讯办。仰即知照！

国民党浙江省执行委员会浙江省政府政府主席鲁涤平

中华民国二十二年十一月十一日

龙游县政府关于对黄庆云等四人执行处决的代电

代电　浙江省政府主席　鲁涤平

浙江省民政厅厅长　吕苾筹

浙江省保安处处长　俞济时

浙江省第三区保安分处处长　鲁仲修

钧签案奉

第三区保安分处

钧处有二代电开奉，省政府敬秘三电开：该县获匪黄庆云、苏小弟、邱瑞沛、章耀麟即章耀庭等四叫名云云及执行日期分报备查等因，奉经遵提该匪犯黄庆云、苏小弟、邱瑞沛、章耀麟即章耀庭四名，验明正身，当于十一月廿六日上午十时由职督队亲莅刑场枪决。除分呈外，理合电请。

鉴核　龙游县县长　蒋元薰　宥叩

中华民国二十二年十一月廿六日

浙江省保安三处关于处决林来均的密电

浙江省第三区保安分处快邮代电

汤溪林县长，省政府敬秘三电开："该县获匪林来均即林来斋一名，奉委员长蒋核准，就地枪决"等因，兹派队丁押解该犯林来均即林来斋一名，送交该县长验收，仰即执行枪决。除电复外，仍仰将遵办情形及执行日期分报备查。

鲁仲修

中华民国二十二年十一月

代理汤溪县县长关于红军骨干徐樟有、徐马昌联保连坐的代电

总字第15521号

中华民国二十三年六月二十七日发为

呈复本县破获共产赤匪一案，确系在密报以后。卷查事实经过，呈侯察核示遵由。

案奉

省政府秘字第48250号指令，此令等因。奉此案，在前县长林泽任内，奉钧要复甲案59号训令下县，曾将办联保钧结及联保居户，密报籍二人破获等情形。呈奉钧处法字第242号指令：呈称徐樟有、徐马昌等要犯，曾据说联保，居户密报，分缉有案。究竟是否去年二月间破获之时，仰后在此次破案以后，未据叙明。如其密报在本次破案以前，而从宽免究，否则仍应处连坐。奉查：查本县二十二年破获赤匪一案，于是年一月二十三日。据该联保户密报，当即密分公安局暨基干队，于是月二十六日晨，缉获匪犯郦卸松等九名到案，当经呈奉。

省政府指令，分别遵办在案，是该联保户之密报，确系二十二年破案以前。林前县长令查复，如后来戴即行调停办理结束，延未具复。兹奉前因，应即查明具报。关于二次人犯之联保各户，可否免于连坐处分之处理，令备呈请均长核示遵行。

谨呈

浙江省保安处处长 俞济时

代理汤溪县县长　端木□□

中华民国二十三年六月廿五日

相关解文

解送郑秋的解文

龙游县政府批解事：今给解警管解后项人犯，前赴浙江省保安处投收守候，回照备案须至批者。

今批解　匪首郑秋一名

右仰解警　方正　批此

中华民国二十二年十一月二日

龙游县呈解送邱瑞沛等二十三名的解文

浙江省第三区保安分处处长　鲁仲修

计解送匪犯邱瑞沛等二十三名

本日解保安分处匪犯姓名：吴守华　赖樟松　王福奎　周金海　张自强　夏金祖　周金标　刘协鑫　章耀麟　张顺川　张樟松　李清楷　沈孙科（沈香科）　余仁开　苏小弟　邱瑞沛　刘林生　朱卸苟　沈道友　王树福　刘朝基　张樟荣　周凤翔。

龙游县县长　蒋元薰

中华民国二十二年十一月七日

解送邱瑞沛等十五名的解文

龙游县政府呈为解送匪犯邱瑞沛等十五名仰祈

鉴核验收事：案查属县破获反动组织，搜获大批匪犯，业会同省派委员讯明在案。兹将匪犯邱瑞沛、苏小弟、刘林生、朱卸苟、沈道友、王树福、刘朝基、张樟荣、周凤翔、张顺川、张樟松、李清楷、章耀麟、沈孙科、余仁开等十五名派警解送。

钧处讯办仰祈鉴核验收谨呈

浙江省第三区保安分处处长　鲁仲修

计解送匪犯邱瑞沛等十五名

龙游县县长蒋元薰

中华民国二十二年十一月七日

批　解

浙江省第三区保安分处

龙游县政府为批解事：今给解警管解后项人犯，前赴县法院投收守候，回照备案须至批者。

今批解：朱卸苟、张樟荣、章耀麟、苏小弟、刘朝基、李清楷、邱瑞沛、王树福、张樟松、刘林生、周凤翔、沈孙科、沈道友、张顺川、余仁开。

基干队分队长周宗岳、团丁王裕邦、王弼臣、董云彩、毛士龙、张大纪、周全、余时顺、丰德云、丁美焕、张振成、蒋土秀、张文威、文标、何杏海、叶水清、楼斌。

右仰解警

准此

中华民国二十二年十一月七日

解送胡石原等十二名的解文

呈为解送匪犯胡石原等十二名仰祈鉴核验收事：案查属县破获反动组织，搜获大批匪犯，业经会同省派委员讯明在案。兹将匪犯胡石原、鄢金海、林金福、吴寿彩、毛阮松、严老三、张灰苟、翁培明、童卸苟、陈卸牛、杨茂苟、苏老八等十二名派警解送。

钧处讯办仰祈鉴核验收谨呈

浙江省第三区保安分处处长　鲁仲修

计呈解送匪犯胡石原等十二人

龙游县长蒋元薰

中华民国二十二年十一月八日

批　解

龙游县政府为批解事：今给解警管解后项人犯，前赴浙江省第三区保安分处县法院投收守候，回照备案须至批者。

匪犯：鄢金海、毛阮松、翁培明、杨茂苟、胡石原、吴寿彩、张灰苟、陈卸苟、林金福、严老三、童卸苟、苏老八。

右仰解警士陆国良等十二人准此

龙游县政府（印）

中华民国二十二年十一月八日

相关公函

寿昌县政府关于派员接押邵志熙回寿昌的公函

函字第609号

案奉

浙江省第三区保安分处处长　鲁仲修

电开：兹有匪犯邵志熙，即新富、又即景福一名，禁押在龙游县政府，除电龙游县长外，仰迅派队前往该县妥慎提回等因。因奉此，兹派基干队十名前往迅提，相应函信。

查照奉即予以提回，至纫公谨。

寿昌县县长　汤绍隽

中华民国二十二年十一月二十九日

浙江省保安处第四科通知　龙游县政府派江天吉充当侦探事由

浙江省保安处第四科　第63号

迳启者：

查此次破获龙、兰、汤、寿四县赤匪案内探献江天吉一名，业经报奉处长批准发交，贵县充当侦探，侦察余匪，其薪饷由县支给外，另由本处按月津贴五元。兹派该探于本月一日驰赴贵县报到，相应函请。查明办理，随时督促，严紧侦缉为荷。

此致　　　龙游县政府　蒋县长

浙江省保安处第四科启

中华民国二十二年十二月十四日

关于抓捕汪鹤年的公函

公字第1239号

据密报：二十二年，本县破获赤匪首领郑秾案内，应缉在逃重犯汪鹤年一名，现匿贵县所属杜泽地方明果寺内，啸聚徒众廿余人，复图活动等情。查该匪犯于二十二年在龙游东乡一带，组织赤化机关，互结党众，企图于兰、龙、汤、寿四县毗连地点大举暴动，幸当时破获。首恶就逮，汪当逍遥法外有数年，虽经通缉，亦未获案。据报前情，用特函达查照，并派本县密探方正、陈钟山二名来即，希派队协同查拿，以资归案法办，而免贻害地方。

此致　　　衢县县长　王超凡

中华民国二十六年一月十二日

民国报纸有关的资料（选摘）

余匪解高法院讯办　盲从匪徒连环保释

浙东之龙游、兰溪、汤溪、寿昌等县，地处钱江上游要冲，素为共匪所注意，幸当局缉捕甚严，未酿巨祸。去年七月夜，该匪等有所企图，经当局侦悉，于十一月初在龙、兰、汤、寿四县全部破案，匪首（即伪主席）郑秾，经讯问明确，呈由蒋委员长核准，连同重要匪犯一并枪决，其余四十余匪移送高级法院审办。此外盲从之匪七八十人，均经连环保释。是案情节重大，关系全省治安至巨，兹将该案破获经过，及共匪组织，以及铲除始末，详为致之于后。匪首受共熏陶，匪首郑秾现年三十余岁，青田人，绰号青田佬，行为凶险，乡里畏之如虎，里人闻之莫不寒悚。在民国二、三年间离青田游离外省，旋经人介绍，离国赴俄做工，业皮革业。在俄受共产之熏陶，思想突变。在俄国五年返国，受任为浙江省伪主席，企图扰乱现在政府，屡有组织，屡为破获，卒至本人伏法而已。

　　赤匪组织可见一斑：赤匪之组织，将全省划分为五区，一为浙南区，一为浙东区，一为浙西区，一为浙北区，每区均派有县委及伪指挥、伪财政、伪农民各部。省会区在民国十七八年间即为破获，至十九年间浙东、浙南机关亦为破获，至此其势少杀。适闽变前二、三月时，郑匪联合匪中重要匪犯，死灰复燃，办械运粮，拟作最后之企图，幸事为当局所闻，卒不得逞。后又组伪中心特区，以浙之衢州、兰溪、永康、建德四县设立机关，暗地活动。

　　匪首被捕经过：浙保安处据密报后，即设法探其内容。此为去年八月间事，至十月底探得该伪主席密赴沪地购办大批武器，当经密派探员驰往，适该匪由沪至龙游，正在与各要匪秘密会议。当时原拟一网打尽，唯恐事为逸匪通告党羽，以致惜事。再经严密考虑，决待机行事。十月初时，乃设法将郑引诱至乡间，加以捕获。以白布蒙其首，拘之保安第三分处，严加鞠讯。同时在该地秘密机关搜获全部匪册，及入党志愿书、木戳、宣传品等甚多，由处密报省方核办。

　　四路兜捕赤匪：省方据报，以事情重大，当由省党部派赵委员见徵，省政府派第三科科长何秉达、保安处第四科科长张一虬，星夜驰往，于十一月四日抵龙游，召开重要会议，当经议决共同兜捕办法。星夜出发，各县于拂晓实行共同兜捕，结果在汤溪捕获二十一人，兰溪二十余人，龙游三四十人，寿昌五六十人，共约一百三十多人，旋经分批研审，匪首郑秾则解省审究，其余均在第三分保安处讯问。

　　奉命处置各匪：经此大举兜捕后，所有一百三十余匪，均经蒋委员长核准，从宽免议。匪首郑秾及重犯十七人解龙游共同正法，一时人心大快。内四十二人，解高等法院讯办，余以联环保加以释放，以资自新。尚有主要三十余人，已有保安第三分处悬赏缉拿，赏金计分三等，一等为二百元，二等为一百元，三等为五十元，同时当局在破获之后，地方上……

摘自于民国二十三年《杭州通讯》第十四期

《严州民报》相关《兰溪实验县政府拿获大批反动分子》的报导

【兰溪讯】兰溪城厢一带于日曾一度发现反动标语，故县长胡次威【18】氏对于反动分子之活动，异常注意。每当深夜，常微服出巡，并密饬所属员警严密侦缉，以资震慑。于隔昨晚间，胡县长突然发出密令，备同公安科徐科长及大批基干队警察，往西乡兰、汤、寿交界处，大力搜捕。当场拿获大批反动分子。兹将是案详情，探录于后。

【破案原因】本城水阙门外传源楼酒馆，于前日失窃。计被窃去账房盛子交手提箱一只，暨其余现洋物件多件。是案窃贼于日前在洞源被获，并搜出原赃。推手提箱内藏有红军第十三军符号，当被县政府公安科查出。据窃贼供，系手提箱内原有之物。合经传源楼账房盛子文侦讯，该犯始尚狡赖，后经再三鞫讯，始得反动分子活动情形供出。于是此大规模之反动团体，内部组织情形及活动地带，分子人数完全败露。

【拘捕情形】县公安科得供后，当即报呈胡县长并请示办法。胡县长察阅供词后，以该反动分子活动地带，在龙、兰、汤三县交界处，当即分电龙游、汤溪两县长，明确昨晚间会同派警搜捕。届时胡县长、徐科长亲自督察。大批基干队警察，前往三县交界地，集合龙、汤两县警察，分头向包塘殿等村等处搜捕，当场拿获反动分子三十余人。分地寄押于游埠、永昌两公安局。后因事项反动分子，尚有匿迹城内者，胡县长、徐科长仍于昨晚返城，派警缉拿。闻拿获者有朱讨饭（叛徒内奸朱金奎）等五六人。

【讯办情况】人犯已经拿获，公安科当即分别严讯，闻胡县长对此案异常注意，现正在密审查证据，一候审查完结，即亲自赴永昌、游埠两处研讯寄押各犯。

民国二十一年

《兰溪实验县实习调查报告》节选

破获经过：十一月二日，县府侦缉队在东乡洞源地方，捕获窃贼五名，并搜出红军第十三军第二师符号二十余方，案关赤匪情节重大。正在研讯之际，忽接省方急电，谓龙游破获赤匪总机关，兰、龙、汤、寿四县皆有大批反动分子参加，著请四县县长集合龙游会商缉捕办法。胡县长曾即率同徐公安科长前往龙游县政府作统一部署。大致与江西红军相仿，惟不若彼方之严密。

善后处理前后缉捕三次，总计缉获人数四十八名。首要诸犯，大平就逮。遂附和群众，多属无知愚农。以缉拿过严，或纷纷逃窜，不敢回家。若不急为处置，殊非分化持治安之道。曾将已获之要犯八名，呈请就地正法。在逃未获要犯，悬赏通缉。其余附和人数，急限期返家，不得再有轨外行动。由省府委员、保安处委员及该县县长，每街布告周知，匪案至此告一段落。

民国二十一年

4．纪念设施

郑秾和他领导的红二师战友们英勇奋斗、不怕牺牲、百折不挠的精神是宝贵的革命财富。为缅怀红二师革命先烈，弘扬红二师革命精神，龙游、金华、兰溪、建德等地都建造了永久性的革命烈士陵园、革命烈士纪念馆、革命烈士事迹陈列室等，展现红二师革命事迹，激励广大人民群众为实现中华民族伟大复兴而努力奋斗。

龙游县革命烈士陵园

1989年11月，龙游县在县城南鸡鸣山南麓建成龙游县革命烈士陵园。该烈士陵园总占地面积约9000平方米，沿阶梯拾级而上，纪念碑巍然耸立，高8.6米，正面镌刻着张爱萍上将书写的"革命先烈名垂青史"8个大字。

陵园内另有碑廊，嵌石碑10块，镌刻着烈士生前战友、书法家题写的碑记，其中一块是徐行（徐进魁）于1988年10月为张自强革命烈士题写："为纪念红二师副师长张自强烈士牺牲55周年　龙游人民怀念您"，

革命烈士纪念碑（龙游县烈士陵园提供）

一块是龙跃①敬题："郑秾烈士和龙游所有革命先烈永垂不朽"，还有一块碑文内容与巨龙路旁原汽车站处"血沃龙丘"纪念碑内容基本一致，正面是"血沃龙丘"4个大字，背面记载："红十三军第二师副师长张自强及吴守华、王福奎、周金海、赖樟松、周樟标、夏贞祖、刘协鑫八壮士于1933年11月7日被国民党龙游警察自卫队押往衢州保安处审讯，在火车站候车之际，徒手夺枪，英勇搏斗，壮烈牺牲。1988年5月任政书"，碑后有云纹石浮雕两块，其中一块刻着中国红军第十三军第二师1933年10月准备武装暴动的情景。

1991年1月13日，原海军司令员萧劲光大将题写"龙游县革命烈士事迹陈列馆"馆名。馆内陈列着119名革命烈士的事迹，其中第一、二次国内革命战争时期牺牲的革命烈士16名，抗日战争、解放战争时期牺牲的

---

① 龙跃（1912—1995），江西万载人，1931年4月加入中国共产主义青年团，1933年5月转为中国共产党党员。1930年月参加中国工农红军。抗日战争时期，担任新四军闽浙边留守处副主任、中共浙南特委书记，中共浙江省委委员、常委、组织部长，领导抗日救亡运动，保存并积蓄了革命力量。解放战争时期，先后任中共闽浙赣区（省委）党委常委，浙南游击纵队司令员兼政委等职。新中国成立后，历任浙江省委委员、浙江省温州地委书记兼军分区政委，温州市军管会副主任、华东军政委员会委员。1973年5月重新工作，先后任上海压缩机厂、上海柴油机厂党委书记。曾任全国第五届全国政协委员。

革命烈士24名，社会主义革命和建设时期牺牲的革命烈士79名。革命烈士照片（遗像）92帧，立柜陈列历史照片20帧，文献资料14份，历史文物（包括遗物）44件。中共龙游党史陈列室于1991年6月24日揭幕向公众开放，共陈列图片57幅，有郑秾、张自强、周金海、邱瑞沛、吴守华、王福奎、赖樟松、刘协鑫、夏贞祖、苏小弟、周樟标、章耀庭12名红二师烈士的事迹及照片（遗像）、文献资料等。该陈列室还陈列有龙游县新民主主义革命时期、社会主义建设时期部分著名烈士的事迹，其中有北上抗日先遣队挺进师图片4幅、中共金衢特委龙游县工委图片9幅、中共龙南区委图片14幅、中共闽浙赣城工部龙游支部图片10幅。

2018年，在龙游县革命烈士陵园基础上完成纪念馆建设项目。新建成的陵园主要由纪念碑广场、革命烈士纪念碑、革命烈士事迹陈列馆等组成。陈列馆展陈面积2096平方米，展示了龙游县自1925年以来革命斗争和社会主义

革命烈士事迹陈列馆（龙游县烈士陵园提供）

建设的历史，收录204名烈士、志士事迹，主要按大革命时期、抗日战争时期、解放战争时期、土地战争革命时期和新中国成立后五个历史阶段讲述龙游革命烈士的事迹，其中"土地革命时期"的第三部分，通过图文、影声、光色等现代科学技术全面系统地展现了红二师开展革命活动的过程及英烈事迹。

2022年，龙游县退役军人事务局投资约300万元，对县革命烈士陵园进行改造，建成双面浮雕的县革命英烈墙。纪念碑对面正中间英烈墙长19米，高5.45米，中间为花枝簇拥的五星红旗，两边摆放着为中国共产党建党以来为国捐躯的112名龙游籍烈士英名录，反面创作8块有重大历史意义且有特色的巨幅浮雕："红色曙光""北伐定鼎""血沃龙丘""烽火抗日""血洒黎明""剿匪固基""保家卫国""英雄辈出"。

革命烈士陵园（龙游县烈士陵园提供）

龙游县革命烈士陵园建成以来，经常有青年学生、党员干部、学者和烈士亲属等前来举行入队、入团、入党宣誓仪式以及参观学习，特别是清明节、"七一"建党节、"八一"建军节、烈士公祭日、"十一"国庆节等重大节日，人们纷纷到革命烈士陵园接受教育。每场（次）教育活动都十分隆重：大家在革命烈士纪念碑前列队唱国歌，向革命烈士敬献鲜花、花篮，向革命烈士默哀，并行三鞠躬，深切缅怀革命先烈们的丰功伟绩。1994年以来，龙游县革命烈士陵园先后被命名为浙江省青少年红色基因传承基地、衢州市爱国主义教育基地、衢州市党史教育基地、衢州市文明单位、衢州市委党校现场教学基地等。

"血沃龙丘"纪念碑

龙游县城巨龙路西原汽车客运站南面系张自强、吴守华等8位红二师骨干成员壮烈牺牲处。1933年，中国工农红军第十三军第二师计划在农历九月十九（11月6日）三叠岩举办庙会之际举行武装暴动。因奸细告密，10月30日郑秾不幸被捕，接着118名红军骨干成员先后被捕，武装暴动遭到扼杀。11月7日，国民党龙游县反动当局将红二师副师长张自强等23名红二师骨干成员押往衢州第三区保安分处审讯，在行至龙游火车站附近时，副师长张自强、吴守华与团长王福奎、营长刘协鑫、排长周樟标、师通讯参谋周金海和夏贞祖、赖樟松等在与军警夺枪搏斗时壮烈牺牲。为缅怀8位红二师烈士，1991年6月20日中共龙游县委在8位烈士牺牲处竖立纪念碑。该纪念碑底座用"福建红"花岗岩制作，碑身用青石制作，碑高151厘米，宽75厘米，厚4.5厘米，底座长164厘米，宽

由任政题写的"血沃龙丘"纪念碑正面　　"血沃龙丘"纪念碑背面（2023年摄）

102厘米，高16厘米，须弥座长128厘米，宽61厘米，高22厘米。上首圭状，正立面由书法家任政于1988年2月题写"血沃龙丘"4个大字，并刻有楷书边款数十字。正背面"八烈士简介"5字为阳刻隶书，内容简介为

"血沃龙丘"纪念碑广场（2023年摄）

阳刻楷书。

为保护纪念碑，2022年龙游县委县政府建造了龙游县党建文化广场，占地面积660平方米。在"血沃龙丘"纪念碑原址加大了纪念碑，又将立碑处开辟成纪念碑广场，设立仿古纪念亭以保护纪念碑；增添文化景墙，墙上用铜浮雕展现了红二师骨干8位烈士被押解去龙游火车站时挣开绳索与国民党军警进行搏斗的场景，浮雕长2.5米，宽1.52米。在红色花岗岩纪念墙镌刻着红二师的革命英勇事迹，以及被国民党枪毙的龙、兰、汤、寿4地18名烈士英名录。文化景墙前是可容纳300人的党建广场，广场四周加了围廊，周围种植了银杏、榆树和桂花树。

三叠岩"红军纪念亭"

红军亭

红军亭坐落于龙游县湖镇镇彭塘村三叠岩景区内，在湖镇镇南5公里处，距龙游县城约12.5公里。三叠岩因天然洞岩凌空飞悬如楼三叠而得名，风景区占地420公顷，处于蜿蜒起伏的群山环抱之中。三叠岩风景区茂林修竹，四季花香，有"浙西名胜，东南灵洞"之誉，且自古就有"大地仙都"之称。整个风景区分三叠岩、花岩、南垅湖、牛岩、三爪堤、井湾6大景区。当年红二师师长郑秾经常和骨干成员在三叠岩秘密召开会议，商讨开展革命活动，是红二师重要活动场所之一。

为了缅怀和弘扬红二师先烈的革命精神，2002年年初，民间自发筹集资金建造红军亭，居住在龙游县城的退休干部、湖镇初中教职员工、党员、群众多则几百元、少则几十元纷纷捐钱，很快就募集资金4000多元，湖镇镇政府也出资襄助。当年7月，红军亭建设完工。红军亭正上方书"红军亭"3字，亭中竖立石碑，正面雕刻着书法家继光题写的行书"正气浩然"4个苍劲有力的大字，碑的背面碑文用隶书阴刻内容为："1931年春，中国工农红军第十三军二师郑秾在龙游、兰溪、汤溪、寿昌四县毗邻地区，宣传革命，发展红军。翌年8月，郑秾、张自强在湖镇组建中国工农红军第十三军第二师，郑秾任师长，参加者数千。次年10月，红二师筹划于三叠岩举行暴动，开辟革命根据地，旋因内奸告密，暴动惨遭镇压，郑秾等13名骨干壮烈牺牲。高山巍巍，青松育史，谨立此碑，以示敬仰。湖镇人民政府敬立。"

　　红军纪念亭

　　2021年10月，因红军亭栋败梁仆，存在严重安全隐患。为此，龙游县退役军人事务局、湖镇镇人民政府共同出资80万元，决定在三叠岩重造"红军亭"。红军纪念亭占地面积150平方米，高7.2米，用菠萝格原木建造。"红军纪念亭""浩然正气"等题匾、题碑原中共衢州市委书记郭学焕题写；亭正中的"红二师纪念碑记"由县人大常委会副主任姜建军题写。红军纪念亭成为缅怀和学习老一辈的无产阶级革命先烈的重要场所。

亭中竖立石碑，正面雕刻着"浩然正气"四个字（2023年摄）

姜建军题写红二师纪念碑记（2023年摄）

由原中共衢州市委书记、书法家郭学焕题写的"红军亭"（2023年摄）

兰溪市红十三军第二师包塘殿纪念馆

1990年，红二师烈士林来均的儿子林炳根和其他红二师红军后代陈体清、陈有余、郑樟谓等提议重建兰溪后屋村包塘殿，恢复红二师原有活动场所，旋即复建包塘殿，占地28平方米。2009年8月，79岁的许柏成等24名红二师后代再发"捐资重建包塘殿，恢复红二师活动场所，建纪念碑及馆，创建红二师发源地爱国主义教育基地"倡议，并成立了筹建小组。倡议发出后，500余名红二师红军后人纷纷捐地捐资捐物，仅筹集资金即达50余万元，但限于史料、资金、技术等不足，该项纪念馆等建设工程被搁置。2010年5月，有网友在兰溪新闻网"兰江论坛"发表题为《红军村冷清清》的帖子，引起了广泛关注。5月23日，在网友"风光老人"的带领下，"兰江论坛"的网友们走进了后屋"红军村"和包塘殿，见包塘殿大门紧闭，门口和周边杂草丛生，荒凉破败，甚为感慨。6月1日，《兰江导报》刊登了《你知道兰溪有个"红军村"吗？》一文，再次引起强烈反响，重建包塘殿红二师活动场所的工作又轰轰烈烈开展起来。红军后代投工投劳，捐献史料，兰溪各有关单位也大力支持。2012年8月，占地面积200余平方米的7间包塘殿房屋建成，水泥路也浇筑完毕。2012年9月28日，包塘殿挂牌"永昌街道东山边村包塘殿红二师纪念馆（筹）"，展出红二师相关人和事的活动图片57幅。此后，当地干部、群众再次筹措资金、搜集资料等，完成中国工农红军第十三军第二师包塘殿纪念馆建设。2023年，在中共兰溪市委组织部的大力协助下，中国工农红军第十三军第二师包塘殿纪念馆开馆，展览展厅重新展陈。

包塘殿纪念馆（2023年摄）

包塘殿（2012年摄）

兰溪革命烈士纪念馆

兰溪革命纪念馆位于兰荫山支脉的桂网形山，坐南朝北，东傍三江口，西临芥子园，环境优美，清雅静谧，占地面积7600平方米，建筑物包括纪念碑、纪念馆、纪念广场和碑道。沿横山北麓380级台阶碑道拾级而上，进入纪念广场，广场面积1600平方米，四周设有石栏。广场正中矗立着纪念碑，纪念碑高21.4米，为钢筋混凝土结构，碑体由3块风帆状块板抽象图形组合而成，向上汇交于一点，外饰北京房山汉白玉，隐喻兰溪的革命斗争像三江（兰江、衢江、婺江）上的风帆乘风破浪，三江儿女为革命胜利勇往直前。"革命烈士纪念碑"7个金色大字由参加过北伐兰溪战役，在水亭、诸葛等地指挥北伐军作战两昼夜的原海军司令员萧劲光大将题写。碑座用济南青花岗石饰面，碑座后护壁镌刻纪念碑碑文和300余位烈士英名。纪念碑侧为纪念馆，总面积500余平方米，造型简洁，

兰溪革命烈士纪念碑
（2020年摄）

依坡而建，二层为展厅，底层附设办公和接待室，馆内陈列着红二师开展革命活动相关内容以及红二师革命事迹简介。兰溪革命烈士纪念馆是兰溪市重要的爱国主义教育基地。

建德革命史料展厅

建德革命史料展厅在建德"双童烈士纪念馆"内，占地面积160平方米，通过文、表、图、照、沙盘、遗物、蜡像等直观形象地反映了民主主义革命时期建德人民在党的领导下进行艰苦卓绝、前仆后继的英勇斗争史，其中也包括红二师在建德的史料。厅内有革命烈士郑秋和邵志熙的

照片、简介以及红二师在航头镇石木岭一带开展活动情况介绍。有《追求真理投奔红军》一文介绍了石木岭地区红二师活动情况，内容如下：1930—1933年寿昌大店口乡石木岭的红军，是由原红十三军第二师师长青田人郑秾秘密发展起来的。1931年，在石木岭一带有百余人接受革命思想，追求真理，毅然投奔红军，组建中国红军第十三军第二师四部。1930年10月，红十三军主力受挫，红军成员郑秾回青田老家隐蔽。次年郑秾到兰溪、寿昌、龙游一带，深入贫苦群众，宣传革命道理，秘密发展红军。1931年8月，郑秾来到寿昌县大店口乡石木岭村活动，以教拳术和替穷苦人看病为掩护，秘密发展郑安良、朱继赛、周大清等贫苦群众投奔红军。石木岭间长邵志熙参加红军的消息传开后，在水碓底、大店口、梅岭等村庄引起极大震动，先后有95名农民加入红军队伍。9月25日晚，石木岭红军在瓦塘背举行成立大会。随着红军队伍的壮大，郑秾任命邵志熙为区委部指挥，周大清为秘书，以加强红军的领导。红军骨干邵志熙、周大清、郑富奶、吴延林等，在石木岭附近的清塘源、西金坞、米塘珑等地秘密开会，研究贯彻红二师会议精神。1933年7月，郑秾再次召集红二师骨干150余人在龙游县东乡大宇殿秘密开会，部署暴动计划，决定乘农历九月十九（11月6日）龙游三叠岩庙会之际，举行武装暴动。

建德市大洋镇"童祖恺、童润蕉烈士纪念馆"
中有邵志熙烈士的照片（2020年摄）

航头镇石木岭村邵志熙烈士纪念设施

建德航头镇石木岭村是红二师在寿昌县的主要负责人邵志熙故乡。邵志熙烈士纪念展馆由烈士墓、烈士故居和红二师革命事迹展馆三部分组成。

烈士墓

烈士牺牲后被安葬在他故居东西方向，距故居200多米处的山脚下。烈士墓在政府和亲属的保护下，保存完好。墓前增设了一块纪念碑，正面"邵志熙烈士墓"6个大字镌刻得苍劲有力；后面刻写着烈士的简介。

邵志熙墓（2012年摄）

烈士故居

烈士故居坐西朝东，前厅后楼式，为清代建筑风格三进三小开间，保存比较完整。小时候，邵志熙在这里生活、成长，参加红二师后在这里开展革命活动。当年，郑秾来寿昌开展革命活动，经常秘密住在邵志熙家楼上。

邵志熙故居构件（2023年摄）

红二师革命事迹展馆

展馆设在村民服务中心内，展示着邵志熙、郑秾等烈士遗像，红二师开展革命活动的遗物及红二师在寿昌开展活动的简介和邵志熙烈士简介等。

金华烈士纪念园

纪念园位于金华市婺城区环城北路1199号，在原有金华革命烈士纪念碑基础上扩建而成，包含烈士纪念碑、烈士纪念馆、英烈墙、五星纪念广场，是集爱国主义教育、红色旅游、研学活动等多功能"一站式"红色教育综合体。

金华烈士纪念馆（2023年摄）

纪念碑

纪念碑于1994年清明节建成，碑高21米，碑身用汉白玉贴面，上面刻有国务院原副总理、原国务委员兼国防部长张爱萍上将题写的"金华革命烈士纪念碑"9个大字，庄严肃穆。碑前纪念广场2020年进行改造，扩建后面积约1700平方米，为市民在清明节、烈士纪念日期间，开展重点活动的主要纪念场所。

纪念馆

纪念馆与纪念碑遥相呼应，以"旗帜飘扬、血脉传承"为主题设计，展现了革命基调。馆内展厅面积约3000平方米，以"八婺英烈 百年风华"为主题，接革命历史脉络设置了辛亥义举、革命星火、坚持斗争、救亡图存、天翻地覆、走向辉煌6个展示单元。以烈士事迹、遗物等史料结合现代数字技术，实景搭建还原时代气氛，以雕像刻画英雄姿

英烈墙（2023年摄）

金华烈士纪念馆内景（2023年摄）

态，重点展示了128位英烈的事迹，其中展示了郑秾领导龙、兰、汤、寿四县1599人红军人员创建红军第十三军第二师开展武装斗争的情景。

英烈墙

英烈墙位于入园口右侧，采用铜铸锈板汇总雕刻了全市2300余名英烈名单，按9个县（市、区）分布排列。英烈墙上，镶刻着红二军成员英名，记录着烈士用忠诚、鲜血和生命谱就的英雄历史。

浙江青田县华侨历史博物馆

青田县华侨历史博物馆

青田华侨远涉重洋，谋生图强，并与祖国同呼吸、共命运。青田是著名侨乡，有33万华侨华人遍布世界120多个国家和地区。300多年来，青田华侨书写了一部华侨传奇史。1993年9月，华侨历史陈列馆在青田县城落成，2014年筹建新的陈列馆，征集到华侨史料2万余份，其中800多份集中展示在新陈列馆。2021年6月，华侨历史陈列馆改建为华侨历史博物馆，与华侨广场融为一体。博物馆共4层，总建筑面积达7000平方米，项目总投资600万元，位于县文化会展中心11楼。主要分侨史展厅、多功能厅和咖啡厅3大功能区。新馆以青田华侨群体的产生、发展、壮大、融合、回归、大同等发展为脉络，分闯荡世界、开基拓业、融合共赢、社团兴盛、家国情怀、侨"联"天下6个部分，展示青田华侨爱国爱乡、热衷社会活动的面貌。历史文物、文史资料丰富翔实，表现方法多样。

青田仁庄华侨历史陈列馆

陈列馆位于青田县仁庄镇侨联大楼，是一个集声、电、影像、实物为一体的专业性华侨历史资料展馆，展示华侨之路、侨界之魂、侨乡之光。展馆筹备期间发动30余名海外仁庄华侨为陈列馆搜集、捐赠历史资料。

青田县仁庄华侨历史陈列馆（2023年摄）

主要参考文献

［1］金华市档案馆：《民国金华档案（1930—1938年）》。

［2］龙游县档案馆：《民国龙游档案（1930—1938年）》。

［3］兰溪市档案馆：《民国兰溪档案（1930—1938年）》。

［4］建德县档案馆：《民国建德档案（1930—1938年）》。

［5］青田县档案馆：《民国青田档案（1930—1938年）》。

［6］中共金华市党史研究办公室，中共金华地委资料征集小组办公室编内部刊物编辑《党史资料》（专题之一），1982年12月。

［7］中共龙游县党史研究室整理，《党史资料》档案，《红二师资料》第7、8、9册，1983年抄。

［8］中共建德市委党史研究室、建德市地方志办公室编：《中共建德地方史》，1992年8月，第74—77页。

［9］红十三军军部旧址文保所编，胡国钿主编：《红军第十三军战斗在浙南》，1995年。

［10］中共温岭市委党史研究室编：《悲壮的历程》，新疆大学出版社1997年1月版。

［11］中共永嘉县委党史研究室、永嘉县新四军研究会编，瞿岩龙、徐李达主编：《血染的丰碑：红十三军斗争纪实》，中共党史出版社2008年版。

［12］中共龙游县委党史研究室编：《中共龙游党史》（第一卷）（1919—1949），中共党史出版社2009年版，第47—54页、第132页。

［13］林马松著：《红二师在浙西》，2013年11月。

［14］《青田华侨史》编纂委员会编著：《青田华侨史》，浙江人民出版社2011年6月版，第316页。

［15］中共衢州市委党史研究室编：《衢州中共党史人物（1919.5.4—1949.5.6）》，中共党史出版社2017年10月版，第84页、第109页。

后 记

　　2021年6月，龙游县文物局吴振雷带浙江省文物考古研究所解瑶、童琳珺二人来龙游考察红二师的情况。在调查过程中，解瑶很感兴趣地提到："在红十三军主力受挫后，金衢地区出现了红十三军延续的一支名为红二师的队伍。它是浙江自己独立的红军武装队伍，是在特定历史背景下的产物，具有不可磨灭的历史意义。原红二师师长郑秾在艰苦卓绝的环境下，生生不息，自发组建起一支1600多人的红军队伍，实属不易，值得研究。"大家讨论认为："现在我们大家还没有弄清楚这支队伍是归属于上海郊区党委、还是在原红十三军党委的领导下建立的，这些实际上郑秾最清楚，他没说大家不知晓，况且民国伪档案中也查找不到原始资料，只能留有遗憾了。但有一点，肯定是中国共产党的领导下的没有正式建置命名的部队。"大家产生了共鸣，觉得在郑秾领导下，有组织、有纪律，善保密、善动员地组织起这支由金衢盆地四县组成的红军队伍，也会与有正式建置的1928年9月在温岭建立的中国工农红军第十三军第二师有一些重复不连贯。但我们是更早一点建立的，虽然失败了，但非常不容易。这更加坚定了我们创作的信心。

　　无独有偶，龙游县退役军人事务局原局长吴光林是个有责任感的人，在任期间，在他的带领下，他们的团队修缮了"龙游革命烈士陵园"；将红二师在三叠岩的"纪念亭"修葺一新；在县检察院等单位的共同努力下，在县城巨龙路的"血沃龙丘"的遗址上兴建党建广场，供人瞻仰凭吊；积极组织成立了"龙游县英烈研究会"；等等。当听闻大家建议创作一本郑秾的纪实文学作品后，吴局长欣然答应，并力争省级出版经费。在他们的努力下，编书之事尘埃落定，大家满心欢喜，也非常乐意参与其中。

通过认真采访、收集、整理资料等工作，大家从档案资料入手，从龙游县档案馆、兰溪市档案馆、建德市档案馆、金华市党史资料征集研究室和金华市档案馆，获得大量的素材；尤其是从郑秋的故乡，青田县仁庄镇和县华侨博物馆，获得许多原始而感性的认识。在此过程中，兰溪林马松的"红二师在浙西"、胡国钿"红十三军战斗在浙南"及中共永嘉县委党史研究室《血染的丰碑——红十三军斗争纪实》（中共党史出版社）等资料，给了我们许多启发和帮助。大家决定以纪实文学体裁来撰写这本书。撰写工作组共有8位编辑组成，在撰写组稿过程中大家互相增订、补充，几十易其稿，并认真修改、校验，力求文章能达到编写前的方案和创作思路。现在，大家的愿望终于实现，定名为《麦浪——龙游早期革命斗争纪实》，意在体现红二师革命经历犹如麦浪滚滚一样，波涛汹涌，烽火连天，革命精神树立一座丰碑，引领着金衢大地人民生命不息，战斗不止！后人将永远继承红二师的革命精神，传承红色基因。

在本书付梓之际，感谢中共龙游县委书记祝建东在百忙中为本书作序。兰溪市永昌街道上石桥村林马松老人多次带领我们考察兰溪，并为我们征集到了珍贵的红二师"红袖章"文物，还为我们提供了诸多有效的信息，在此表示谢意。对县退役军人事务局、县史志研究室的同仁杨鹏飞、雷伟斌、张海浪、袁勇、徐娟、钟红芳、朱柏银等表示谢忱。最后，感谢中共衢州市党史办梁国宏和中国文史出版社王文运、李晓薇编辑对本书出版的大力支持。

在编写本书的过程中，由于事件发生的时间长，存在资料不足带来史料的不详，不足之处在所难免，由于编撰者能力有限，望各位海涵，且不吝赐教。

《麦浪》编辑部
2025年3月8日